팔란티어
시대가 온다

copyright ⓒ 2025, 변우철
이 책은 한국경제신문 한경BP가 발행한 것으로
본사의 허락 없이 이 책의 일부 또는 전체를 복사하거나
전재하는 행위를 금합니다.

Palantir

엔비디아·테슬라를 뛰어넘는 AI 패권 전쟁의 승자

팔란티어 시대가 온다

변우철 지음

한국경제신문

| 추천사 |

이 책은 팔란티어의 본질을 내부자의 시각으로 깊이 파헤친 최초의 책이다. 저자는 7년간 팔란티어 솔루션을 현장에 직접 적용하며 생생한 경험과 시행착오를 착실히 쌓았다. 이 경험은 팔란티어를 깊이 이해하는 데 결정적인 역할을 한다. 다채로운 경험을 토대로 팔란티어가 조직의 의사결정과 운영 방식을 어떻게 혁신하는지 설득력 있게 보여준다.

무엇보다 단순히 기술적 기능을 넘어, 방대한 데이터를 실무에 녹여내는 팔란티어의 독보적인 문제 해결 접근법과 실행력을 구체적인 사례로 풀어낸다. 투자자에게는 팔란티어의 핵심 경쟁력과 성장 가능성을, 경영진에게는 디지털 전환을 위한 전략적 로드맵을, 실무자에게는 현장에서 즉시 활용 가능한 문제 해결 방법을 제시한다.

특히 복잡한 기업 난제를 해결하고자 하는 이들에게 필수적인 안내서로, 팔란티어의 잠재력을 이해하고 활용하는 데 최적의 길잡이가 되어줄 것이다.

_김영섭 KT 대표이사

저자를 처음 만난 것은 내가 팔란티어 코리아 지사장이 된 다음 날이었다. 당시 그는 DL이앤씨의 CDO였고, 우리는 DL이앤씨 건물 1층 스타벅스에서 1시간 40분간 대화를 나눴다. 그 시기는 새로운 기술이나 아이디어를 검증하는 PoC proof of concept가 한창이던 때였다. 대화의 모든 내용을 다 기억할 수는 없지만, 몇 가지는 지금도 선명하다. "팔란티어가 더욱 고객 친화적으로 프로젝트를 수행해야 한다", "나는 이 프로젝트를 성공시킬 경험과 조직이 있다", "한국에서도 멋진 사례를 함께 만들자" 같은 이야기였다. 내가 팔란티어를 떠나기까지 그는 팔란티어의 가장 중요한 고객이자, 비전을 공유하는 동반자이자, 조언자였다.

그가 팔란티어 솔루션을 소개하고 자신의 경험을 나누는 책을 쓰고 싶다고 처음 말했을 때 진심으로 기뻤고 전적으로 응원했다. 운영 관점에서 팔란티어 솔루션을 어떻게 바라보고, 실제 확산을 위해 어떻게 전략적으로 움직여야 하는지는 팔란티어 내부 직원이 알기 어렵다. 현장의 생생한 목소리를 전할 수 있는 이 책이 팔란티어 솔루션을 고민하는 사람들에게 큰 도움이 될 것이라 확신했다. 또한, 비밀스러운 팔란티어를 이해하고자 하는 이들에게도 귀중한 자료가 될 것이라 생각했다.

팔란티어라는 기업에 조금이라도 관심이 있는 사람이라면 반드시 읽어야 할 책이라고 해도 과언이 아니다. 특히 저자는 고도로 발전된 기술적인 해결책을 비즈니스 문제 정의와 조직 변화라는 관점에서 풀어낸다. 이는 독자들이 반드시 곱씹어봐야 할 '디지털 전환'의 핵심 태도다. 애자일 방법론이나 데이터 리터러시 같은 개념도 실제 사례로 생생하게 보여준다. 팔란티어가 늘 강조하는 "데이터 기반의 운영, 데이터 기반의 비즈니스 의사결정"이 실제로 어떻게 구현되고 운영되는지도 명확히 드러난다.

'온톨로지'를 빼놓고는 팔란티어 솔루션을 이야기할 수는 없다. 대부분의 잠재 고객들이 가장 궁금해하는 것도 역시 온톨로지다. 이 책만큼 온톨로지를 쉽고 깊이 있게 설명한 자료는 거의 없다. 데이터, 비즈니스 로직, 그리고 액션의 유기적 관계를 실제 사례와 함께 친절하게 풀어내며, 왜 온톨로지가 진정한 비즈니스 디지털 트윈 구현의 핵심인지 설득력 있게 제시한다. 나아가 생성형 AI 활용의 중심에도 온톨로지가 있다는 점을 강조한다. 생성형 AI는 중요한 도구지만, 이를 기업에서 실질적인 성과로 연결하기란 쉽지 않다. 수많은 생성형 AI 프로젝트가 문서 생성·요약·비교·분석 또는 챗봇 수준에 그치는 이유와 그 해결 방안을 통찰력 있게 짚어낸다.

저자가 걸어온 디지털 전환의 여정은 앞으로도 계속될 것이다. 그리고 그 과정에서 더 많은 이야기를 독자들과 나누게 되길 기대한다.

_박진철 팔란티어 코리아 초대 지사장

AI와 빅데이터가 개인의 일상생활과 모든 산업의 패러다임을 바꾸고 있다. 데이터와 AI를 활용하는 능력은 국가 경쟁력과 조직의 생존을 좌우하는 핵심 역량이 되었다. 한국의 국가 경쟁력은 첨단 AI 기술을 자체적인 능력으로 개발할 수 있는지와 해외의 훌륭한 기술을 얼마나 신속하게 도입하여 생산력 증대와 경제 성장에 활용할 수 있는지에 달렸다. 이 책은 AI 혁명의 시대에 데이터 분석 플랫폼이 어떻게 우리의 미래를 바꿔놓을 수 있는지를 명쾌하게 제시하는 통찰력을 보여준다.

나는 팔란티어 한국 공공부문을 이끌면서 매일 AI와 데이터의 결합이 만들어내는 혁신적 변화를 목격하고 있다. AI는 복잡하고 방대한 데이터 속에서 인간이 찾아낼 수 없던 패턴과 통찰을 발견한다. 보안이 보장된 환경에서 진정한 협업을 만들고, 정확하고 신속한 것뿐만 아니라 진실된 의사결정이 사회 전체의 안전과 효율성을 획기적으로 높인다. 팔란티어가 전 세계 정부와 글로벌 기업들과 함께 실현해온 임무 중심 디지털 전환은 매우 가치가 높다.

이 책은 단순히 기술적 우수성을 나열하는 데 그치지 않고, 팔란티어의 현장 엔지니어들과 첨단 기술이 현장에서 어떻게 적용되어야 실질적인 변화를 만들어내었는지 구체적 사례를 통해 보여준다. 나아가 AI와 빅데이터 기술이 한국의 공공 및 민간 영역에서 어떤 혁신을 가져올 수 있는지 깊이 있는 분석과 전망이 담겼다. AI 시대를 맞이한 국내 독자들에게 더 의미 있게 다가갈 것이다.

AI와 데이터 기반 조직으로의 전환을 고민하는 비즈니스 리더들, 디지털 혁신 방향성을 모색하는 정책 담당자들, 그리고 AI와 데이터 분석 분야의 미래가 궁금한 모든 분들에게 이 책을 강력 추천한다. 풍부한 경험과 깊이 있는 통찰이 담긴 이 책은 데이터 시대를 살아가는 우리 모두에게 소중한 길잡이가 될 것이다.

_이효섭 팔란티어 한국 공공부문 대표

'실무자, 기획자, 리더'라는 세 가지 관점에서 팔란티어 플랫폼을 깊이 경험하고 생생한 통찰을 담아낸 전 세계에서 유일무이한 책이다. 책장을 넘기는 순간, 단순한 정보나 분석을 넘어 저자가 현장에서 직접 부딪히며 겪은 생생한 이야기가 펼쳐진다. 팔란티어 플랫폼 도입을 고려 중인 기업의 임원진이라면 반드시 봐야 할 지침서이고, 폐쇄적인 정보 구조로 인해 기업 분석에 어려움을 겪는 투자자에게는 팔란티어의 본질이 무엇인지 알 수 있게 도와주는 교과서이다.

저자는 팔란티어의 핵심 기술이자 철학이 왜 온톨로지에 있는지를 명확하게 풀어낸다. 특히 솔루션의 관점에서 온톨로지가 어떻게 구축되고 작동하는지를 설명하며 독자에게 "기업이란 무엇인가"라는 본질적인 질문을 끊임없이 던진다. 그 과정을 따라가다 보면 결국 모든 기업이 통일된 하나의 온톨로지를 구축해야만 하는 이유를 자연스럽게 깨닫게 된다. AI 시대야말로 뭉치면 살고, 흩어지면 죽는 시대이기 때문이다.

_빅데이터닥터 유튜버, 심장내과 전문의

프롤로그

팔란티어의 본질을 찾아 떠나는 여행

최근 팔란티어^{Palantir} 주가가 급등하면서 투자자들과 시장의 관심이 쏠리고 있다. 이런 흐름에 발맞춰 유튜브, 블로그, 각종 커뮤니티 등 인터넷 매체를 중심으로 팔란티어 관련 콘텐츠가 쏟아지고 있다. '팔란티어'라는 키워드를 입력하면 수십, 수백 개의 해설 영상과 분석 글이 검색될 만큼 뜨거운 관심을 받고 있다. 하지만 그 내용의 깊이와 정확성이 문제가 된다. 많은 콘텐츠가 팔란티어의 핵심 기술, 비즈니스 모델, 산업 내 위치와 같은 본질적 내용보다는 파편적인 정보나 개인적인 해석에 치우쳐 양산되고 있다. 일부는 확인되지 않은 추측성 자료를 근거로 미래 가치를 과도하게 부풀리기도 하고, 심지어는 잘못된 사실을 '고급 정보'처럼 포장해 전달하는 예도 적지 않다.

    팔란티어는 단순히 '주가가 급등한 기업'이 아니다. 방대한 데이터를 처리하고 분석하는 차별화된 기술력을 기반으로, 국방·정보기관·민간기업 등과 깊게 연결되어 있는 독특한 구조의 소프트웨어 기업이다. 따라서 이 회사를 제대로 이해하려면 기술적 역량, 고객군의 특성, 수익모델의 지속 가능성 그리고 시장 내 포지셔닝에 대한 다각적인 분석이 필요하다. 단기적인 주가 흐름이나 외부의 기대감만으로 기업의 가치를 판단하기보다는 팔란티어가 실제로 어떤 문제를 해결하고, 그 역량이 시장에서 어느 정도로 인정받는지를 중심으로 바라봐야 한다. 지금처럼 정보가 넘쳐나는 시대일수록 더 신중하고 분별력 있는, 본질에 대한 통찰이 중요하다.

팔란티어에 대한 해석이 엇갈리고 과열 양상이 나타나는 근본적인 이유는 이 회사가 지닌 신비롭고 폐쇄적인 기업 문화와 구조에서 비롯한다고 생각한다. 팔란티어는 일반적인 테크 기업과 달리 외부에서 실체를 쉽게 파악하기 어려운 독특한 방식으로 운영되어왔다. 공개된 정보가 제한적이므로, 실제 소프트웨어를 직접 활용해본 경험 없이 피상적으로만 파악해서는 진면목을 제대로 이해하기 어렵다.

그래서 이 책에서는 팔란티어의 외형적 성과나 뉴스 중심의 해석에서 벗어나 내부자의 시작에 가까운 관점에서 팔란티어를 조명하고자 한다. 특히 일반 매체나 대중적인 분석 콘텐츠에서는 거의 다루어지지 않는, 팔란티어의 핵심 역량 중 하나인 '온톨로지ontology'에 주목하고자 한다. '온톨로지'는 단순한 기술 기능이 아니라 팔란티어의 문제 해결 방식과 철학을 관통하는 구조적 개념이다. 데이터를 시각화하고 분석하는 도구를 넘어 현장에서 실질적인 문제를 정의하고 협업을 통해 해결책을 구체화해나가는 일련의 과정을 가능케 해주는 핵심 메커니즘이라고 할 수 있다.

　이 책은 내가 지난 7년간 팔란티어 솔루션을 현장에서 직접 활용하고, 때로는 팔란티어 팀과 함께 문제를 정의하고 해법을 도출해온 경험을 바탕으로 구성했다. 기능 소개나 제품 설명을 넘어서 팔란티어가 실제 현장에서 어떤 방식으로 작동하며, 어떤 맥락에서 가장 큰 효과를 발휘하는지 설명하고자 한다.

　1장에서는 아직 팔란티어를 낯설게 여기는 독자와 일반 투자자들을 위해 기업의 개요와 역사 그리고 경쟁 회사들의 이야기를 다룬다. 2장에서는 한국 시장의 현실과 잠재력을 바탕으로, 팔란티어가 향후 어떤 방향으로 확장할 수 있을지에 대해 내 시각을 정리했다. 3장에서는 나의 첫 번째 팔란티어 도입 경험을 중심으로, 당시의 시행착오와 그 과정에서 발생한 여러 에피소드를 소개한다. 4장에서는 두 번째 팔란티어 도입 사례를 다루며, 첫 번째 도입 때 놓쳤던 '데이터 기반 운영'이라는 핵심 개념을 중심으로 이야기한다. 마지막 5장에서는 팔란티어의 본질적인 경쟁력이라고 할 수 있는 '온톨로지'의 개념과 실제 적용 사례를 자세히 설명한다.

　이 책의 궁극적인 목적은 독자들이 팔란티어라는 기업과

그 솔루션을 보다 깊이 이해할 수 있도록 돕는 것이다. 팔란티어와의 협업을 고민하는 기업에는 실질적인 지침서가 되기를 바라며, 투자자에게는 단기적인 주가 흐름에 흔들리지 않고 장기적인 관점에서 투자 판단을 내릴 수 있는 기준을 제공하고자 한다.

팔란티어 솔루션은 그간 수많은 현장과 고객의 요구를 반영하며 지속적인 혁신을 이어왔다. 나 역시 팔란티어와 함께 성장하면서 솔루션을 더 깊이 이해하고 활용 범위도 지속적으로 확장해왔다. 특히 3장과 4장에서는 2019년부터 시작된 나의 팔란티어 사용 경험을 시간순으로 정리하며 어떻게 성장해왔는지를 소개했다. 이 책은 그 성장의 여정을 통해 많은 이들이 궁금해하던 팔란티어의 내부로 향하는 '비밀의 문'을 열어젖힐 것이다.

🔎 이 책 사용 설명서

이 책을 통해 얻고자 하는 바는 저마다 다를 것이므로, 최적의 경로를 제안하고자 한다. 앞에서부터 차근차근 읽어나가는 것이 일반적인 방법이지만, 앞서 언급한 장별 내용 구성을 참고하여 현재 자신이 마주한 과제나 팔란티어 관련 궁금증을 기준으로 필요한 부분을 먼저 찾아 읽는 것도 좋은 독서법이다.

대기업 경영진 및 의사결정권자

- **추천하는 독서 순서: 1장 → 3장 → 4장 → 2장 → 5장**

기업의 본질(1장)을 먼저 이해한 뒤, 실제 도입 과정의 현실적인 난관과 성공 방정식(3장, 4장)을 확인한다. 그 후 한국 시장의 특수성(2장)을 고려하고 이 모든 것을 가능하게 한 기술적 깊이(5장)를 확인한다면, 성공적인 디지털 전환을 위한 전략적 로드맵을 완성할 수 있을 것이다.

- **특히 유용한 내용**
- 1장 전체: 팔란티어라는 기업의 본질, 비즈니스 모델 그리고 경쟁 환경을 거시적인 시각에서 파악하여 전략적 도입의 큰 그림을 그릴 수 있다.
- 3장 전체: 퇴짜의 연속에서 CEO의 결단으로 프로젝트가 승인되기까지의 과정은 새로운 혁신을 도입할 때 경영진이 마주할 현실적인 장벽과 이를 돌파하는 리더십의 역할을 생생하게 보여준다.
- 4장 '본계약을 위한 ROI 구조화': 수십, 수백억의 투자를 정당화하기 위해 어

떻게 재무적 논리를 설계하고 경영진을 설득했는지에 대한 구체적인 방법론을 통해 실제 투자 의사결정에 필요한 핵심 포인트를 얻을 수 있다.
- 2장 전체: 국내 시장의 특수성과 파트너십 전략을 살펴봄으로써 팔란티어 도입이 기술 도입을 넘어 산업 생태계에 어떤 영향을 미치는지를 알 수 있다.

현장 실무자 및 데이터 전문가

- **추천하는 독서 순서: 3장과 4장 → 5장 → 1장과 2장**

가장 현실적인 문제 해결 과정(3장, 4장)을 먼저 학습하여 '일하는 방식'에 대한 영감을 얻는다. 그런 다음 이를 가능하게 한 기술적 배경(5장)을 탐구하고 회사의 전체적인 비즈니스 전략(1장, 2장)을 이해한다면, 조직 내에서 대체 불가능한 '문제 해결사'로 성장할 수 있을 것이다.

- **특히 유용한 내용**

- 3장 및 4장 전체: 두 번의 팔란티어 도입 프로젝트 과정을 담은 이 장들은 실무자들에게 가장 현실적인 교과서가 될 것이다. 특히 '문제를 정의하는 세 가지 질문', '70점짜리 MVP와 팔란티어식 애자일' 등은 당장 현업에 적용할 수 있는 강력한 방법론이다.
- 4장 '디지털 트윈의 꿈, 어깨동무M 프로젝트': 건설 현장 디지털화 사례(작업지시서, 어깨동무M, CCTV 안전관제)를 통해 데이터가 없는 환경에서 어떻게 문제를 정의하고 현장의 저항을 넘어 실질적인 운영 시스템을 구축하는지에 대한 구체적인 노하우를 얻을 수 있다.
- 5장 '파운드리의 4계층 아키텍처'와 '온톨로지를 구성하는 3대 기능적 요소': 팔란티어의 작동 원리를 기술적으로 깊이 있게 이해하고 싶어 하는 이들

에게 추천한다. 데이터 파이프라인부터 온톨로지의 데이터-로직-액션 구조까지, 플랫폼의 핵심 메커니즘을 파악하여 기술적 역량을 한 단계 끌어올릴 수 있다.

투자자 및 시장 분석가

- **추천하는 독서 순서: 1장 → 5장 → 2장 → 4장**

먼저 기업의 핵심 비즈니스 모델과 경쟁 환경(1장)을 파악한 뒤, AI 시대의 독점적 기술력(5장)을 분석하여 기업의 해자를 확인한다. 이후 한국 시장에서의 확장 가능성(2장)과 실제 폭발적인 사용자 수 증가 사례(4장)를 통해 성장 스토리가 어떻게 현실화되는지를 확인한다면, 근거 있는 투자 판단을 내릴 수 있을 것이다.

- **특히 유용한 내용**
  - 1장 'Deep Inside: 팔란티어의 경쟁자들': 'Rule of 40' 지표를 통해 경쟁사(스노우플레이크, 데이터브릭스)와 비교하여 팔란티어의 재무적 건전성과 성장성을 객관적으로 분석할 수 있다.
  - 1장 '트럼프 2.0 시대의 전략적 기회': '골든 돔' 프로젝트와 같은 가설을 통해 팔란티어의 정부 사업이 가진 잠재적 성장 규모와 안정적인 수익 구조의 의미를 파악할 수 있다.
  - 5장 'AI 혁명, 팔란티어의 대응 전략': 팔란티어가 왜 자체 LLM을 만들지 않는지 그리고 실행형 AI가 왜 강력한 기술적 해자가 되는지를 이해함으로써 AI 시장에서 차지하는 팔란티어의 독점적 위치와 지속 가능한 경쟁력을 판단할 수 있다.

- 4장 '팔란티어는 왜 엔터프라이즈 계약을 맺는가': 사용자 수 기반이 아닌 고정요금제 계약 모델의 의미를 이해하고, 이것이 어떻게 고객 록인 효과 lock in effect 와 장기적인 매출 안정성으로 이어지는지 분석할 수 있다.

용어 설명서

최대한 쉽게 쓰고자 노력했으나 첨단 테크 기업을 다루는 만큼 기술 용어를 자주 사용할 수밖에 없었다. 처음 등장하는 부분에 주석으로 풀어쓰긴 했지만 매번 설명을 반복하다 보면 논점을 흐릴 소지가 있기에, 본문을 속도감 있게 전개하기 위해서 주요 용어에 대한 설명을 여기에 모았다. 낯선 용어와 약어들은 이 페이지를 참고하면 도움이 될 것이다. 기술 용어가 익숙한 독자라면 바로 본문으로 넘어가도 좋다.

- **3세대 데이터 플랫폼**: 기존 데이터 플랫폼(1세대: 데이터 웨어하우스, 2세대: 빅데이터·데이터 레이크)의 한계를 극복하고, AI 시대에 최적화된 데이터 활용 환경을 제공하는 차세대 플랫폼. 가장 대표적인 3세대 데이터 플랫폼인 팔란티어 솔루션은 온톨로지 기반의 구조화된 데이터 환경에서 AI, 자동화, 실시간 의사결정을 지원한다.

- **AI 에이전트(AI agent)**: 특정 목적을 위해 자율적으로 판단하여 작업을 수행하는 인공지능 기반 시스템. 데이터를 분석하고 사용자와 상호작용하며 업무 자동화, 의사결정 지원, 문제 해결 등 다양한 역할을 수행한다.

- **AIP(artificial intelligence platform)**: 기업이 AI를 빠르게 실무에 적용할 수 있도록 돕는 통합 인공지능 플랫폼. 데이터 연결, 모델 학습, 에이전트 설계, 의사결정 자동화까지 전 과정을 지원하며, 특히 팔란티어 AIP는 온톨로지를 기반으로 RAG 없이도 AI 에이전트를 손쉽게 구축할 수 있어 실무 적용 속도와 효율성이 매우 뛰어나다.

- **APO(advanced planning optimizer)**: SAP에서 제공하는 공급망 계획 솔루션. 수요 예측, 생산 계획, 배급 및 공급망 최적화를 통합적으로 지원한다. 제약 기반 계획 수립 기능을 통해 재고 최적화, 납기 준수율 향상, 운영 비용 절감 등의 효과를 제공한다.

- **BIM(building information modeling)**: 건축물의 생애주기 전반에 걸쳐 3D 모델 기반으로 설계, 시공, 유지관리 정보를 통합 관리하는 디지털 기술. 설계 도면뿐 아니라 자재, 구조, 일정, 비용 등의 정보까지 포함되어 협업의 효율성과 프로젝트 수행의

정확성을 높여준다.

- BOM(bill of material): 제품을 구성하는 모든 부품, 원자재, 반제품의 목록과 수량, 사양, 계층 구조 등을 체계적으로 정리한 문서. 제조업에서 제품 생산, 조달, 재고, 비용 산정, 공정 계획 등을 효율적으로 관리하는 데 핵심 자료로 활용된다.

- CDS(citizen data scientist): 전문 데이터 과학자는 아니지만 비즈니스 현업에서 데이터 분석 도구와 AI 솔루션을 활용해 의사결정을 지원하는 사람. 이들은 코딩 지식 없이도 셀프서비스 분석 플랫폼이나 시각화 툴 등을 사용해 데이터를 이해하고 인사이트를 도출한다. CDS의 등장은 데이터 기반 조직 문화 확산과 디지털 전환 가속화에 중요한 역할을 한다.

- CRM(customer relationship management): 고객 관계 관리. 고객과의 관계를 관리하고 최적화하는 전략 및 시스템으로, 단순한 연락처 관리가 아니라 고객 데이터를 중심으로 마케팅·영업·고객서비스 전반을 통합적으로 관리해 기업의 매출 증대와 고객 충성도를 높이는 것을 목표로 한다.

- Elo 점수: 본래 체스 선수의 상대적 실력을 측정하기 위해 고안된 엘로 평점 시스템Elo Rating System에서 유래한 점수 체계로, 최근에는 AI 모델 간 성능 비교 지표로 활용된다.

- ELT(extract, load, transform): 데이터 처리 및 분석 파이프라인에서 데이터를 수집하고 처리하는 방식 중 하나. 전통적인 ETL extract, transform, load 방식과는 순서와 철학이 다르며, 특히 클라우드 기반의 현대 데이터 아키텍처에서 많이 사용된다.

- ERD(entity relationship diagram): 개체-관계 다이어그램. 데이터베이스를 설계할 때 데이터 간의 관계를 시각적으로 표현한 것.

- ERP(enterprise resource planning): 기업의 인사·재무·생산·영업 등 주요 경영자원을 하나의 통합 시스템에서 관리하는 솔루션으로, '전사적 자원관리'라고 부

른다. 부서 간 정보가 실시간으로 공유돼 업무 효율성과 의사결정 속도가 높아지고, 데이터 중복과 오류를 줄일 수 있다.

• **HAI**(human-centered artificial intelligence): 스탠퍼드 인간 중심 인공지능 연구소. 인공지능 기술이 인간 중심의 방식으로 개발·적용되도록 연구, 정책, 교육, 윤리 분야에서 학제적으로 접근하는 것을 목표로 하는 기관이다.

• **IoT**(internet of things): 사물인터넷. 인터넷을 통해 다양한 물리적 기기들이 서로 연결되어 데이터를 주고받고 제어하는 기술. 센서와 네트워크를 활용해 실시간으로 정보를 수집하고 분석하며, 스마트홈·산업자동화·헬스케어 등 여러 분야에서 활용된다.

• **LangChain**: 대형 언어 모델^{LLM}을 다양한 외부 도구, 데이터 소스, 애플리케이션과 연결해 복잡한 작업을 수행할 수 있도록 돕는 오픈소스 프레임워크. 단순한 질의응답을 넘어 검색·계산·메모리·체인(연속적 작업 흐름) 등을 구성할 수 있으며, RAG 구현에 효과적이다. 파이썬^{Python}과 자바스크립트^{JavaScript}를 지원하며, LLM 기반 애플리케이션을 빠르게 개발하고 확장할 수 있도록 설계되어 있다. AI 에이전트 구축의 핵심 도구로 주목받고 있다.

• **LMM**(large multimodal model): 대규모 다중모달 모델. 텍스트뿐 아니라 이미지, 음성, 영상 등 다양한 형태의 데이터를 동시에 이해하고 처리할 수 있는 AI 모델. 복합 정보를 통합적으로 분석해 더 정교한 의사결정과 상호작용이 가능하며, 차세대 AI 기술의 핵심으로 주목받고 있다.

• **MES**(manufacturing execution system): 공장의 생산 현장에서 이루어지는 모든 작업을 실시간으로 관리하고 통제하는 제조 실행 시스템. 계획과 실행에서 '실행'을 담당하는 시스템으로, ERP에서 내려준 생산 계획을 바탕으로 실제 제조 현장에서 어떤 일이 일어나고 있는지를 추적하고 제어하는 역할을 한다.

• **MVP**(minimum viable product): 최소 기능만 갖춘 제품을 빠르게 출시해 고객

반응을 바탕으로 개선 방향을 결정하는 개발 전략. 핵심 가설을 검증하고 리스크를 줄이며 자원을 효율적으로 사용해 제품이나 서비스의 성공 가능성을 높인다.

• PoC(proof of concept): 개념 증명. 어떤 기술이나 아이디어가 현실에서 실제로 작동 가능한지를 비교적 소규모로 빠르게 검증하는 실험 단계.

• Rule of 40: '40의 법칙'이라고도 하며, 소프트웨어 및 기술 기업의 성과를 평가하는 데 사용하는 지표다. '성장률(일반적으로 매출 성장률)'과 '수익률'을 더해 '40' 이상이면 기업이 전반적인 건강 상태를 유지한다고 판단하며, 두 수치가 균형을 이루는지도 중요하게 본다.

• SaaS(software as a service): 소프트웨어를 설치하지 않고 인터넷을 통해 구독 형태로 사용하는 서비스 방식. 사용자는 웹 브라우저를 통해 언제 어디서나 접속할 수 있고, 유지보수나 업데이트는 서비스 제공자가 담당한다. 구글 워크스페이스$^{Google\ Workspace}$, 세일즈포스^{Salesforce}, 줌^{Zoom} 등이 대표적이며 초기 투자 비용이 적고 확장성이 높아 기업에서 널리 활용된다.

• SAP: 세계적인 소프트웨어 기업이자 ERP 분야의 글로벌 선두 주자. 기업의 회계, 생산, 구매, 영업, 인사 등 모든 핵심 비즈니스 프로세스를 하나의 통합된 시스템에서 관리할 수 있도록 도와주는 솔루션을 제공한다.

• SQL(structured query language): 관계형 데이터베이스에서 데이터를 정의, 조회, 삽입, 수정, 삭제하기 위한 표준 언어. 데이터를 다루는 대부분 시스템에서 기본적으로 사용되며 특히 업무 시스템, 분석 플랫폼, 웹 서비스 등 다양한 곳에서 핵심적인 역할을 한다.

• SRM(supplier relationship management): 공급자 관계 관리. 공급 업체와의 관계를 전략적으로 관리하는 프로세스 및 시스템으로, 기업이 자사에 물품이나 서비스를 제공하는 공급사와의 협력 관계를 강화하고 효율적이고 안정적인 조달을 가능하게 하는 전략적 관리 활동이다.

• **TBM(tool box meeting):** 현장에서 안전사고를 예방하고 작업 내용을 공유하기 위해 실시하는 짧은 회의. 보통 작업 시작 전에 현장 관리자와 작업자가 함께 참여하여 그날의 작업 내용, 위험 요소, 안전 수칙 등을 점검하고 소통한다.

• **TCO(total cost of ownership):** 총소유비용. 제품이나 시스템, 솔루션 등을 도입해 운영하는 데 드는 종합적인 비용을 말한다

• **TMS(telematics management system):** 텔레매틱스 관리 시스템. 차량이나 장비에 탑재된 센서와 통신 기술을 활용해 실시간 위치, 운행 기록, 연료 사용량, 운전 습관 등 다양한 데이터를 수집·분석하고 관리하는 시스템. 이를 통해 차량 운영 효율을 높이고, 유지보수 시기를 예측하며, 안전성과 비용 절감 효과를 동시에 실현할 수 있다.

• **UI/UX:** UI$^{user\ interface}$는 사용자가 제품이나 서비스를 조작할 수 있게 하는 화면·버튼 등 시각적 요소를 말하고, UX$^{user\ experience}$는 사용자가 느끼는 전반적인 경험을 의미한다. UI는 UX의 일부로, 직관적이고 편리한 UI가 좋은 UX를 만든다.

• **고객 생애 가치(lifetime value, LTV):** 한 명의 고객이 기업과 거래하는 전체 기간에 걸쳐 창출할 것으로 예상되는 총수익. 마케팅 전략, 고객 유치 비용 대비 수익성 분석, 고객 유지 전략 수립 등에 활용되며 높은 LTV는 장기적인 비즈니스 성장 가능성을 나타낸다.

• **고담(Gotham):** 팔란티어가 정부 및 국방기관을 위해 개발한 데이터 통합·분석·운영 지원 플랫폼. 방대한 양의 이질적인 데이터를 연결하고, 이를 바탕으로 현실세계에서 실행 가능한 의사결정을 내릴 수 있도록 지원하는 도구다.

• **그래프 DB(graph database):** 데이터 간의 관계를 노드와 에지로 표현하는 데이터베이스. 전통적인 관계형 DB보다 복잡한 연결 구조나 패턴 탐색에 강점을 가지며 추천 시스템, 소셜 네트워크 분석, 사기 탐지, 온톨로지 구성 등에 활용된다.

• **노드(node):** 그래프 DB에서 하나의 개체 또는 데이터 항목. 노드는 각각 고유한

속성(예: 이름, 나이 등)을 가질 수 있고, 다른 노드와 '링크'로 연결되어 관계를 형성한다. 이런 구조 덕분에 복잡한 데이터 관계를 직관적이고 빠르게 탐색할 수 있다.

• **데이터 레이크(data lake):** 기업이 생성·수집하는 모든 형태의 데이터를 원시 상태로 저장할 수 있는 중앙 저장소. 정형·반정형·비정형 데이터를 모두 유연하게 수용하며, 필요할 때 가공해서 사용하도록 설계된 것이 특징이다.

• **데이터 마트(data mart):** 기업 내 특정 부서나 주제(예: 마케팅, 재무, 영업 등)의 분석 목적에 맞게 데이터를 정리해놓은 소규모 데이터 웨어하우스. 쉽게 말해, 데이터 웨어하우스가 '백화점'이라면 데이터 마트는 '전문 매장'이라고 할 수 있다.

• **데이터 사일로(data silo):** 조직 내 부서나 시스템 간에 데이터가 고립되어 있어 서로 공유되거나 통합되지 않는 상태. 협업을 방해하고 전체적인 데이터 기반 의사결정을 어렵게 할 뿐 아니라 중복 저장, 비효율적인 운영, 데이터 품질 저하 등의 문제를 유발해 디지털 전환과 AI 기반 분석에 큰 장애물이 된다. 이를 해소하려면 데이터 통합, 표준화, 거버넌스 체계 마련이 필요하다.

• **데이터 웨어하우스(data warehouse):** 기업이 다양한 시스템에서 발생하는 대량의 데이터를 통합·정제하여 분석하기 쉽게 저장해두는 중앙 저장소. 의사결정을 위해 데이터만 모아놓은 '분석 전용 데이터 창고'라고 보면 된다.

• **데이터 커넥터(data connector):** 서로 다른 시스템, 데이터베이스, 애플리케이션 간에 데이터를 연결하고 주고받을 수 있게 해주는 인터페이스 또는 구성 요소.

• **돌관공사:** 공사 일정이 지연되었거나 긴급하게 완료해야 할 경우, 야간이나 주말을 포함해 인력과 장비를 집중 투입하여 단기간에 공정을 밀어붙이는 방식. 일반적으로 높은 인건비와 자재 낭비, 품질 저하 등의 리스크가 존재하지만 납기 준수나 대외 신뢰 확보를 위해 불가피하게 선택하기도 한다.

• **디지털 트윈(digital twin):** 현실세계의 사물, 시스템, 공정 등을 디지털 공간에 그

대로 복제한 가상 모델. 센서나 IoT를 통해 실시간 데이터를 수집하고, 이를 기반으로 디지털 환경에서 시뮬레이션하거나 성능을 예측할 수 있다. 제조, 건설, 에너지, 도시 관리 등 다양한 분야에서 활용되며 운영 효율성 향상, 예방 정비, 비용 절감에 큰 도움이 된다. 현실과 가상을 연결해 실시간 의사결정을 가능하게 해주는 핵심 기술이다.

• 밸류체인(value chain): 기업이 제품이나 서비스를 창출하는 모든 과정을 가치 활동으로 분해하여 분석하는 개념. 마이클 포터Michael Porter가 주창했으며, 주활동(생산, 유통, 마케팅 등)과 지원활동(인사, 기술 개발 등)으로 구성되어 각 단계에서 부가가치를 창출해 경쟁우위를 확보하는 데 활용된다.

• 사이버네틱 기업(cybernetic enterprise): 스스로 데이터를 수집 및 분석하고, 피드백을 통해 자율적으로 의사결정 및 운영을 최적화하는 지능형 시스템을 갖춘 기업. 생물학적 자율 조절 메커니즘에서 착안된 개념으로, 데이터 기반의 실시간 감지·판단·행동이 가능하며 AI, IoT, 디지털 트윈 등이 핵심 기술로 활용된다.

• 사이트 라이선스(site license): 특정 소프트웨어를 하나의 조직 또는 물리적 장소(사이트) 내에서 여러 기기에 설치하고 사용할 수 있도록 허용하는 라이선스 방식. 사용자 수에 관계없이 정해진 범위 내에서 자유롭게 사용할 수 있으며, 교육기관이나 대기업처럼 다수가 사용하는 경우 비용 효율적인 라이선스 방식으로 선호된다.

• 셰일가스: 셰일층(이암층) 깊숙이 매장된 천연가스로, 일반 천연가스보다 채굴이 어려웠으나 수압파쇄hydraulic fracturing와 수평시추horizontal drilling 기술의 발달로 대량 생산이 가능해졌다. 미국이 이를 활용해 에너지 수출국으로 떠오르며 세계 에너지 지형에 큰 변화를 일으켰고, 에너지 자립도와 국제 유가에 영향을 미치고 있다.

• 스코핑(scoping): 프로젝트나 업무에서 '무엇을 할 것인지'와 '무엇을 하지 않을 것인지'를 명확히 정하는 과정. 프로젝트나 업무의 '경계'를 정해서 명확한 목표, 자원, 책임을 설정하는 핵심 준비 과정이다.

• 애자일(agile): 빠르게 변화하는 환경에 유연하게 대응하기 위해 개발된 업무 수행

방식으로, 짧은 주기의 반복적 개발과 지속적인 고객 피드백 반영으로 제품이나 서비스를 점진적으로 개선해나가는 접근법이다. 팀 간 협업과 유연한 계획 수립이 핵심이다.

• **에지(edge):** 그래프 DB에서 두 노드 간의 관계를 나타내는 연결선. 각 에지는 방향성(단방향, 양방향)을 가질 수도 있고, 관계의 종류나 속성(예: 관계 시작일, 강도 등)을 포함할 수도 있다. 에지를 통해 데이터 간의 연결과 의미 있는 관계 분석이 가능해져서 복잡한 네트워크나 연관성 기반 분석에 매우 유용하다.

• **연결 중심 질의(query traversal):** 그래프 DB에서 노드와 노드를 잇는 에지를 따라가며 데이터를 탐색하는 방식. 예를 들어 'A의 친구의 친구는 누구인가?' 같은 질의는 단순한 필터링이 아니라 여러 단계를 거쳐 관계를 추적하는 과정이 필요하다. 전통적인 관계형 DB보다 훨씬 빠르고 유연하게 연속적인 관계를 탐색할 수 있어 추천 시스템, 소셜 네트워크 분석, 공급망 추적 등에 효과적으로 사용된다.

• **오픈 API(open API):** API^{application programming interface}는 소프트웨어 간에 데이터를 주고받거나 기능을 호출할 수 있도록 연결해주는 인터페이스를 말하며, 특히 '오픈 API'는 외부 개발자가 특정 소프트웨어나 서비스의 기능에 접근할 수 있도록 공개된 인터페이스를 의미한다. 이를 통해 서로 다른 시스템 간의 연동이 가능해져 개발 생산성과 확장성이 크게 향상된다.

• **온톨로지(ontology):** 존재하는 사물들의 개념과 그들 사이의 관계를 컴퓨터가 처리할 수 있는 형태로 기술하는 데이터 모델. 팔란티어 온톨로지는 기업 내 다양한 데이터 소스를 객체^{object} 중심으로 통합, 구조화하는 데이터 모델이다. 현실세계의 개체(예: 프로젝트, 자산, 사람)를 중심으로 관계와 속성을 정의하여 데이터의 의미와 맥락을 연결한다. 이를 통해 비전문가도 복잡한 데이터를 쉽게 이해하고 AI와 협업하거나 자동화된 의사결정을 내릴 수 있게 한다.

• **워크숍(workshop):** 팔란티어 현업 사용자를 위해 상호작용 가능한 고품질의 애플리케이션을 만들 수 있게 해주는 도구.

- **워터폴(waterfall) 방식:** 프로젝트를 일련의 단계로 나누어 순차적으로 진행하고 관리하는 전통적인 프로그램 개발 방식.

- **원 소스 앤드 멀티-유즈(one source & multi-use):** 데이터를 한 번만 정제·구축하고, 다양한 부서와 목적에 맞게 반복 활용할 수 있게 하는 데이터 전략. 중복 작업을 줄이고 데이터 일관성과 신뢰성을 확보하며, 업무 효율성과 비용 절감을 동시에 추구할 수 있는 방식이다.

- **조정 영업이익률:** 미국에서 공식적으로 인정되는 회계기준을 GAAP라고 하는데, 조정 영업이익률은 말 그대로 '조정'된 것으로 Non-GAAP 기준이다. 즉 기업이 자체적으로 판단해 일회성 또는 비현금성 항목들을 제외하고 조정한 실적을 의미한다.

- **차대번호(vehicle identification number, VIN):** 자동차에 부여된 고유 식별 번호로 차량의 제조사, 차종, 생산연도, 생산국, 엔진 종류 등 다양한 정보를 포함하고 있다. 일반적으로 17자리로 구성되며, 전 세계적으로 표준화된 체계를 따른다. 차량 등록, 보험, 리콜, 도난 조회 등에 활용되며 자동차의 주민등록번호와 같은 역할을 한다. 보통 차량 대시보드 하단이나 운전석 도어 프레임에 부착되어 있다.

- **투자 대비 효과(ROI):** 투자 대비 얼마만큼의 이익을 얻었는지를 측정하는 핵심 지표로 비즈니스 전략, IT 투자, 마케팅 캠페인, 디지털 전환 등에서 자주 사용된다.

- **카본(Carbon):** 팔란티어 파운드리가 제공하는 애플리케이션 중 하나. 제한된 업무를 수행할 수 있도록 독립된 워크플로 공간을 제공하며, 외부 협력 업체에서도 이를 통해 내부 정보를 제한적으로 활용할 수 있다.

- **퀵 윈(quick win) 과제:** 짧은 기간 내에 적은 자원으로도 빠른 성과를 낼 수 있는 과제. 디지털 전환이나 조직 변화 초기에 성과를 체감하고 신뢰를 쌓기 위한 전략적 수단으로 자주 활용된다.

- **테일러드 플랫폼(tailored platform):** 특정 기업이나 산업의 고유한 요구사항에

맞게 맞춤 설계된 디지털 플랫폼. 범용 플랫폼과 달리 데이터 구조, 업무 프로세스, 사용자 인터페이스 등이 고객 상황에 최적화되어 있어 높은 효율성과 실행력을 제공하며 빠른 현장 적용과 ROI 실현이 가능하다는 장점이 있다.

• **트랜잭션(transaction):** 데이터베이스에서 이뤄지는 하나의 작업 단위를 의미하며, 여러 작업이 하나로 묶여 원자적으로 수행된다. 모든 작업이 성공해야만 최종 결과가 반영되며, 하나라도 실패하면 전체 작업이 취소돼 원래 상태로 되돌아간다(롤백). 트랜잭션은 ACID, 즉 원자성atomicity, 일관성consistency, 고립성isolation, 지속성durability이라는 특성을 갖추는 것이 중요하며 그래야만 은행 계좌 이체, 주문 처리 등 중요한 연산에서 데이터 무결성을 보장할 수 있다.

• **파운드리(Foundry):** 팔란티어 제품 중 상업 고객 대상으로 제공되는 소프트웨어. 온톨로지 기반으로 디지털 트윈을 구현해 고객 문제 해결 툴로 사용한다.

• **포인트 솔루션(point solution):** 특정 문제나 기능에만 집중하여 설계된 소프트웨어 또는 시스템. 복잡한 전체 시스템이 아닌 하나의 기능 또는 업무 프로세스를 해결하는 데 최적화되어 있다. 확장성이나 통합성 측면에서 한계가 있어 전사적 시스템과 연계하고자 할 때 어려움이 발생할 수 있다.

• **하둡(Hadoop):** 대용량 데이터를 효율적으로 저장하고 처리할 수 있게 해주는 오픈소스 분산 처리 프레임워크. 정형·반정형·비정형 데이터를 모두 저장할 수 있고, 수천 대의 서버에서 데이터를 병렬로 처리할 수 있다.

• **하이퍼스케일러(hyperscaler):** 세계적으로 초대형 데이터센터를 운영하며 대량의 데이터를 효율적으로 처리할 수 있는 IT 기업.

• **학습 전이 모델:** 참여를 통해 학습된 사람이 자신의 조직 내에서 참여와 학습을 촉진하여 전 조직으로 확산시키는 형태.

차례

- 추천사 — 004
- **프롤로그** 팔란티어의 본질을 찾아 떠나는 여행 — 008
- 이 책 사용 설명서 — 012
- 용어 설명서 — 016

1장. 팔란티어는 어떻게 AI 생태계를 장악했는가

- 01. 팔란티어가 투자자들을 사로잡은 비결 — 032
- 02. 피터 틸, 팔란티어를 창업하다 — 036
- 03. 고객의 문제 해결에 사활을 걸다 — 039
- 04. 폭발적인 주가 성장의 비밀 — 044
- 05. 데이터에서 에이전트로, AIP의 진화 — 047
- 06. 안두릴과 팔란티어, 전장을 재설계하다 — 052
- 07. 트럼프 2.0 시대의 전략적 기회 — 056
- **Deep Inside** 팔란티어의 경쟁자들 — 061

2장. 팔란티어의 데이터 헤게모니와 리스크

01. 팔란티어 생태계 확산은 내재화에 달렸다	070
02. KT, 기술 역량을 갖춘 파트너가 되다	075
03. 개방형 플랫폼, 엔지니어 육성의 산실	079
04. 팔란티어 도입을 둘러싼 보안과 비용의 균형점	084
05. 애플에서 배우는 시장 확대 전략	089
Deep Inside 팔란티어 기반 작업지시서 혁신기	095

3장. 특명, 팔란티어 시스템을 도입하라

01. 셀 수 없는 '퇴짜'의 연속	102
02. 영국으로 떠난 반지 원정대	108
03. 프로젝트 스퀘어	116
04. 팔란티어 파견 엔지니어의 역할	119
05. 문제를 정의하는 세 가지 질문	122
06. 잦은 오해와 화해의 기술	129
07. 70점짜리 MVP와 팔란티어식 애자일	132
08. 산고를 거쳐 탄생한 DI360	136

09. 팔란티어 시스템 확산을 위한 전환점	141
10. 데이터 에이전트 제도를 도입하다	146
11. 코로나 팬데믹을 극복하라	150
Deep Inside 데이터 플랫폼의 변천사	158

4장. 파운드리, 디지털 전환의 패러다임을 바꾸다

01. 보수적인 건설 업계로 침투한 팔란티어 시스템	166
02. 현장 중심 건설업, 데이터를 품다	170
03. 본계약을 위한 ROI 구조화	177
04. 온톨로지 기반 운영 시스템의 재발견	182
05. 관리 시스템의 부재를 기회로 바꾸다	186
06. 협력 업체로 확산된 디지털 전환 혁명	189
07. 디지털 트윈의 꿈, 어깨동무M 프로젝트	194
08. 폭발적인 사용자 수 확대의 비결	202
09. 팔란티어는 왜 엔터프라이즈 계약을 맺는가	210
10. 건설업 밸류체인의 디지털화	215
Deep Inside 팔란티어가 고객 응대 서비스를 혁신하는 방법	220

5장. 온톨로지로 AI의 미래를 설계하다

01. 파운드리의 4계층 아키텍처	228
02. 온톨로지를 구성하는 3대 기능적 요소	238
03. 온톨로지, 데이터 플랫폼을 넘어 '1'을 창조하다	252
04. 팔란티어 vs 포인트 솔루션	255
05. AI 혁명, 팔란티어의 대응 전략	262
06. 캐즘을 돌파하는 힘: AIP와 온톨로지의 실행력	273
07. 분석을 넘어 운영으로: CCTV 안전관제 프로젝트	279
08. 온톨로지 기반 '현장홈' 프로젝트	286
Deep Inside 현장 클레임 분석 시간 단축 프로젝트	295

에필로그 팔란티어와 함께하는 도전은 계속된다	302
감사의 말	305
참고 자료	307

1장

팔란티어는 어떻게 AI 생태계를 장악했는가

01 Palantir

팔란티어가 투자자들을
사로잡은 비결

한국 투자자들이 많이 사들인 미국 주식 중에서 지난 1년간 가장 크게 오른 종목을 꼽으라면 단연 '팔란티어'를 빼놓을 수 없다. AI, 방위산업, 전쟁 같은 키워드가 뉴스에 오를 때마다 팔란티어 주가는 민감하게 반응했고 많은 투자자의 관심을 받았다.

2025년 7월 2일 기준으로 팔란티어의 주가는 131.12달러를 기록했고, 후행 PER는 무려 577배에 달한다. 이런 수치는 전통적인 가치투자 관점에서 보면 분명히 부담스럽다. 시장에서도 '고평가' 논란이 늘 따라붙는다. 그런데도 주가는 계속해서 상승 곡선을 그리고 있다. 단지 AI 열풍 때문일까? 아니면 팔란티어가 진짜로 시장이 인정하는 경쟁력을 가지고 있기 때문일까?

팔란티어는 흔히 '세상에서 가장 바뀌기 어려운 조직'으로 일컫는 군대의 의사결정 방식을 변화시키고, 그들의 난제를 해결해온 회사로 유명하다. 미국 국방부^{DOD}, CIA, FBI 같은 기관이 보유한 방대한 데이터를 분석하고 이를 실제 작전과 의사결정에 활용할 수 있게 한 경험이 이 회사의 큰 자산이다. 2003년에 창업했으니 역사가 길다고 볼 수는 없지만, 그 20여 년간 정부기관을 위한 솔루션에서 출발해 민간기업으로까지 영역을 확장했다. 이제는 제조업, 에너지, 물류, 금융 등 다양한 산업에서 공급망 최적화, 비용 절감, 리스크관리 같은 실질적인 문제를 해결해주는 파트너로 자리 잡았다.

팔란티어가 이토록 빠르게 성장한 원동력은 무엇일까? 단순히 AI 모델을 잘 만드는 기술이 아니라 현장에서 고객과 함께 문제를 정의하고, 데이터를 연결하고, 이를 실제 행동 가능한 계획으로 바꿔주는 온톨로지*를 설계하고 운영해온 경험이 바로 투자자들이 팔란티어를 높이 평가하는 이유다. 팔란티어는 AI가 멋진 대시보드나 챗봇을 만드는 데 그치는 게 아니라 '실행형 AI'로서 기업과 정부가 현장에서 부딪히는 난제를 해결하고, 효율을 높이며, 경쟁력을 키우는 데 핵심적인 역할을 지속적으로 증명해내고 있다.

팔란티어는 자신들을 데이터 플랫폼이나 분석 툴이 아니라 기업과 정부가 데이터를 바탕으로 움직이도록 돕는 운영체제

> **온톨로지**: 존재하는 사물들의 개념과 그들 사이의 관계를 컴퓨터가 처리할 수 있는 형태로 기술하는 데이터 모델. 팔란티어 온톨로지는 기업 내 다양한 데이터 소스를 객체 중심으로 통합, 구조화하는 데이터 모델이다. 현실세계의 개체(예: 프로젝트, 자산, 사람)를 중심으로 관계와 속성을 정의하여 데이터의 의미와 맥락을 연결한다. 이를 통해 비전문가도 복잡한 데이터를 쉽게 이해하고 AI와 협업하거나 자동화된 의사결정을 내릴 수 있게 한다.

라고 정의한다. 이 철학과 실행력이야말로 AI 시대에 팔란티어가 독보적인 이유이자 많은 투자자가 장기적으로 기대를 거는 핵심 가치라고 할 수 있다. 그리고 이 핵심 가치가 작동하게 하는 가장 큰 원동력이 온톨로지다.

그런데 아이러니하게도, 많은 투자자가 팔란티어의 비즈니스 핵심 역량을 제대로 파악하기 힘든 이유가 '온톨로지'라는 개념을 이해하기가 어렵기 때문이다.

사실 온톨로지는 철학에서 시작된 개념으로 '존재론'에 뿌리가 있다. 하지만 팔란티어에 투자하려는 사람들이 굳이 철학 공부를 새로 시작할 필요는 없다고 본다. 물론 학술적으로나 기술적으로 깊이 이해하는 것도 의미가 있겠지만, 지금 이 자리에서는 그렇게 복잡하게 접근할 필요는 없다. 〈도표 1-1〉에 제시한 것처럼, '팔란티어'라는 회사를 주요 객체로, 주변 환경이나 이벤트 등과 서로 어떻게 연결돼 있는지를 간단하게 살펴보는 방식으로 온톨로지를 설명하고자 한다. 이 방식이 일반 투자자 입장에선 훨씬 직관적이고, 팔란티어가 실제로 어떤 문제를 해결하는 회사인지 그리고 이 복잡한 온톨로지 개념이 어떻게 실질적인 가치를 만들어내는지 한눈에 이해하기에 더 효과적일 것으로 생각한다.

도표 1-1 주요 객체로서 팔란티어를 소개하는 온톨로지

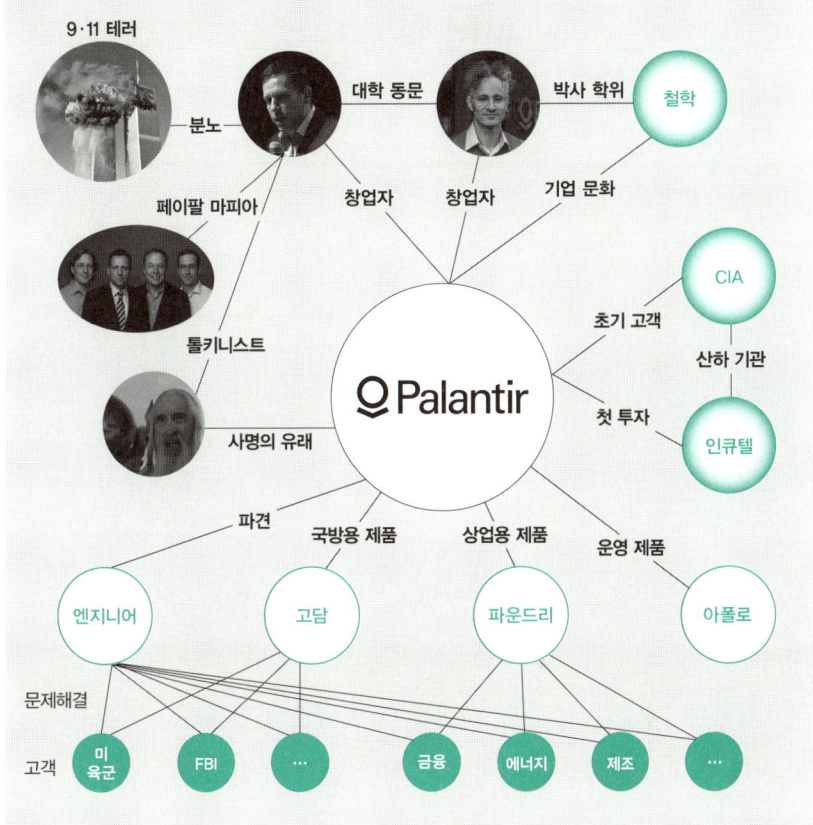

02 Palantir
피터 틸,
팔란티어를 창업하다

팔란티어를 이야기하려면, 2001년 미국을 충격에 빠뜨렸던 9·11 테러부터 시작해야 한다. 당시 오사마 빈 라덴^{Osama Bin Laden}이 주도한 이 사건은 전 세계를 뒤흔들었고, 이 소식을 들은 실리콘밸리의 투자자 피터 틸^{Peter Thiel}은 깊은 분노를 느꼈다. 그는 의문에 사로잡혔다. '왜 미국은 이런 테러를 미리 막지 못했을까?' 이 의문은 곧 중대한 결심으로 이어졌고, 피터 틸은 이 문제를 해결할 회사를 직접 만들기로 한다.

사실 피터 틸은 알고 보면 꽤 유명한 인물이다. 일론 머스크^{Elon Musk}와 함께 페이팔을 만든 사람으로, 나중에 이들은 '페이팔 마피아'로 불리며 실리콘 밸리 기술 창업 영역에 커다란 영향력을 행사한다. 틸은 기술과 철학에 관심이 많았고, 스탠퍼드 로스쿨까지 나온 독특한 배경을 가지고 있었다.

그가 주목한 또 한 명의 인물이 있었으니, 바로 현 팔란티어 CEO인 알렉스 카프Alex Karp다. 두 사람은 스탠퍼드 로스쿨 시절부터 인연을 맺었고, 철학적인 고민과 공통된 문제의식을 바탕으로 2003년에 함께 팔란티어를 창업했다. 그들의 목표는 분명했다. '미국에서 다시는 9·11 같은 비극이 일어나지 않게 하자.'

팔란티어라는 이름에도 숨은 이야기가 있다. 피터 틸은 J.R.R. 톨킨의 광팬으로, 특히 《반지의 제왕》 시리즈를 무척 좋아하는 자타공인 톨키니스트Tolkienist다. 소설에 등장하는 팔란티르Palantir는 멀리 떨어진 곳의 사건을 들여다볼 수 있는 마법의 구슬인데, 그는 이 개념에 깊이 매료됐다. 결국 그 이름을 그대로 따서, 정보를 통해 세상의 위협을 더 빨리 더 깊이 들여다보겠다는 뜻으로 회사 이름을 팔란티어Palantir로 지었다. 참고로 팔란티어의 로고도 이 소설에서 나왔다. 로고는 마치 마법사가 손에 구슬을 들고 있는 듯한 이미지인데, 이 원이 바로 마법의 구슬 팔란티르를 상징한다.

공동 창업자 알렉스 카프는 지금도 팔란티어의 CEO로서 회사에 지속적인 영향을 미치는 핵심 인물이다. 틸과 카프는 재학 시절부터 철학적 교감을 지속한 것으로 유명하다. 카프는 로스쿨을 졸업한 후 흔치 않은 이력을 이어갔다. 미국에서 공부를 마친 뒤, 독일로 건너가 철학박사 과정을 수료했을 정도로 깊은 철학적 소양을 갖춘 사람이다. 이 철학적 배경은 자연스럽게 팔란티어의 조직 문화에도 깊은 영향을 주게 된다.

팔란티어를 이야기할 때 빠지지 않고 등장하는 중요한 개념 중 하나가 바로 '온톨로지'다. 온톨로지는 애초에 기술 용어가 아니라 철학에서 출발한 개념이다. 본래 '존재론' 또는 '실재에 대한 구조적 이해'를 다루는 분야로, 세상에 존재하는 것들을 어떻게 정의하고 연결 짓는가에 대한 학문이다. 카프는 이 개념을 기술세계virtual world로 옮겨와 데이터와 현실세계real world의 관계를 구조화하고 이해하는 방식으로 팔란티어에 정착시켰다. 그의 철학적 관점이 생각에 그치지 않고 팔란티어라는 회사의 핵심 기술 철학으로 자리 잡은 것이다. 다시 말해 팔란티어의 온톨로지는 현실세계를 이해하고 행동으로 옮기기 위한 가상 공간 안에 존재하는 철학적 프레임워크인 셈이다.

〈도표 1-1〉에서 윗부분 관계도는 이 정도면 설명이 된 듯하다. 이제 나머지 이야기를 해보겠다.

03   Palantir
고객의 문제 해결에 사활을 걸다

2005년 팔란티어의 엔지니어들은 초기 고객이었던 CIA와 함께 진짜 '작전'하듯 일했다. 프로젝트 룸에 야전침대를 깔고, 그곳에서 먹고 자면서 고객의 문제를 해결하는 데 몰두했다. 그 열정과 헌신에 감명받은 CIA가 팔란티어에 초기 투자금 200만 달러를 인큐텔In-Q-Tel을 통해 투자했다. 인큐텔은 CIA 산하의 벤처 투자 기관으로, 국익에 필요한 기술을 발굴하고 육성하는 역할을 맡고 있다.

  CIA의 인큐텔 투자는 팔란티어가 받은 첫 외부 투자다. 피터 틸이 보유한 개인 자산과 그가 유치한 또 다른 초기 투자자들의 자금을 더해 총 3,000만 달러가 팔란티어의 시드머니였다. 항상 자금 부족으로 어려움을 겪었는데 그런 상황에서 외부, 그것도 CIA 산하의 벤처 투자기관에서 유치된 200만 달러는 그 이상의 의미가 있었다. 이를 계기로 팔란티어는 본격적인 성장의 여정을 시작한다. 팔란티어는 이처럼 시작부터 보통 스타트업과는 다른, '국가 안보'라는 매우 크고 복잡한 문제를 해결하기 위해 뛰어든 특별한 회사다.

'미국의 안보를 지키겠다'는 사명에 걸맞게 팔란티어가 처음 내놓은 제품은 국방용 소프트웨어 '고담Gotham'*이다. 배트맨 영화에 나오는 '고담 시티Gotham city'에서 영감을 받아 붙인 이름이다. 범죄자와 국가 안보를 위협하는 존재들을 추적하고 소탕하겠다는 상징적인 의미가 담겨 있다.

고담: 팔란티어가 정부 및 국방기관을 위해 개발한 데이터 통합·분석·운영 지원 플랫폼. 방대한 양의 이질적인 데이터를 연결하고, 이를 바탕으로 현실세계에서 실행 가능한 의사결정을 내릴 수 있도록 지원하는 도구다.

주요 고객인 CIA, FBI, DOD 등 미국 주요 정보기관과 국방기관들이 이 고담을 실제로 사용해왔다. 그리고 현재도 우크라이나-러시아 전쟁 같은 실전 상황에서 고담은 여전히 중요한 역할을 수행하고 있다. 팔란티어를 주의 깊게 지켜본 독자라면 팔란티어의 고담이 흔한 데이터 분석 툴이 아니라 실제 전장의 판도를 바꾸는 기술이라는 점을 이미 알고 있을 것이다.

국방용 소프트웨어인 고담으로 성과를 낸 팔란티어는 사업 영역을 국방에 국한하지 않고 민간 시장으로 확장했다. 그렇게 출시된 제품이 바로 '파운드리Foundry'*다. 파운드리는 기업들이 복잡한 데이터를 연결하고 분석해서 실행으로 이어갈 수 있게 해

파운드리: 팔란티어 제품 중 상업 고객 대상으로 제공되는 소프트웨어. 온톨로지 기반으로 디지털 트윈을 구현해 고객 문제 해결 툴로 사용한다.

주는 플랫폼이다. 현재는 전 세계 571개 민간기업이 파운드리를 사용하고 있으며, 에너지·항공·조선·제조 등 다양한 산업 분야에서 고객군이 계속 증가하고 있다.

팔란티어 성장의 중심에는 '파견 엔지니어'들이 있다. 이들은 고객의 핵심 문제 해결을 사명으로 여기고, 가장 빠르게 해답을 찾기 위해 현장에서 고객과 머리를 맞댄다. 그 현장이 전장이라면 탱크 안이든, 잠수함 안이든, 벙커 안이든 장소는 중요하지 않다. 중요한 건 고객과 함께 문제를 해결하는 것이다.

이런 방식이 가능한 이유는 팔란티어의 대표 제품인 고담과 파운드리가 일종의 완제품이 아니라 고객의 상황에 맞춰 설계하고 조정해야 하는 도구이기 때문이다. 현장에서 함께하며 문제를 정의하고, 솔루션을 설계하고 실행하는 과정에서 빠르고 정확한 결과를 만들어낼 수 있다. 그리고 실행 중에 발생하는 오류도 즉시 수정하면서 점점 더 완성도 높은 시스템으로 발전시켜나가는 것이 팔란티어의 일하는 방식이다.

팔란티어에서 파견 엔지니어는 가장 중요한 자산이다. 하지만 이들을 제대로 육성하고 성장시키는 일은 결코 쉽지 않다. 예전에는 팔란티어 엔지니어들이 복잡한 솔루션의 업데이트나 운영까지 직접 챙겨야 했기 때문에 현장에서 고객과 문제를 깊이 있게 다룰 시간이 부족했다. 그런데 자동화·배포 플랫폼 '아폴로Apollo'가 등장하면서 상황이 달라졌다. 솔루션의 배포와 업데이트가 자동화되면서 엔지니어들은 이제 고객 곁에서 함께 문제를 고민하고 실행 가능한 해결책을 설계하는 데 더 많은 시간을 들여 집중할 수 있게 됐다. 그 덕에 팔란티어는 더욱 빠르고 강력한 실행력을 갖출 수 있었다.

여기까지가 팔란티어의 설립 배경과 초기 투자 및 초기 성장 과정이다. 〈도표 1-1〉을 함께 보면, 팔란티어라는 기업이 어떤 사명과 구조를 기반으로 성장해왔는지를 더 명확히 이해할 수 있다. 특히 구조화된 그림에서 팔란티어 객체를 바라보면 몇 가지 핵심 객체와 그 관계가 자연스럽게 드러난다. 예컨대 'Palantir'라는 사명은 어떤 맥락에서 유래됐으며, 누가 이 이름을 제안했는가? 또한 왜 이 회사는 철학적 기반이 강한 기업 문화로 발전하게 됐는가? 그림을 보면 팔란티어는 톨킨의 소설 《반지의 제왕》에서 왔으며, 이렇게 이름을 지은 사람은 피터 틸이라는 관계를 쉽게 인지할 수 있다. 두 번째 질문인 철학적 기반이 강한 기업 문화는 철학박사 학위를 보유한 현 CEO 알렉스 카프의 영향임을 쉽게 인지할 수 있다. 그리고 무엇보다 중요한 질문은 이것이다. '왜 팔란티어는 소프트웨어 기업인데도 엔지니어를 고객의 현장에 직접 파견해 문제를 해결하는 방식을 선택했는가?' 고객의 문제를 해결하는 데 사운을 걸기 때문임을 쉽게 인지할 수 있다.

글로만 읽었다면 아마 한 번에 이해하기 어려웠을 내용도, 이처럼 구조를 시각화하면 훨씬 명확해진다. 실제 비즈니스에서도 마찬가지다. 온톨로지를 잘 설계하면 복잡한 문제도 본질을 훨씬 쉽게 파악할 수 있다. 이게 바로 온톨로지가 실전 비즈니스에서 중요한 이유다. 데이터와 프로세스를 그저 나열하는 게 아니라 서로의 관계와 맥락을 구조적으로 정리해주기 때문에 문제의 핵심이 빠르게 드러나게 한다.

  정리하자면, 팔란티어 온톨로지의 핵심은 현실세계의 복잡한 문제를 디지털 공간에 재구성하고, 데이터를 중심으로 문제를 분석하고 해결책을 찾아가는 것이다. 결국 이 접근법이 기업이 데이터를 '쌓는' 데서 멈추지 않고, 데이터를 기반으로 '움직이게' 하는 힘의 원천이라고 할 수 있다. 더 많은 독자가 온톨로지의 필요성을 인지할 수 있도록 간단하게 구성해봤는데, 학술적인 개념과 기술적인 정확성은 다음에 기회가 된다면 다시 논해보겠다.

04 Palantir

폭발적인
주가 성장의 비밀

팔란티어는 한마디로 '고객의 문제 해결'에 진심인 회사다. 이때 활용하는 도구가 바로 '고담'과 '파운드리'다. 여기서 중요한 건 고객 입장에서의 인식이다.

- 이 도구를 통해 데이터를 잘 통합하고 분석해서 문제를 해결했다면, 고객은 팔란티어를 '데이터 플랫폼'이라고 생각한다.
- AI 모델을 활용해 문제를 해결했다면, 고객은 이를 'AI 플랫폼'으로 본다.
- 데이터 통합과 실시간 운영체계로 문제를 해결했다면, 고객 눈에는 기업의 핵심 업무 프로세스를 하나의 시스템으로 연결해 관리하는 통합 솔루션인 'ERP^{enterprise resource}

planning'처럼 보이기도 한다.

즉, 팔란티어 고담과 파운드리는 한 가지 정체성으로 규정할 수 있는 단일 제품이 아니다. 고객의 문제를 해결하는 과정과 방식에 따라 달리 인식되는 유연하고 포괄적인 문제 해결 솔루션이자 운영체제라고 할 수 있다.

팔란티어의 진짜 가치는 바로 이런 적응성과 맞춤형 문제 해결력에서 나온다. 고객이 무엇을 필요로 하든 거기에 맞춰서 '데이터', 'AI', '프로세스 자동화' 등으로 문제 해결을 설계해주는 플랫폼 이상의 파트너가 되는 것, 그것이 팔란티어의 핵심 역량이다. 단순히 기술을 파는 경쟁사와는 차별화되는 역량이며, 팔란티어가 지속적인 우위를 가지게 하는 핵심 요소다.

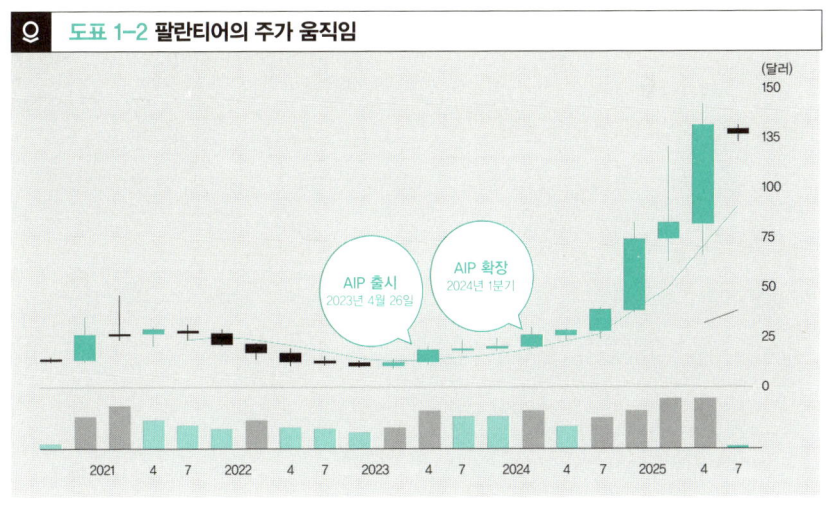

도표 1-2 팔란티어의 주가 움직임

〈도표 1-2〉는 팔란티어의 주가 차트다. 이렇게 훌륭한 기술을 가지고 있는데 왜 이전에는 제자리걸음을 하다가 2023년 이후 폭등한 걸까? 팔란티어는 어떻게 이토록 엄청난 주가 상승을 일궈낼 수 있었을까? 그 비밀을 풀 열쇠는 AIP^{artificial intelligence platform*}다.

> **AIP**: 기업이 AI를 빠르게 실무에 적용할 수 있도록 돕는 통합 인공지능 플랫폼. 데이터 연결, 모델 학습, 에이전트 설계, 의사결정 자동화까지 전 과정을 지원하며, 특히 팔란티어 AIP는 온톨로지를 기반으로 RAG 없이도 AI 에이전트를 손쉽게 구축할 수 있어 실무 적용 속도와 효율성이 매우 뛰어나다.

05　Palantir
데이터에서 에이전트로, AIP의 진화

팔란티어의 AIP는 2023년 4월 26일에 공식 출시됐다. CEO 알렉스 카프는 2023년 1분기 실적발표에서 AIP를 공개하며 LLM^{large language model}(대형 언어 모델)과 AI 기능을 군사·정부·기업 현장 워크플로에 직접 통합해주는 플랫폼'이라고 강조했고, 출시 직후부터 팔란티어는 정부기관과 민간기업을 대상으로 PoC^{proof of concept*}와 파일럿 프로젝트를 빠르게 전개했다. 초기에는 방산, 금융, 제조, 헬스케어 등 전략적 분야에서 고객사와 긴밀히 협력하며 맞춤형 문제 해결 역량을 입증했다.

PoC: 개념 증명. 어떤 기술이나 아이디어가 현실에서 실제로 작동 가능한지를 비교적 소규모로 빠르게 검증하는 실험 단계.

뒤에서 팔란티어의 AI 전략을 좀 더 구체적으로 다루겠지만, 여기서 먼저 짚고 넘어가야 할 핵심이 있다. 팔란티어 입장에서는 AI 역량이 사실상 약점으로 지적받아왔는데, 2022년 말부터 달라졌다는 점이다. LLM이 본격적으로 상업화되면서 오히려 경쟁사 대비 월등히 유리한 환경이 만들어졌다. LLM이 AIP 플랫폼 안에서 팔란티어가 오랫동안 개발해온 온톨로지와 밀착 결합되면서, 지금까지 쌓아온 방대한 데이터가 드디어 제대로 활용될 환경이 갖춰진 것이다. AIP의 작동 원리를 살펴보면, 온톨로지상에서 객체가 정의돼 있을 경우 별도의 복잡한 RAG^{retrieval-augmented generation}* 구축 없이도 바로 AI 에이전트를 구성할 수 있도록 설계돼 있다.

> **RAG**: 검색 증강 생성. 생성형 AI의 답변 정확도를 높이기 위해 외부 데이터베이스나 문서에서 관련 정보를 검색한 뒤 이를 기반으로 텍스트를 생성하는 방식을 말한다.

대부분의 데이터 플랫폼이나 AI 플랫폼에서 시간과 비용이 가장 많이 들어가는 부분은 사실상 AI가 데이터를 잘 '이해'할 수 있도록 만드는 전처리와 정제 과정이다. 간단한 기술적 작업이 아니어서 데이터의 복잡성이나 품질 수준에 따라 소요되는 시간이 기하급수적으로 늘어날 수도 있는 본질적인 병목 지점이다.

하지만 팔란티어의 접근은 다르다. 온톨로지 기반의 데이터 구조화 덕분에 비용과 시간을 획기적으로 줄였고, AI를 기업의 실질적인 문제 해결 도구로 자리 잡게 하는 데 성공했다. 이런 무기를 고객들이 가장 쉽게 이해할 수 있도록 체험 프로그램에 참여시켰다. 이를 'AIP 부트캠프' 프로그램이라고 부르며, 이 프로그램은 기업의 문제 해결을 위한 실행형 AI 운영체제를 구축하는 것을 목표로 한다. 즉, 단순한 UI 교육이 아니라 '문제 정의

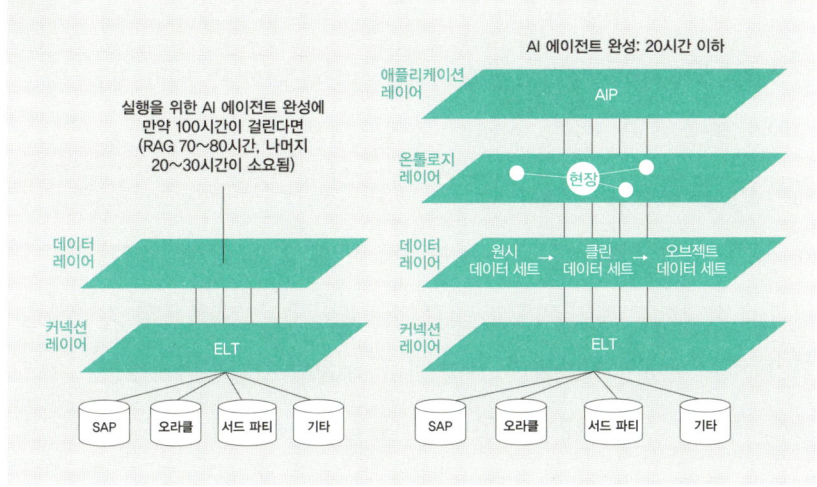

도표 1-3 애플리케이션 레이어

→ 온톨로지 설계 → 워크플로 자동화 → AI 에이전트^{AI agent*} 배포' 전 과정을 실습한다. 이 과정은 짧으면 며칠에서 길면 2~3주 정도로 진행한다. AIP 부트캠프에 참여하는 고객(또는 내부 컨설턴트나 엔지니어)은 AIP 플랫폼을 활용해 자기 조직의 실제 문제를 AI 기반으로 풀기 위한 실습을 진행한다. 'AI 질의응답'이 아니라 '데이터 구조화 → AI 에이전트 설계 → 실행 자동화'까지 전 과정을 학습하는 체험 및 실습 프로그램이다.

> AI 에이전트: 특정 목적을 위해 자율적으로 판단하여 작업을 수행하는 인공지능 기반 시스템. 데이터를 분석하고 사용자와 상호작용하며 업무 자동화, 의사결정 지원, 문제 해결 등 다양한 역할을 수행한다.

사실 대부분의 AI 교육은 '질문을 잘 던지는 법(프롬프트 엔지니어링)' 정도에서 멈춘다. 하지만 팔란티어의 AIP 부트캠프는 완전히 다르다. 여기서는 '고객의 데이터 기반으로 AI에게 실제로 일을 시키는 법'을 가르친다. 이게 가능한 이유는 팔란티어의 온톨로지 덕분이다. 고객이 온톨로지를 설계해두면, 복잡한 RAG 구성을 별도로 만들 필요 없이 그 온톨로지를 기반으로 바로 AI 에이전트를 활용할 수 있다.

앞서 언급했듯이, AI가 데이터를 '이해'할 수 있도록 전처리하고 정제하는 데는 엄청난 시간과 비용이 든다. 대부분의 기업이 이 단계에서 시간을 다 써버린다. 하지만 팔란티어 AIP를 활용하면 이 시간을 대폭 단축할 수 있다. 자연스럽게 반복적인 프로세스를 빠르게 에이전트화하고, 그 결과가 현장에서 바로 ROI return on investment(투자 대비 효과)로 확인된다.

그리고 중요한 건, 이 경험을 한 고객들이 곧바로 팔란티어의 가장 강력한 세일즈 채널로 변한다는 점이다. 실제 문제를 해결해 효과를 본 기업들은 자연스럽게 다른 기업에 팔란티어 AIP를 소개한다. 바로 이 방식이 팔란티어가 시장을 확장하는 전략의 핵심이다.

2024년 1분기 기준으로 팔란티어는 AIP 부트캠프에 500개가 넘는 기업을 참여시켰다고 발표했다. 각 기업에서 적게는 3~5명 많게는 수십 명까지 참여했다면, 출시 1년 만에 이미 수천 명의 고객이 팔란티어의 핵심 솔루션을 직접 경험한 셈이다. 이 프로그램의 강점은 AI 시연을 넘어 고객의 데이터를 기반으로 실제

에이전트를 설계하고 운영해보는 '실행 중심' 경험을 제공한다는 것이다. 그 덕에 기존 고객은 자연스럽게 AIP 추가 계약을 했고, 새로운 고객 유입도 가속화됐다.

이런 구조적 변화는 2024년 팔란티어의 매출 성장을 크게 견인한 핵심 모멘텀이 됐고, 시장 신뢰 회복과 주가 상승으로 이어졌다. 단순히 기술을 파는 것이 아니라 고객이 AI를 '실제로 쓸 수 있게' 하는 팔란티어의 전략이 본격적으로 결실을 보기 시작한 시점이라고 할 수 있다.

06 Palantir
안두릴과 팔란티어, 전장을 재설계하다

요즘 실리콘밸리에는 '팔란티어 마피아' 현상이라는 신조어가 쓰인다. '페이팔 마피아'에서 파생한 표현인데, 팔란티어 출신 직원들이 페이팔 마피아와 유사하게 국방·헬스케어·핀테크·AI 등 다양한 분야에서 100개가 넘는 스타트업의 창업과 경영에 깊이 관여하여 성공적인 성과를 만들어낸 현상을 가리킨다.

팔란티어는 최고의 인재를 고용하고 창업가 DNA를 가르치는 '공식'을 만들어냈다는 평가를 받으며, 이런 인재들이 탁월한 기술적 배경과 실제 문제 해결 능력 그리고 기술 및 정부 분야의 깊은 네트워크를 바탕으로 성공적인 벤처 기업을 이끌고 있다. 팔란티어 마피아 중에서 요즘 특히 눈여겨볼 만한 기업이 바로 안두릴Anduril이다. 이름부터 눈길을 끄는데 톨킨의 《반지의 제왕》에 나오는 명검 '안두릴'에서 따온 것으로, 본질적으로는 첨단 공격용 무기를 만드는 방산 테크 기업이다.

안두릴을 설립한 파머 러키Palmer Luckey는 2017년 창업 이후 방산 분야에서 가장 빠르게 부상했다. 오큘러스VROculus VR을 창업해 성공시킨 뒤 메타(구 페이스북)에 매각한 경험이 있으며, 기술적 역량과 감각을 입증받은 인물이다. 오큘러스 매각 후에는 기존 방산업의 낡은 방식에 문제의식을 가지고 소프트웨어 중심의 방산 혁신을 목표로 안두릴을 세웠다. 특히 주목할 부분은 초기 투자 단계에서 팔란티어 공동 창업자인 피터 틸의 파운더스 펀드Founders Fund가 주요 투자자로 참여했다는 점이다. 이런 투자 인연이 자연스럽게 안두릴과 팔란티어 간의 긴밀한 협력으로 이어졌다.

안두릴은 전통 방산업체들과 결이 다르다. AI, 센서, 자율 시스템 등 첨단 기술을 무기로 삼아 소프트웨어 중심의 방산 테크 기업을 지향한다. 이 전략이 가능했던 중요한 배경 중 하나가 팔란티어와의 협업이다. 팔란티어의 핵심 엔지니어 다수가 안두릴로 옮겨가면서 팔란티어의 데이터 및 AI 역량이 안두릴의 하드웨어 및 자율 무기 기술과 깊이 결합됐다. 이를 통해 안두릴은 방산 스타트업이면서도 전통적인 대형 방산업체들이 따라잡기 어려운 스피드와 혁신을 실현할 수 있었다.

두 회사의 관계는 보통의 파트너십을 넘어선다. 팔란티어의 온톨로지 기반 데이터 플랫폼이 안두릴의 무기 시스템 설계,

운영, 실시간 전장 의사결정에까지 깊이 통합되면서 양사는 방위산업의 디지털 전환을 이끄는 핵심 플레이어로 자리 잡았다. 강력한 두 회사의 역량이 하나로 합쳐지면서 전장의 결과를 바꿀 수 있는 핵심적인 무기로 발전했다.

그들이 구체적으로 어떻게 협업하는지 간단히 살펴보자. 안두릴은 실제 전장에서 사용되는 하드웨어 역량을 갖추고 있다. 예를 들어 정찰 드론을 보면, 이 드론이 수집하는 방대한 정보를 야전에서 실시간으로 취합·처리하는 역할을 하는 것이 안두릴이 개발한 메니스Menace 플랫폼이다. 전투 현장에서 발생하는 다양한 데이터를 현장 단에서 바로 모으고 분석함으로써 에지 컴퓨팅edge computing 역할을 수행한다고 이해하면 된다.

안두릴은 이렇게 전장에서 획득한 데이터를 어떻게 활용할까? 아무리 방대한 데이터를 쌓아도 결국 그 데이터들 간의 맥락이 없으면 쓰레기에 불과하다. 특히 방위산업은 보안 이슈에 매우 민감하기 때문에 이런 데이터를 안전하고 의미 있게 연결하는 일이 핵심 과제다. 안두릴이 팔란티어와 협업을 선택한 이유가 바로 여기에 있다. 팔란티어의 온톨로지는 각종 센서와 시스템에서 발생하는 데이터를 서로 연계하고, 실제 전투 현장에서 발생하는 오룟값을 지속적으로 보정해 더 정밀한 로직으로 하드웨어에 반영할 수 있게 한다. 비유하자면, 《반지의 제왕》에서 명검 안두릴이 전장을 가르는 '칼'이라면, 팔란티어는 멀리 보고 전략을 세우는 '눈'이다. 이 둘이 결합해 하나의 완성된 무기로 작동하는 것과 같은 원리다.

안두릴은 전장 무기 하드웨어만 혁신하는 데서 멈추지 않는다. 내부의 프로세스 자체도 팔란티어와 함께 혁신적으로 재설계하고 있다. 방산 업계는 원래 제품 수명 주기가 매우 긴 것으로 악명이 높다. 전투기 하나 개발하는 데 10~20년 이상 걸리는 게 보통이다. 이런 느린 개발 속도는 방위산업 전반의 문제다. 안두릴은 이 느린 사이클을 가장 먼저 깨부수는 것을 전략적 무기로 삼았다. 전통 방산 기업이 쓰던 낡은 프로세스를 과감히 버리고 실리콘밸리식 애자일agile* 개발 방식을 채택해 제품 출시 속도를 높이고 품질을 개선한다. 그 과정에서 대량 생산 체계 운영으로 규모의 경제도 실현해서 가격 경쟁력까지 강화한다.

애자일: 빠르게 변화하는 환경에 유연하게 대응하기 위해 개발된 업무 수행 방식으로, 짧은 주기의 반복적 개발과 지속적인 고객 피드백 반영으로 제품이나 서비스를 점진적으로 개선해나가는 접근법이다. 팀 간 협업과 유연한 계획 수립이 핵심이다.

이런 속도전이 가능해진 배경에는 팔란티어와의 협업이 있다. 팔란티어의 데이터·AI 플랫폼을 통해 방대한 설계·시험·운용 데이터를 실시간으로 통합·분석하고, 온톨로지 기반으로 오류를 줄이며 의사결정의 속도를 극대화한다. 즉 안두릴이 방산 업계에서 '속도'를 가장 강력한 무기로 삼을 수 있는 이유는 팔란티어의 데이터 역량을 완전히 내재화했기 때문이며, 양사가 긴밀한 인적 교류 속에 혁신을 추친해온 결과다.

07 Palantir
트럼프 2.0 시대의
전략적 기회

냉전의 긴장이 극에 달했던 1983년, 백악관에서 로널드 레이건 대통령은 "소련의 핵탄두로부터 미국을 완벽히 방어하겠다"라는 구상을 공개적으로 선언했다. 그 핵심이 바로 우주 공간의 위성을 활용해 레이저로 핵미사일을 요격한다는, 이른바 '스타워즈 프로젝트'였다. 발표 직후 전 세계는 마치 공상과학 영화 같은 비현실적인 발상이라며 비웃었는데, 사실 비용··기술·운용체계 등 모든 측면에서 극복하기 어려운 장애물이 존재했다. 게다가 이 전략이 오히려 핵무장 경쟁을 자극하고 세계를 핵전쟁의 공포로 몰아넣을 거라는 비판이 거세게 일어났다. 결국 이런 비판과 기술적 제약을 극복하지 못하고, 이 프로젝트는 본격적인 실행 단계에 들어가지도 못한 채 역사 속 미완의 구상으로 남게 됐다.

그로부터 42년이 흘러 2025년 5월 20일, 백악관에서 도널드 트럼프 대통령은 새로운 구상을 발표했다. 이스라엘의 아이언 돔 시스템에서 영감을 얻었다는 그는 한층 진화한 현대판 스타워즈 프로젝트를 표방하며 '골든 돔Golden Dome' 프로젝트를 선언했다. 계획의 골자는 2029년까지 약 1,750억 달러를 투입해 1,000여 기의 저궤도 인공위성을 띄우고, 이를 통해 적의 미사일 발사를 신속하게 탐지하며, 요격 가능한 플랫폼을 구축해 우주 공간에서 적군의 모든 미사일을 차단하는 방어망을 구축한다는 것이다.

그렇다면 42년 전 실패했던 스타워즈 구상과 달리, 이번에는 왜 가능성이 있다고 보는 걸까? 핵심 요인은 기술 환경의 비약적인 발전이다. 민간 우주산업의 급성장, 저궤도 위성 대량 배치 기술, 정밀 센서 및 통신 인프라의 상용화 그리고 AI 기반 탐지·요격 알고리즘의 성숙이 이를 가능하게 한다는 전략적 판단이 깔려 있다. 즉, 이번 골든 돔은 공상과학이 아니라 지난 수십 년간의 기술 진보를 결집해 현실적 군사 옵션으로 자리 잡게 하려는 시도로 해석할 수 있다. 방금 이야기한 기술들의 중심에는 스페이스XSpaceX, 팔란티어, 안두릴 등의 회사가 있다.

40여 년 전만 해도 미국이 우주에 위성을 쏘아 올리려면 반드시 NASA의 도움을 받아야 했고, 그 막대한 비용은 국방예산을 압박했다. 하지만 지금은 상황이 완전히 달라졌다. 스페이스X 팰컨 9Falcon 9의 1단 부스터는 20회 이상 재사용할 수 있어서 발사 비용이 과거와 비교할 수 없을 정도로 저렴해졌다. 안두릴은 드론과 무인 장비에 각종 센서를 장착해 실제 전장에서 데이터를 수집한다. 이 장비들이 마치 사람의 '눈'과 같은 역할을 한다고 보면 된다. 그리고 마지막으로, 위성에서 수집되는 방대한 데이터를 분석하고 AI 기반 의사결정으로 위성 요격이나 대응 전략을 세우는 건 팔란티어의 몫이다. 사람의 '두뇌'와 같은 역할을 수행하는 것이다. 이렇게 보면 하드웨어(스페이스X), 센서와 현장 데이터 수집(안두릴), AI 의사결정과 통제(팔란티어)가 하나의 통합된 시스템처럼 움직이는 그림이 그려진다. 이 세 회사의 기술이 결합하면 과거에는 상상 속에서나 가능했던 '우주 기반 방어 체계'를 현실화할 수 있다.

즉, 40여 년 전에는 현실적으로 불가능했던 프로젝트가 이제는 현실적인 계획으로 바뀐 이유 중 첫 번째는 민간 항공 업체인 스페이스X가 등장하면서 하드웨어상 발생하는 높은 비용을 합리적으로 낮춰 도전 가능한 예산 범위로 만들었다는 것이다. 하지만 진짜 중요한 변화는 소프트웨어의 발전이다. 하드웨어 비용을 낮추는 것만으로는 부족하다. 수많은 센서와 위성이 생산해내는 데이터를 실시간으로 통합·분석·결정하는 역량이 없다면 이런 프로젝트는 여전히 공상과학에 머물렀을 것이다. 40년 전에는 팔란티어 같은 소프트웨어 기술이 없었기에 비용을 떠나서 도전조차 할 수 없었던 것이다.

이 지점을 보면, 알렉스 카프가 《기술공화국 선언》에서 언급한 "하드웨어는 소프트웨어의 액세서리가 될 것이다"라는 말이 떠오른다. 이제 하드웨어는 소프트웨어가 설계하고 지휘하는 대로 움직이는 시대가 됐다. 소프트웨어 중심의 전환이, 과거에는 꿈에 불과했던 국가 안보 수준의 거대 프로젝트조차 현실적인 도전 과제로 만드는 핵심 동력이 된 것이다.

물론 골든 돔 프로젝트가 과거의 스타워즈 계획처럼 전 세계적인 비판과 기술적 한계에 부딪혀 무산될 가능성도 분명히 있다. 하지만 이번에는 상황이 좀 다르다. 무엇보다 트럼프라는 예측하기 힘든 정치인이 이 계획에 상당히 진지하다는 점을 주목할 필요가 있다. 가정이긴 하지만, 만약 이 프로젝트가 실제로 추진되어 실행되면 팔란티어 투자자들에게는 매우 의미 있고 안정적인 수익원이 될 가능성이 크다. 총투자 규모가 1,750억 달러, 현재 환율로 약 245조 원에 달하는 거대한 프로젝트다. 팔란티어가 전체 예산의 1%만 수주한다고 가정해도 매출 규모가 2조 5,000억 원에 육박한다. 만약 10%를 차지한다면 무려 25조 원이라는 엄청난 매출이 기대된다. 이런 숫자 자체가 투자자들에게는 강력한 상상력을 불러일으킬 수밖에 없다.

프로젝트 규모만으로도 굉장한 기회로 보이지만, 진짜 중요한 포인트는 이 프로젝트가 완성돼서 가동되기 시작할 때 들어가는 운영비다. 하드웨어는 로켓 발사나 위성 배치처럼 대규모의 매출을 발생시키기는 하지만 일회성으로 소진된다는 특성이 있다. 반면 팔란티어 같은 소프트웨어 회사는 시스템이 한 번 구축되면 끝나는 게 아니다. 가동되는 동안 유지·보수와 운영이 필수적이기 때문에 매출이 일회성으로 끝나지 않고, 정부가 구독료 형태로 매년 지불할 가능성이 크다. 팔란티어 입장에서는 이런 구조가 가장 크고 안정적인 매출 파이프라인을 의미한다. 이미 팔란티어는 미 정부와 여러 장기 프로젝트를 운영하며 구독형 성격의 매출을 만들어왔다. 그렇기에 투자자라면 골든 돔 프로젝트의 향방에 관심을 기울일 필요가 있다.

다시 강조하자면, 팔란티어의 경쟁력은 그저 데이터를 저장하고 보여주는 플랫폼이 아니다. 방대한 데이터를 온톨로지를 통해 구조화하고, 실제 작전·의사결정 프로세스에 깊이 통합해주는 '두뇌' 역할이 핵심이다. 만약 골든 돔 같은 대규모 방위 프로젝트가 본격화된다면, 이런 역량을 갖춘 팔란티어가 매우 중요한 파트너가 되리라는 점은 투자자 관점에서 결코 가볍게 볼 수 없는 시나리오다.

팔란티어의 경쟁자들

Deep Inside

팔란티어와 경쟁하는 대표적인 회사로 '데이터브릭스Databricks'와 '스노우플레이크Snowflake'가 꼽힌다. 물론 C3.ai도 가끔 언급되지만, 시장에서의 전체적인 중량감과 고객층의 규모를 고려하면 실질적인 비교 대상은 데이터브릭스와 스노우플레이크라고 보는 게 맞다.

이 두 회사를 팔란티어와 나란히 놓고 비교하면서, 팔란티어가 어떤 경쟁우위를 갖고 있는지 전략적인 관점에서 살펴보고자 한다. 기능이나 기술 스펙 비교를 넘어서 각 회사의 고객 지향점, 수익 모델, 데이터 처리 방식, AI 전략의 차이를 통해 팔란티어의 차별성과 지속 가능한 경쟁력을 구체적으로 분석해본다는 뜻이다.

가장 먼저 세 회사가 재무적으로 어떤 스토리를 쓰고 있는지 살펴보겠다. 〈도표 1-4〉는 팔란티어가 2025년 1분기에 발표한 'Rule of 40'※ 분기별

Rule of 40: '40의 법칙'이라고도 하며, 소프트웨어 및 기술 기업의 성과를 평가하는 데 사용하는 지표다. '성장률(일반적으로 매출 성장률)'과 '수익률'을 더해 '40' 이상이면 기업이 전반적인 건강 상태를 유지한다고 판단하며, 두 수치가 균형을 이루는지도 중요하게 본다.

조정 영업이익률: 미국에서 공식적으로 인정되는 회계기준을 GAAP라고 하는데, 조정 영업이익률은 말 그대로 '조정'된 것으로 Non-GAAP 기준이다. 즉 기업이 자체적으로 판단해 일회성 또는 비현금성 항목들을 제외하고 조정한 실적을 의미한다.

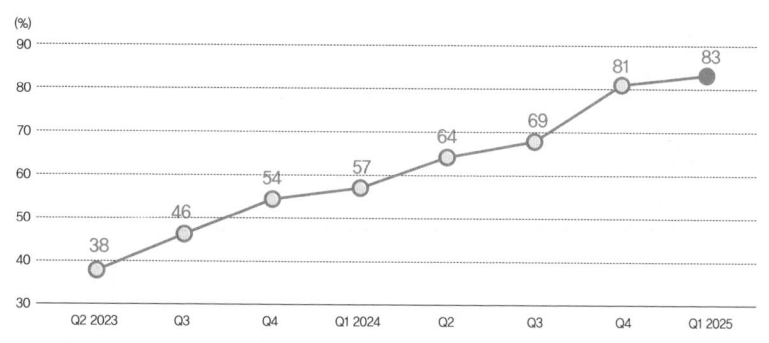

도표 1-4 팔란티어의 Rule of 40 추이

출처: 팔란티어 IR 홈페이지

실적을 정리한 내용이다. Rule of 40은 전년 대비 성장률과 조정 영업이익률* 수치를 합한 스코어로 제시된다.

Rule of 40이 의미하는 것은 명확하다. '회사가 시장에서 얼마나 성장성을 만들어내고 있느냐' 그리고 '그 성장의 결과로 충분한 수익성을 동시에 유지하고 있느냐'를 한눈에 보여주는 종합적인 척도다. 이 지표를 통해 기업이 단기적 매출 확대만을 추구하는지, 아니면 장기적으로 안정적인 이익 구조를 확보할 수 있는 체질을 갖추고 있는지를 전략적으로 점검할 수 있다. 그리고 훌륭한 회사라고 판단되는 기준인 40%를 넘는 수치를 얼마나 오랫동안 유지하는지를 통해 현재의 위치를 평가한다.

팔란티어는 2022년 2분기에 Rule of 40 지표가 38%로 40% 기준을 소폭 밑돌았지만, 이후 7분기 연속 40%를 넘어서며 안정적인 성장과 수익성을 증명해왔다. 특히 2024년 4분기 81%, 2025년 1분기 83%를 기록해 소프트웨어 기업의 '훌륭함' 기준인 40%를 2배 이상 초과했다. 생존을 넘어 명실상부하게 위대한 기업으로 자리매김하고 있음을 보여준다.

도표 1-5 3사의 최근 Rule of 40 수치

회사	시점	성장률 (전년 대비, %)	조정 영업이익률(%)	Rule of 40 (%)
팔란티어	2024년 4분기	27	54	81
스노우플레이크	2024 회계연도 4분기	32	6	38
데이터브릭스(비상장)	2024 회계연도 4분기 (추정)	약 50	0	약 50

특히 Rule of 40이 2분기 연속 80을 넘긴 것은 안정적이고 높은 영업이익률에서 기인한다. 그리고 이 기조는 현재진행형이기에 미래가 더 밝다고 볼 수 있다.

경쟁사인 스노우플레이크, 데이터브릭스와 비교한 〈도표 1-5〉를 보면 그 점이 더 명확해진다. 최근 Rule of 40이 어떻게 구성돼 있는지도 투자자에게는 중요한 정보이므로, 표에서 그 점도 짚어보자.

팔란티어는 2024년 4분기에 81%라는 아주 좋은 수치를 기록했다. 더 중요한 포인트는 성장률(27%)보다 더 높은 영업이익률(54%)을 기록했다는 점이다. 그에 비해 스노우플레이크는 최근 성장성이 약해지면서 성장률 32%를 기록했고 이익률도 6%밖에 달성하지 못했다. 성장은 아직 지속되지만, 수익을 크게 내지 못한다는 뜻이다. 데이터브릭스는 성장률은 50%로 가장 높지만, 영업이익률은 거의 0%로 추정된다. 비상장사이기에 더 자세한 자료를 파악하기 힘들지만, 현재는 돈을 벌지 못하는 상황임을 알 수 있다.

Rule of 40은 두 지수가 유사하게 나오는 구조가 가장 안정적이라고 여겨진다. 그런 관점에서 세 회사 중 팔란티어가 왜 가장 높은 시가총액을 나타내는지 알 수 있다.

소프트웨어 회사의 진짜 경쟁력은 기술이 얼마나 대단해 보이느냐가 아니

도표 1-6 3사 솔루션의 특징과 경쟁우위

항목	팔란티어	데이터브릭스	스노우플레이크
포지셔닝	워크플로, 실행형 AI	데이터·AI 플랫폼	데이터 웨어하우스
주요 제품	고담, 파운드리, AIP, 아폴로	데이터 레이크하우스, 모자이크 AI	스노우플레이크 데이터 클라우드
고객군	정부, 상업	상업(엔지니어 중심)	상업(대기업 중심)
AI 전략	온톨로지, 다양한 LLM 활용	자체 LLM, 오픈소스	파트너 AI 모델 활용
수익 모델	소프트웨어 라이선스, 서비스, 사용량 과금	구독 기반, 사용량 과금	클라우드 사용량 과금
경쟁우위	규제 환경, 실행형 AI	오픈소스 생태계, 머신러닝 유연성	멀티 클라우드, 단일 플랫폼

라 그 제품이 고객의 문제 해결에 얼마나 기여하고 실제로 혁신을 만들어내느냐에 달려 있다. 이런 관점에서 본다면 이제 중요한 것은 각 회사의 솔루션이 어떤 특징을 가지고 있고, 실제로 고객의 문제를 어떻게 해결하는지 구체적으로 살펴보는 일이다. 그래서 〈도표 1-6〉에서는 3사의 솔루션을 항목별로 비교해봤다.

세 회사의 솔루션을 이렇게 정리해보면, 스노우플레이크는 팔란티어나 데이터브릭스와는 분명히 다른 포지션과 전략을 갖고 있다는 걸 알 수 있다. 스노우플레이크는 철저하게 데이터 웨어하우스 data warehouse* 영역에 특화된 솔루션으로, 상업 시장을 주력 무대로 삼고 있다. 비즈니스 모델은 데이터 사용량 기반 과금 체계를 중심으로 설계돼 있다. 주요 고객층은 대기업의 IT팀이나 데이터 분석가 같은 엔드 유저 end user들로, 이들이 대규모 데이터를 손쉽게 저장·관리·분석할 수 있게

데이터 웨어하우스: 기업이 다양한 시스템에서 발생하는 대량의 데이터를 통합·정제하여 분석하기 쉽게 저장해두는 중앙 저장소. 의사결정을 위해 데이터만 모아놓은 '분석 전용 데이터 창고'라고 보면 된다.

하는 것이 스노우플레이크의 핵심 경쟁력이다. 이런 전략적 목표를 극대화하기 위해 멀티 클라우드도 가능토록 지원하며 데이터 마켓 플레이스를 운영하는 방식으로 생태계를 확대했다.

AI 전략 측면에서도 독자적인 AI 플랫폼을 구축하기보다는 데이터로봇DataRobot, 아마존웹서비스AWS 세이지메이커SageMaker 등 주요 머신러닝 플랫폼과의 연동을 강화해왔다. 이를 통해 고객은 스노우플레이크 환경 내에서 데이터를 관리하고, 필요한 AI 모델을 쉽게 불러와 활용할 수 있다.

스노우플레이크는 모든 기업 데이터를 자사 플랫폼에 집약하게 하고, 어떤 AI 모델이든 유연하게 구동되도록 지원함으로써 '데이터 기반 AI 허브'로서 입지를 공고히 하려는 전략적 접근을 보여주고 있다. 즉, 팔란티어처럼 문제 해결형 AI 운영체제를 지향하는 게 아니라 데이터 허브이자 AI(인공지능)/ML(머신러닝) 파트너 친화적인 플랫폼으로서 AI 활용을 극대화하려는 전략이라고 할 수 있다.

데이터브릭스는 최근 상장을 앞두고 매우 공격적으로 매출을 확대하는 전략을 취하고 있다. 수익성 문제는 아직 뚜렷하게 해결하지 못했지만, 그럼에도 여전히 성장세를 유지 중인 솔루션이다. 데이터브릭스의 가장 두드러지는 차별화 포인트는 '데이터 레이크data lake'*와 '데이터 웨어하우스'를 결합한 데이터 레이크하우스data lakehouse 아키텍처를 추구하고 이를 상업화했다는 점이다.

> **데이터 레이크**: 기업이 생성·수집하는 모든 형태의 데이터를 원시 상태로 저장할 수 있는 중앙 저장소. 정형·반정형·비정형 데이터를 모두 유연하게 수용하며, 필요할 때 가공해서 사용하도록 설계된 것이 특징이다.

전통적 데이터 웨어하우스는 구조화된 데이터 분석에 강점이 있지만, 비정형 데이터는 다루기 어렵다. 반면 데이터 레이크는 비정형 데이터를 싸게 저장할 수 있지만 정형 데이터를 관리·분석하는 데는 효율성이 떨어진다. 데이터브릭스는 이 두 가지를 결합해 저장 비용의 유연성과 데이터 웨어하우스 수준의 관리·쿼리 성능을 동시에 제공하려는 전략을 쓴다.

　이런 유연성을 확보한 대신 운영을 위해서는 기본적인 컴퓨터 언어 사용 능력을 갖춰야 한다. 그래서 데이터브릭스의 핵심 사용자는 일반적인 엔드 유저가 아니다. 오히려 데이터 사이언티스트나 데이터 엔지니어처럼 실제로 코드를 다루고 분석 모델을 설계할 수 있는 전문가들이다. 그들이 설계하려는 구조를 빠르고 쉽게 구현해주고, 복잡한 알고리즘을 오픈소스 기반으로 제공해주면서 매출을 만들어왔다.

　AI 전략에서도 데이터브릭스의 초점은 데이터 저장·쿼리 플랫폼이 아니라 엔터프라이즈급 AI/ML 워크플로의 중심 허브가 되는 것이다. 이 회사는 스파크 기반의 대규모 데이터 처리 기술을 바탕으로 데이터 엔지니어링, 데이터 사이언스, AI 모델 개발 및 배포까지 엔드투엔드end-to-end로 지원하는 통합 플랫폼을 표방한다. 앞서 살펴본 스노우플레이크가 소매 고객을 위한 집 앞 편의점 같은 느낌으로 확장한다면, 데이터브릭스는 대형 할인점 같은 포지션이라고 보면 될 것 같다.

　앞서 설명했듯이, 팔란티어는 정부와 민간을 가리지 않고 고객을 다양한 영역으로 확대하고 있다. 특히 AIP 출시 이후 고객 수의 증가 속도가 더 빨라지며 매출과 영업이익 모두 급격히 늘어나고 있다.

　팔란티어는 일반 엔드 유저와 데이터 전문가 모두를 위한 솔루션이라는 특징이 있다. 온톨로지 기반의 실행형 AI인 AIP를 통해 다양한 LMM large multimodal model*을 적용할 수 있다. 다만 스노우플레이크나 데이터브릭스의 솔루션과 비교할 때 운영 비용이 크기에 투자 대비

LMM: 대규모 다중모달 모델. 텍스트뿐 아니라 이미지, 음성, 영상 등 다양한 형태의 데이터를 동시에 이해하고 처리할 수 있는 AI 모델. 복합 정보를 통합적으로 분석해 더 정교한 의사결정과 상호작용이 가능하며, 차세대 AI 기술의 핵심으로 주목받고 있다.

포인트 솔루션: 특정 문제나 기능에만 집중하여 설계된 소프트웨어 또는 시스템. 복잡한 전체 시스템이 아닌 하나의 기능 또는 업무 프로세스를 해결하는 데 최적화되어 있다. 확장성이나 통합성 측면에서 한계가 있어 전사적 시스템과 연계하고자 할 때 어려움이 발생할 수 있다.

효과가 크게 발생할 문제에 대한 해결 도구로 쓰이며, 포인트 솔루션point solution*이 아닌 엔터프라이즈 솔루션을 추구하기에 시장 진입에 대한 철학이 다르다고 봐야겠다.

2장
팔란티어의 데이터 헤게모니와 리스크

01　Palantir

팔란티어 생태계 확산은
내재화에 달렸다

◎

1995년 11월, 삼성그룹이 국내 최초로 SAP* ERP를 도입하던 시기는 한국 기업의 디지털 경영 전환이 본격적으로 시작된 출발점이었다. 당시에는 한국 내에 SAP ERP 프로젝트를 수행할 수 있는 인력이 전무하다시피 했기 때문에 독일 본사에서 컨설턴트와 개발자를 직접 초빙해야만 했다. 당연히 프로젝트 비용이 기하급수적으로 증가했지만 선택의 여지가 없는 상황이었다.

> **SAP**: 세계적인 소프트웨어 기업이자 ERP 분야의 글로벌 선두 주자. 기업의 회계, 생산, 구매, 영업, 인사 등 모든 핵심 비즈니스 프로세스를 하나의 통합된 시스템에서 관리할 수 있도록 도와주는 솔루션을 제공한다.

　　그러나 이 초기 도입은 시스템 구축을 넘어 국내 SAP 생태계를 형성하는 데 결정적인 역할을 했다. 삼성그룹의 대규모 프로젝트에 참여했던 수많은 인재가 실전 경험을 바탕으로 빠르게 역량을 축적했고, 이들이 SAP 전문 인력으로 성장하면서 자연스럽게 업계 전반으로 퍼져나갔다. 그 결과 2000년대 초부터는 10대 대기업군을 중심으로 SAP ERP가 본격적으로 확산됐으며, 독일 본사의 직접적인 컨설팅 참여는 점차 줄어들었다. 삼성그룹의 초기 도입 사례가 국내 SAP 역량의 내재화 기반을 마련한 셈이다.

현재는 국내에 수많은 SAP 파트너사와 프리랜스 컨설턴트, 개발자들이 활동하고 있어 도입 초기와 비교했을 때 훨씬 더 합리적인 비용으로 SAP ERP 프로젝트를 수행할 수 있는 생태계가 구축돼 있다. 이는 비용 절감 효과에 그치지 않고 프로젝트의 완성도 측면에서도 독일 본사의 전문가를 초빙하던 초기와 비교해 큰 차이가 없을 정도로 국내 역량이 상향 평준화됐음을 의미한다.

이런 현상은 한국만의 사례가 아니며, 글로벌 시장에서도 유사한 흐름으로 진행돼왔다. 각국 현지에 있는 로컬 파트너사들이 SAP 프로젝트를 주도적으로 수행할 수 있는 수준으로 성장했고, 이를 기반으로 전 세계에서 일관된 품질의 ERP 구축이 가능해졌다. SAP ERP는 일종의 제품을 넘어 글로벌 파트너십과 로컬 전문성을 결합한 플랫폼으로 진화했으며, 이는 SAP가 오랜 시간 동안 엔터프라이즈 소프트웨어 시장에서 독보적인 매출 1위를 유지할 수 있었던 핵심 배경이라고 할 수 있다.

이런 생태계의 발전 흐름은 SAP ERP에만 국한된 현상이 아니다. 규모는 다소 작지만, 다른 주요 솔루션들에서도 유사한 구조가 나타나고 있다. 디지털 전환 시장 전반에서 확인되는 보편적인 트렌드라고 볼 수 있다. 이런 흐름을 두고 '닭이 먼저냐, 달걀이 먼저냐' 같은 구조적 논쟁이 발생하곤 한다. 솔루션에 대한 도입 수요가 커졌기 때문에 관련 인력이 자연스럽게 양성된 것이라는 시각이 있는 반면, 숙련된 인력이 시장에 충분히 공급되면서 도입 비용이 합리화된 결과 더 많은 기업이 도입을 고려하게 됐다는 분석도 있다.

실제 현장에서는 기술의 확산과 인력 생태계의 조성이 맞물려 선순환 구조를 형성하는 사례가 많다. 핵심은 기술 자체만으로는 시장을 형성하기 어렵다는 것이다. 이를 실제 비즈니스 현장에 구현하고 지속적으로 확산시킬 수 있는 인적 생태계와 실행 인프라가 병행되어야만 지속 가능한 도입과 확장이 가능해진다. 다시 말해 제품 중심이 아닌 시장 구조와 인력 기반을 고려한 입체적 전략 설계가 필수적이다.

이 지점에서 팔란티어 파트너의 활약이 한국 내 팔란티어 사업의 성패를 가르는 핵심 변수로 작용할 것이다. 현재 기준으로 국내에서 팔란티어 파운드리를 독립적으로 구축하고 운영할 수 있는 엔지니어 규모는 20~30명 수준에 불과하다. 이는 사실상 1~2개 기업만이 자체 인력을 통해 프로젝트를 수행할 수 있는 수준이라는 의미다.

이런 상황에서 E사는 유일하게 내재화 기반 확산 역량을 확보한 기업이다. 현재 약 15명의 정규직 팔란티어 엔지니어와 10여 명의 프리랜서 인력을 자체 육성하여, 외부 의존 없이 자체적으로 프로젝트를 기획·설계·운영할 수 있는 체계를 구축했다. 기술 역량 확보를 넘어 디지털 전환을 자산화하고 확산할 수 있는 인프라를 갖췄다는 데 의미가 있다.

하지만 대다수 기업은 여전히 팔란티어 본사 엔지니어의 직간접 지원에 의존하고 있다. 이런 구조는 시간과 비용 면에서 지속 가능하지 않으며, 시장 확산 속도를 획기적으로 높이기에도 비용이라는 어려움이 있다. 하지만 빠르게 효과를 증명해야 하는 회사에서는 여전히 팔란티어 파견 엔지니어와의 협업이 필수적이다. 결국 시장은 파견 엔지니어와 파트너사의 로컬 엔지니어가 시너지를 내는 구조로 전환될 것이다.

요약하자면, 국내 팔란티어 사업이 본격적인 성장 궤도에 오르기 위해서는 E사의 사례처럼 좋은 인력을 확보하고 육성하여 빠르게 내재화하는 전략과 국내 생태계 전반에 걸친 인재 육성 및 파트너사 중심의 확산 전략이 병행되어야 한다. 특히 맞춤형 솔루션인 팔란티어 파운드리의 도입 및 확산을 위해서는 우수한 로컬 파트너사들이 많아져야 한다. 이를 위해서는 기존의 팔란티어를 경험한 우수한 인재가 로컬 파트너사에 더 많이 영입되고 이들이 주축이 되어 로컬 파트너사 내에 빠른 내재화를 진행하는 선순환 구조가 만들어져야 한다. 그리고 나면 수요에 맞춰서 파트너사 간 경쟁이 벌어지며 질적 상향 평준화가 이뤄질 것이다.

이론적으로 보면 기업 내 필요 역량을 내재화하는 것이 맞는 방향이지만 대부분의 기업이 단기간 내재화 체계를 완성하는 것은 쉽지 않은 일이며, 기업들의 사정에 따라 내재화가 아닌 외주화를 추구해야 할 수도 있다. 따라서 SAP ERP의 확산 초기와 유사하게, 한국 시장에서도 로컬 파트너사의 전략적 역할이 매우 중요해지는 시점이 곧 도래할 것으로 보인다. 팔란티어 확산을 위한 생태계 구축 전략은 이제 단일 기업의 문제가 아니라 산업 전반의 경쟁력과 직결되는 구조적 과제로 이해되어야 한다. 한국 시장도 초기 시장을 지나서 조금씩 성숙 시장으로 이동하고 있다고 판단된다. 앞으로의 성장에서는 파트너사의 역할이 더 중요해질 것이다.

02 Palantir
KT, 기술 역량을 갖춘 파트너가 되다

2025년 3월, KT와 팔란티어 간의 파트너사 계약이 공식적으로 발표됐다. 이번 계약은 파트너십 체결을 넘어 AI 기반 디지털 전환 전략인 'K-AX^{Korean AI Transformation}'를 비전으로 내세운 KT의 새로운 성장 방향을 구체화한 상징적 사례다. 특히 글로벌 시장에서 대부분의 팔란티어 파트너십이 PwC, EY 등 컨설팅사를 중심으로 형성되고 있는 흐름과 달리, KT처럼 자체 시스템과 AI 인프라를 갖춘 한국 토종 기업이 파트너로 등장한 점은 주목할 만한 차별성이다.

KT의 이번 계약이 가지는 전략적 의미는 내부 프로젝트 기반의 실전 경험을 바탕으로 체결된 최초의 로컬 파트너십이라는 점이다. 즉, 외부 고객의 사업 수행을 목적으로 하기 이전에 자사 내부 시스템에 팔란티어 파운드리를 실제로 도입하고 직접 프로젝트를 수행해본 기업이라는 점에서 기존 컨설팅 기반 파트너십과는 명확히 결이 다르다.

팔란티어 파운드리는 교육만으로는 이해하기 어려운 구조로 돼 있다. 사용자가 반드시 직접 데이터를 다뤄보고, 온톨로지를 설계하고, 실제 워크플로를 구성하는 실무 경험을 통해서만 그 진가를 이해할 수 있다. 이 점에서 KT는 파트너의 자격을 넘어 플랫폼 사용자로서의 경험을 기반으로 한 실행 파트너로서 경쟁력을 확보할 수 있을 것으로 기대된다.

나는 종종 팔란티어를 '캔버스의 백지'에 비유한다. 어떤 주제를 선택해 어떤 방식으로 그리든 모든 가능성이 열려 있는 백지처럼, 팔란티어는 특정 산업이나 기능에 한정되지 않고 고객의 문제 정의에 따라 얼마든지 다른 해법을 담아낼 수 있는 유연한 구조로 돼 있다. 그 핵심에는 팔란티어의 온톨로지가 존재하는데, 단순한 데이터 모델링이 아니라 기업의 운영 논리와 현장의 실체를 데이터 기반으로 정렬해나가는 새로운 방식의 운영체계다.

결과적으로 KT의 이번 파트너십은 팔란티어의 내재화된 기술 역량과 실전 적용 경험을 동시에 갖춘 실행 파트너가 국내 시장에 등장한다는 점에서 팔란티어 사업의 본격적인 확산을 견인할 전략적 전환점이 될 수 있다. KT는 팔란티어의 파운드리 플랫폼에 대한 실제 사용 경험과 자사 통신·AI 인프라를 결합함으로써 향후 국내 산업 전반에 걸쳐 AI 기반 디지털 전환을 전방위로 확산시킬 수 있는 플랫폼 허브 역할을 수행할 가능성이 크다. 실행력과 확산 가능성을 겸비한 복합적 파트너십 모델로 진화하고 있다는 방증이다.

더 나아가 KT는 내부 프로젝트 경험을 통해 검증된 인력 기반을 보유할 수 있다. 로컬 파트너사 중 유일하게 자립형 팔란티어 엔지니어링 역량을 보유한 조직으로 자리매김할 수 있다는 얘기다. 이는 향후 국내 시장 내 엔지니어 수요의 단비 역할을 하게 될 가능성을 시사하며, 생태계 전반의 인력 병목 문제를 해소하는 데 실질적인 기여를 할 수 있다.

만약 이런 역량이 시장 요구에 맞춰 가시적인 형태로 제공되기 시작한다면, 그동안 기술이나 인력상 제약으로 보류됐던 수많은 잠재 팔란티어 프로젝트가 수면 위로 떠오르는 계기가 될 수 있다. 이는 곧 팔란티어 기반의 신규 비즈니스 창출, 산업 내 디지털 운영체계 고도화, 국내 디지털 전환 전략의 가속화로 이어지는 선순환 구조를 형성할 수 있음을 의미한다.

KT의 이번 행보는 국내 팔란티어 생태계 활성화를 위한 실질적인 기폭제이자 전략적 전환점으로 기능할 수 있다. 특히 KT의 실행 역량과 내재화된 기술력을 기반으로 실전 적용과 시장 확산이 얼마나 빠르게 이뤄지느냐에 따라 한국 내 팔란티어 사업의 향후 방향이 결정될 가능성이 크다. 더 나아가 이런 구조가 성공적으로 안착된다면, 단지 국내 사례에 국한되지 않고 팔란티어가 글로벌 시장에서 확장 전략을 재정립하는 데 유효한 모델로 작동할 수 있다. 특히 미국, 유럽 등 더 큰 시장으로 확대 적용했을 때 어떤 반응과 결과를 가져올지에 따라 팔란티어의 추가적인 성장 여력을 가늠해볼 수 있는 전략적 선행지표 역할을 할 수 있다는 점에서 중요하다. 결국 KT의 이니셔티브는 파트너십 이상의 의미를 가지며, 팔란티어의 글로벌 확산 전략에서 구조적 실험의 전환점이 될 수 있다.

03 ─── Palantir

개방형 플랫폼, 엔지니어 육성의 산실

"팔란티어가 맞춤형 양복을 제공하는 시스템이라면 결국 고품질의 결과는 숙련된 재단사, 즉 엔지니어의 확보에 달려 있는데, 이들이 팔란티어에만 국한돼 있다면 확장은 제한적이지 않겠는가?"

투자자들이 제기하는 이런 질문은 매우 본질적이며, 팔란티어의 비즈니스 확장성과 수익성에 직접적인 영향을 미치는 전략적 이슈를 정확히 짚고 있다. 이 질문은 사업 모델의 확장 가능성과 인력 레버리지 구조가 기술적 완성도 못지않게 중요하다는 지적이기도 하다.

팔란티어도 이런 한계를 인식하고 있으며, '아폴로'와 같은 자동화·배포 플랫폼을 통해 현장 적용의 속도를 높이고, 좀 더 많은 엔지니어가 파견 엔지니어로서 고객 문제 해결에 참여할 수 있도록 프로세스를 정비해왔다. 그러나 여전히 북미에서도 유능한 팔란티어 엔지니어를 투입하려면 몇 달씩 대기해야 하며, 이런 현실은 분명한 성장 한계로 작용하고 있다. 따라서 이는 기술 문제를 넘어 사업의 구조적 병목이라고 할 수 있다.

이 문제를 해소하기 위한 보다 실질적인 해결책은 다음과 같은 방향으로 제안할 수 있다.

1. 온톨로지 기반 설계 능력을 갖춘 '로컬 재단사' 양성 체계 정립

팔란티어의 가장 큰 기술적 장점은 온톨로지 기반의 데이터-로직-액션 통합 모델이다. 이를 고객사나 파트너사 내부 인력이 직접 설계·구축할 수 있게 하는 것이 핵심이다. 단지 사용법 교육이 아니라 비즈니스 도메인을 온톨로지로 구조화하는 실무형 인증 교육 체계가 필요하며, 이는 SAP의 컨설턴트 인증 모델처럼 지역별 생태계를 자립화하는 데 기반이 될 것이다.

2. 현장 중심의 민첩한 MVP 설계 역량 확산

파운드리의 강점은 워크숍workshop* 앱 기반의 빠른 MVPminimum viable product* 구성 능력에 있다. 업무 로직

워크숍: 팔란티어 현업 사용자를 위해 상호작용 가능한 고품질의 애플리케이션을 만들 수 있게 해주는 도구.

MVP: 최소 기능만 갖춘 제품을 빠르게 출시해 고객 반응을 바탕으로 개선 방향을 결정하는 개발 전략. 핵심 가설을 검증하고 리스크를 줄이며 자원을 효율적으로 사용해 제품이나 서비스의 성공 가능성을 높인다.

을 현장에서 데이터와 연결하여 직접 실행 가능한 운영 구조로 전환하는 플랫폼이다. 따라서 현지 파트너사들이 워크숍 기반으로 '최소 기능 구현 → 피드백 → 개선'의 자체 순환 구조를 만들어야 본사의 병목 없이 빠르게 확산할 수 있다.

3. 국가별·산업별 특화된 파트너사 육성과 직접 도입 모델 확대

KT 사례처럼 자체적으로 도입·운영한 경험을 가진 기업을 파트너사로 승격하는 방식은 매우 전략적이다. 이런 조직은 재판매 에이전트가 아니라 자신의 도메인에서 실질적인 문제 해결을 주도한 실행 파트너로서 고객의 언어로 대화를 이어나갈 수 있기 때문이다. 이 구조가 정착된다면 팔란티어는 '직접 설계하는 본사 모델'에서 '공동 구현하는 생태계 모델'로 전환할 수 있다.

4. LLM 기반 AIP로 엔지니어 의존도 분산

AIP는 파운드리의 기능을 자연어 인터페이스 기반으로 실행할 수 있게 한 도구로, 비개발자도 팔란티어의 온톨로지 상에서 데이터를 조회·조작할 수 있게 한다. 이는 기술 진입장벽을 낮춰주며, 기존 엔지니어 중심 체계의 구조적 병목을 완화하는 데 효과적이다.

"팔란티어는 더 이상 단일 정장 전문점이 되어선 안 된다. 지역별 특화된 재단소(즉 파트너), 현장형 재단사(즉 로컬 빌더) 그리고 누구나 쉽게 입을 수 있는 유연한 액세스 도구(즉 AIP)를 함께 갖춘 테일러드 플랫폼^{tailored platform*}으로 진화해야 한다."

투자자의 우려는 타당하다. 이런 우려에 대응하기 위해 이미 일부 구조적 전환이 시작됐으며, 향후 이를 본격화하는 전략이 팔

> **테일러드 플랫폼**: 특정 기업이나 산업의 고유한 요구사항에 맞게 맞춤 설계된 디지털 플랫폼. 범용 플랫폼과 달리 데이터 구조, 업무 프로세스, 사용자 인터페이스 등이 고객 상황에 최적화되어 있어 높은 효율성과 실행력을 제공하며 빠른 현장 적용과 ROI 실현이 가능하다는 장점이 있다.

란티어의 글로벌 매출 확대를 견인할 핵심 열쇠가 될 것이다.

무엇보다 시급한 과제는 SAP의 자격 인증 체계처럼 검증된 팔란티어 엔지니어 양성 시스템을 정립하는 것이다. 온톨로지 설계, 액션 정의, 워크숍 기반의 MVP 구현 등 핵심 역량을 기준으로 인증 과정을 체계화하고, 이를 이수한 인력이 시장에서 기본 엔지니어 자격으로 인정받는 구조를 마련해야 한다. 나아가 이 자격증이 개인의 역량 향상과 직접 연결되고 실질적인 보상 체계(예: 급여, 프로젝트 단가)에 반영된다면, 별도의 확산 전략 없이도 생태계는 자체적으로 성장하게 될 것이다.

팔란티어는 지금까지 기술력과 보안성, 전략적 폐쇄성을 통해 시장을 선도해왔다. 그러나 이제는 그 폐쇄적인 생태계를

단계적으로 개방하고, 현지 엔지니어 생태계의 활성화를 통해 실질적인 도입 저변을 확대해야 한다. 이것이 기술 전파를 넘어서 팔란티어의 매출 확대를 견인할 가장 현실적이고 지속 가능한 경로라는 점을 더욱 진지하게 고민해야 할 것이다.

04 Palantir

팔란티어 도입을 둘러싼 보안과 비용의 균형점

팔란티어 파운드리 또는 고담과 관련해 자주 받는 질문 중 하나는 "클라우드 기반과 온프레미스on-premise(설치형) 기반 중 어떤 인프라 환경이 더 적절한가?"라는 것이다. 이 질문은 기술적 우열의 문제가 아니라 고객의 보안 정책과 운영 여건에 따라 달라지는 전략적 선택이라고 볼 수 있다.

특히 일부 고객은 민감 정보 보호를 이유로 온프레미스 기반 인프라만을 고수하기도 한다. 해당 조직의 보안 규정에 따른 불가피한 선택일 수도 있지만, 그에 따른 비용 증가는 피할 수 없다. 고도화된 보안 요건을 충족하기 위해서는 개별화된 보안 설계와 유지관리 프로세스가 필요하고, 이는 클라우드 기반 운영에 비해 최소 30~40% 이상 높은 비용 구조로 이어질 수 있다. 때에 따라서는 2배 이상의 비용이 발생할 수도 있다. 즉, 동일한 기능을 구현하더라도 인프라 선택에 따라 고객이 부담해야 할 TCO$^{\text{total cost of ownership}*}$는 크게 달라진다. 따라서 보안의 강도만을 기준으로 선택하는 것이 아니라 비용-효율성과 장기적인 운영 전략까지 고려하여 판단해야 한다.

TCO: 총소유비용. 제품이나 시스템, 솔루션 등을 도입해 운영하는 데 드는 종합적인 비용을 말한다.

일반적으로 많은 기업이 '온프레미스가 클라우드보다 보안에 유리하다'라고 생각하지만, 이 주장은 반드시 다시 들여다볼 필요가 있다. 보안은 물리적 제어 권한만으로 결정되지 않으며 여러 요소를 함께 고려해야 하기 때문이다.

온프레미스 환경은 자가 주택에 비유할 수 있다. 입주민은 원하는 만큼 경비를 세울 수도 있고, 반대로 담장조차 없는 상태로 둘 수도 있다. 원하는 보안 수준을 스스로 설정하고 그에 맞춰 자율적으로 운영할 수 있다는 장점이 있다. 하지만 이 모든 건 결국 입주자의 판단과 실행력에 달려 있으며, 고도화된 보안 체계를 지속적으로 유지하려면 상당한 자원과 수고를 들여야 한다. 즉, 자율성과 맞바꾼 책임과 리스크가 존재한다는 뜻이다. 온프레미스는 기업의 특수한 보안 요건을 정교하게 반영할 수 있지만, 보안 역량을 지속적으로 내재화하고 유지하는 데 큰 부담을 지게 된다. 기술·인력·비용 측면에서 복잡도가 높아지며, 보안 취약점이 생기더라도 이를 실시간으로 감지하고 대응하기가 쉽지 않다.

그에 비해 퍼블릭 클라우드는 아파트에 가깝다. 예를 들어

10층짜리 아파트에서 여러 입주자가 공동 경비 체계를 공유한다고 생각해보자. 누군가는 24시간 경비를 원하고, 누군가는 AI 기반 경비 시스템을 선호할 수 있다. 하지만 현실적으로 모든 입주자의 개별 니즈를 맞추는 것은 불가능하기에 일정 수준의 통합된 보안 정책이 설정되고, 이를 수용하는 사람들만 입주해 일관된 보안 서비스를 안정적으로 제공받게 되는 것이다. 이런 구조는 클라우드 보안의 강점인 일관성, 자동화된 패치 및 모니터링 체계를 가능하게 한다. 클라우드 제공 업체는 수천수만 고객의 보안 요구를 관리해본 경험과 인프라 전문성을 바탕으로 보안을 '프로세스화'하고, 이를 통해 기업들이 직접 구현하기 어려운 고도화된 보안 수준을 제공할 수 있다.

결국 어떤 환경이 절대적으로 우수하냐가 아니라 각 조직의 보안 민감도, 리스크 허용 범위, 운영 예산에 따라 어떤 선택이 전략적으로 더 합리적이냐가 핵심이다. 고정관념에 의존하기보다는 현실적인 여건과 목적에 맞는 선택이 필요하다. 특히 국내 많은 기업과 공공기관은 정보 보안을 이유로 '물리적 분리'를 전제로 한 온프레미스 환경을 절대 기준으로 삼고 있다. 보안 규정이 온프레미스가 아니면 실질적으로 배제하는 경우도 많아, 이를 갖추지 않으면 구축 자체를 시작할 수 없는 구조다.

이처럼 '자가 주택을 지어야만 외부 침입을 방어할 수 있다'라는 믿음은 오랫동안 관행으로 이어져 왔다. 그러나 여기서 다시 한번 생각해볼 필요가 있다. 예를 들어 강남의 특정 고급 아파트처럼 고도화된 보안 시스템이 적용된 공간이, 과연 모든 자가 주택보다 외부 침입에 더 취약할까? 그렇지 않을 수도 있다. 클라우드 역시 마찬가지다. 퍼블릭 클라우드는 세계 최고 수준의 보안 전문가들이 구축하고 유지하는 통합 보안 체계를 바탕으로 설계돼 있다. 수백수천 기업의 다양한 규제와 요구를 만족시키기 위해 축적된 경험과 자동화된 보안 업데이트, 모니터링 시스템은 많은 경우 온프레미스보다 더 정교하고 강력한 보호를 제공할 수 있다.

따라서 '클라우드는 보안에 취약하다'라는 전제는 일부 상황에서는 사실일 수 있지만, 항상 그런 것은 아니다. 물리적 분리를 근거로 온프레미스를 무조건 선택해야 한다는 판단은 시대 흐름과 기술 발전을 간과한 접근이다. 중요한 건 조직의 비즈니스 목적, 규제 수준, 기술 역량, 예산 구조 등을 종합적으로 고려해 보안과 운영 효율을 모두 만족시킬 수 있는 최적의 방향을 설정하는 것이다. 절대적인 답은 없으며, 전략적 균형점을 찾는 것이 현명한 의사결정이다.

현재 KT와 마이크로소프트Microsoft의 협력으로 일반적인 퍼블릭 클라우드 환경보다 보안 수준이 한층 강화된 시큐어드 퍼블릭 클라우드secured public cloud, SPC 구축이 추진되고 있다. 이 환경은 국내 보안 정책의 핵심 기준을 제시하는 국정원의 보안 가이

드라인을 충족하는 것을 목표로 하고 있으며, 해당 기준을 통과할 경우 공공기관과 주요 산업군의 클라우드 도입에 중요한 전환점이 될 수 있다.

그동안 많은 기관이 보안을 이유로 온프레미스 환경에 고착돼 있었고, 클라우드 전환에 대해 보수적인 태도를 유지해왔다. 하지만 보안이 강화된 SPC 환경이 공식적으로 인정받는다면 이런 관행에도 변화가 생길 수 있다. 이는 강화된 기술의 등장을 넘어 국내 디지털 전환을 구조적으로 가속화할 것이며, 특히 정보 보안을 중시하는 공공 부문에서 클라우드 기반의 업무 확산을 가능하게 하는 핵심 촉매제가 될 것이다.

05 Palantir
애플에서 배우는
시장 확대 전략

2007년 애플은 기술 역사상 매우 상징적인 무대 중 하나를 만들었다. 스티브 잡스Steve Jobs는 기조연설에서 '대화면 아이팟, 혁신적인 모바일 전화기 그리고 획기적인 인터넷 통신기기'라는 세 가지 기기를 소개했는데, 이내 그것이 하나의 제품, 즉 '아이폰'임을 밝히며 시장에 충격 수준의 놀라움을 안겼다. 이후 아이폰은 첫해 약 1,400만 대, 2008년에는 2,100만 대 그리고 2015년에는 사상 최고치인 2억 3,000만 대가 판매되며 스마트폰 시장의 게임체인저로 자리 잡았다.

이런 폭발적 성장에 힘입어 애플의 주가는 고공행진을 거듭했고, 세계 시가총액 1위 기업으로 등극했다. 하지만 그 후로는 더 이상 판매량 최고 기록이 등장하지 않았다. 시장이 포화 상태에 이르면서 새로운 수요를 창출하기가 어려워졌기 때문이다.

이에 대해 팀 쿡(Tim Cook) CEO는 2016년부터 새로운 전략 카드인 'SE 시리즈'를 꺼내 들었다. 기존 프리미엄 아이폰에 비해 가격 장벽을 낮춘 SE 시리즈는 판매 확대를 위한 저가형 모델이 아니라 새로운 고객층을 애플 생태계로 유입시키는 전략적 게이트로 활용됐다.

핵심은 이들 고객이 아이폰을 구매하는 데 그치지 않는다는 점이다. 이들은 자연스럽게 에어팟, 애플워치, 아이클라우드(iCloud), 애플뮤직, 애플 앱스토어 등 다양한 서비스와 액세서리를 소비하게 된다. 특히 앱스토어는 물리적 제약이 없는 가상의 플랫폼이기 때문에 사용자가 늘어나도 비용이 거의 증가하지 않는다. 즉, 비용은 정체된 상태에서 매출은 지속적으로 증가하는 구조, 바로 '저가형 아이폰이 만들어내는 마법'이 실현되는 것이다. SE 시리즈를 통해 고객 생애 가치(lifetime value, LTV*)를 극대화하는 구조적 전략을 완성한 셈이다. 애플이 제품 판매를 넘어 서비스 중심의 비즈니스 모델로 전

> 고객 생애 가치: 한 명의 고객이 기업과 거래하는 전체 기간에 걸쳐 창출할 것으로 예상되는 총수익. 마케팅 전략, 고객 유치 비용 대비 수익성 분석, 고객 유지 전략 수립 등에 활용되며 높은 LTV는 장기적인 비즈니스 성장 가능성을 나타낸다.

환하는 과정에서 SE는 중요한 전환점이자 촉매제 역할을 하고 있다. 단기 수익보다 생태계 완성과 장기적 플랫폼 수익 강화에 방점을 둔 이 전략은 애플이 여전히 '게임의 규칙을 설계하는 기업'임을 다시금 입증했다.

이 이야기를 꺼낸 이유는 명확하다. 팔란티어 솔루션의 시

장 포지셔닝은 일종의 '에르메스 전략'에 가깝다. 가격이 높다고 해서 이를 낮추거나, 고객이 요구한다고 브랜드 가치를 훼손하는 방향으로 움직이지 않는다. 팔란티어는 본인의 가치를 인정해주는 고객과만 협업하며, 고객의 성장이 곧 팔란티어의 성장이라는 철학을 고수하는 기업이다. 다시 말해 매출을 위해 적당히 타협하는 브랜드가 아니라는 뜻이다.

이런 관점에서 아이폰 SE 시리즈의 전략을 다시 보자. 겉으로는 저가 모델을 출시한 것처럼 보일 수도 있다. 하지만 애플이 진짜 의도한 것은 가격 경쟁이 아니라 더 많은 고객을 애플 생태계로 끌어들이기 위한 '입구 전략gate strategy'이었다. 저가 모델을 통해 접근성을 높여 고객이 앱스토어, 아이클라우드, 에어팟, 애플뮤직 등 수익성이 높은 서비스 제품군으로 확장되도록 유도한 것이다. 그리고 그 결과는 제품 가격을 낮췄음에도 기업 가치와 주가가 더욱 상승하는 결과로 이어졌다.

팔란티어도 이 전략에서 중요한 인사이트를 얻을 수 있다. 핵심은 가격을 낮추거나 제품 기능을 축소하는 것이 아니라 고객의 진입장벽을 낮추면서도 팔란티어의 '철학'과 '구조적 차별성'을 유지하는 방식으로 시장의 접점을 확장해나가는 것이다.

중요한 건 타협이 아니라 브랜드 철학에 충실하면서도 더 많은 열성 고객을 유입시키기 위한 전략적 설계다. 그리고 이는 매출 확대보다 훨씬 더 강력한 지속 성장의 기반이 된다. 이런 전략은 적어도 정부 고객보다는 민간 고객을 대상으로 적용하는 것이 훨씬 더 효과적일 수 있다. 민간 영역에서는 실제로 팔란티어 솔루션을 도입해보고자 하는 잠재 수요가 존재하지만 접근성이나 도입 비용, 운영 인력 확보 등의 진입장벽이 여전히 높기 때문이다.

팔란티어 파운드리는 정형화된 SaaS^{software as a service*} 제품이 아니라 고객 맞춤형 솔루션을 제공하는 테일러드 플랫폼에 가깝다. 즉 고객이 가진 문제와 데이터를 기반으로 상황에 맞는 온톨로지를 설계하고, 운영 흐름을 디지털화하는 고도의 맞춤형 작업이 필요하다. 이 작업은 우수한 '재단사' 역할을 수행할 수 있는 엔지니어와 고객이 직접 만나야만 해낼 수 있다.

> **SaaS**: 소프트웨어를 설치하지 않고 인터넷을 통해 구독 형태로 사용하는 서비스 방식. 사용자는 웹 브라우저를 통해 언제 어디서나 접속할 수 있고, 유지보수나 업데이트는 서비스 제공자가 담당한다. 구글 워크스페이스, 세일즈포스, 줌 등이 대표적이며 초기 투자 비용이 적고 확장성이 높아 기업에서 널리 활용된다.

이 지점이 아이폰 SE 모델 전략과 차별화되는 핵심적인 부분이다. 애플은 하드웨어와 소프트웨어 통합 플랫폼을 통해 누구나 동일한 제품을 동일한 방식으로 사용할 수 있게 한다. 반면 팔란티어는 고객별 맥락을 중심으로 시스템을 맞춤 설계하며, 고객과의 밀도 높은 협업이 핵심 경쟁력이다.

그러므로 팔란티어의 '접근성 확대' 전략은 표준화된 제품의 대량 보급이 아니라 맞춤화 역량을 가진 파트너 생태계를 통해 실현되어야 한다. 특히 민간 부문에서는 이런 유연성과 확장성을 통해 실질적인 확산이 이뤄질 것이며, 이는 정부 고객에게 적용하는 방식과는 다른 시장 공략 전략이 필요하다는 뜻이다. 북미에서는 이런 전략의 일환으로 성장이 유망한 스타트업을 대상으로 '팔란티어 포 빌더Palantir for Builder'라는 경량화 모델을 전개하고 있다. 이를 한국을 비롯한 글로벌 시장으로로 확대 적용하는 것도 좋은 방법이라고 생각한다.

더 나아가, 팔란티어 생태계를 본격적으로 확장하기 위해서는 'SAP 컨설턴트 인증' 제도와 같은 공식 인증 체계를 적극 도입할 필요가 있다. 실제로 팔란티어는 북미 시장을 중심으로 제한적인 인증 프로그램을 운영한 바 있으나, 시장 내 파급력은 크지 않았다. 이는 파운드리 플랫폼의 구조적 특성과 무관하지 않다. SAP ERP는 모듈별 기능이 명확히 정형화돼 있어 객관식 기반의 평가 시스템이 유효하지만 팔란티어는 도메인 기반 모델링, 온톨로지 설계, 액션 로직 구현 등 고차원적이고 창의적인 역량이 요구되는 구조다. 즉, 기능 숙련도를 넘어서 비즈니스 맥락을 이해하고 이를 데이터 구조로 해석해낼 수 있는 문제 해결형 사고력이 핵심 역량이 된다. 이런 특성 때문에 팔란티어 인증은 기존처럼 객관식 테스트 방식으로는 실질적인 실력을 검증하기 어렵다. 따라서 실무 기반의 주관식 평가, 예를 들어 특정 문제 상황에 대한 모델링 설계, 액션 정의, 시나리오 시각화 등 실제 프로젝트를 반영한 과제형 시험 형태가 더욱 적합하다.

이런 방식으로 인증 체계를 설계한다면, 단지 기술 교육을 이수한 인력이 아니라 실제 현장에서 문제를 정의하고 해결해낼 진성 인재를 선별할 수 있다. 고객사로서도 인증을 획득한 인력에 대한 신뢰를 확보할 수 있기에 팔란티어 도입에 대한 심리적 진입장벽이 한층 낮아질 것이다. 신뢰할 수 있는 인증 제도는 자격 부여를 넘어 생태계 확장의 전략 자산으로 기능할 수 있다. 특히 팔란티어 솔루션에서는 기술 이해와 실행 능력을 겸비한 엔지니어가 절대적으로 필요하기 때문에 이 제도의 정비는 생태계 확대를 위한 가장 시급한 과제라고 볼 수 있다.

인증 체계가 제대로 정립되면 고객 입장에서도 초기 진입장벽이 낮아지고, 파트너사와 프리랜서 인력 역시 실질적 성장 경로를 확보할 수 있다. 이는 더 많은 고객이 팔란티어를 새로운 동반자로 선택하게 하는 기반이 될 것이며, 플랫폼 확산의 속도와 범위를 동시에 끌어올리는 촉매 역할을 하게 될 것이다.

Deep Inside

팔란티어 기반 작업지시서 혁신기

2022년 봄, E사에서 임원 업무를 수행하던 때의 일이다. 어느 날 예상치 못한 임원 미팅에 긴급히 호출됐다. 다른 회의에 참석 중이었지만 이유도 모른 채 대회의실로 향했다. 자리에 앉자마자 부사장이 건설업 현장에서 반복적으로 발생하는 컴플라이언스compliance(규범 준수) 이슈, 특히 '작업지시서'와 관련된 문제를 언급하며 질문을 던졌다.

"이 문제를 데이터 기반으로 해결할 수 있겠습니까?" 그러면서 명확한 조건을 제시했다. "빠르게 전 현장에 적용할 수 있어야 하며, 지속 가능한 운영체계로 자리 잡아야 합니다."

사실 경영진은 이전에도 '특정 현장에 시범 적용 후 전사로 확산할 수 있다'라는 보고를 여러 차례 받았다. 그러나 현실은 달랐다. 몇 개월이 지나면 시범 도입된 프로세스는 흔적도 없이 사라지고, 현장의 작업지시서 발급 체계는 다시 원점으로 돌아가 버렸다. 이런 실패를 반복하는 일은 더 이상 용납될 수 없었다. 작업지시서로 인한 컴플라이언스 이슈가 발생하여 벌점을 받게 된다면 실제 수주와 영업 환경에 심각한 제약이 발생하기 때문이다.

그 자리에서 간단히 업무 프로세스를 듣고 내린 첫 번째 결론은 건설 현장의 특수성 때문에 대부분의 작업지시가 구두로 이루어지고 있어 데이터 기반의 업무 프로세스 자체가 존재하지 않는다는 점이었다. 하지만 경영진은 팔란티어 파운드리를 활용한 빠른 구축, 사용자 피드백 기반의 지속적 개선 그리고 애자일 방식의 전개에 대해 이미 높은 기대를 안고 있었다. 이번에는 시범 적용에 그치지 않고 실질적으로 지속할 수 있는 구조를 만들어달라는 명확한 요청이 있었다. 그리고 다음 임원회의 전까지 어떻게 적용할 것인지에 대한 1차 검토 자료를 제출해달라는 지시가 내려왔다.

경영진의 기대를 만족시키기 위해 즉시 워크숍 앱을 활용해 MVP 구성을 위한 업무 프로세스 설계에 착수했다. 현업 담당자들과 현장의 여러 가지 어려움을 논의하는 과정에서 다음과 같은 두 가지 주요한 이슈를 발견했다.

첫째, 현장에서 실제로 통용되는 방식과 괴리가 없는 프로세스여야 한다는 점이었다. 아무리 데이터 기반의 프로세스를 설계하더라도 현장의 실제 운영 방식과 동떨어져 있다면 적용성과 지속 가능성은 크게 떨어질 수밖에 없다.

둘째, 불완전한 작업지시서가 아니라 사전에 상호 비용 합의가 완료된 상태에서 발급되는 구조여야 한다는 점이었다. 기존에는 작업지시서 발행 당시 비용 합의가 되지 않더라도 통상 2주 내에 합의하도록 관리해왔으며, 이것이 업계의 관행이었다. 하지만 2주라는 기간 내에 객관적인 데이터 없이 개인의 경험이나 관습에 따라 비용을 추정하다 보니 현장별로 기준이 달랐고, 여러 현장을 경험한 협력 업체일수록 본인들에게 유리한 기준을 적용해 요구하는 경우가 잦았다. 비용이 사전 합의되지 않은 작업지시서는 형식적으로는 발행됐더라도 실질적인 효력을 갖기 어려운 구조였고, 이는 프로세스의 투명성과 일관성을 크게 저해하는 요소로 작용했다.

이 두 가지 문제를 해결하지 않고서는 지속 가능하고 실질적인 컴플라이언스 이슈 개선은 불가능하다는 판단이 들었다. 다행히 우리에겐 이미 현장 친화적인 디지털 업무 도구인 '어깨동무M'이 있었다. 비즈니스 카카오톡 기반의 이 솔루션은 현장에서 복잡한 앱 설치 없이도 직관적으로 업무를 처리할 수 있도록 설계된 도구로, 기존에 인력 출역出役 관리 프로세스를 성공적으로 안착시킨 경험이 있다. 어깨동무M을 통해 현장에서는 수기로 작성하던 출역 관련 문서들을 모두 디지털화할 수 있었고, 이를 기반으로 데이터 기반의 인력 운영이 가능해졌다. 현장 담당자들은 이미 이 경험을 통해 디지털 전환의 실질적 효용을 체감한 상태였다.

이런 성공 체험을 기반으로, 작업지시서 관리 프로세스 역시 어깨동무M을 통해 큰 저항 없이 수평 전개가 가능할 것으로 판단했다. 기존 출역 시스템에 연계되는 구조로 설계하면 추가적인 학습이나 시스템 변경 없이 작업지시서 발행 및 확인, 비용 협의 프로세스를 자연스럽게 녹여낼 수 있다. 이로써 첫 번째 핵심 이슈였던 현장 친화적 프로세스 설계는 비교적 빠르게 해법을 찾아냈다. 그러나 두 번째 이슈인 '완전 작업지시서'의 발행 문제는 훨씬 복잡했고, 합의점을 찾기가 어려운 과제였다.

건설업에서는 '작업지시'와 '작업지시서'가 명확히 구분된다. 작업지시는 계약된 업무 범위 내에서 협력 업체가 이미 수행하기로 합의된 작업을 실행하라는 지시이며, 비용이나 책임 범위가 사전에 정의돼 있어 실행에 큰 문제가 없다. 그에 비해 작업지시서는 예외적·비정형적 업무에 대한 지시로, 정규 계약 범위를 벗어난 작업이 대부분이다. 그래서 작업의 내용, 범위, 기준이 현장 상황에 따라 달라지며 매번 별도 비용 산정과 합의가 필요하다. 이런 특성 때문에 정형화된 산정 기준 없이 발행된 작업지시서는 협의 지연, 분쟁, 비용 변동 등의 리스크를 동반하게 된다. 즉, 완전 작업지시서란 그저 문서를 잘 정리하는 수준이 아니라 '작업 범위와 내용이 명확히 정의되고, 비용과 책임 기준이 사전에 합의된 지시서'를 의미한다. 작업 프로세스의 표준화와 함께 데이터 기반의 비용 산정 기준 정립, 디지털 협의·승인 체계 마련 등 복합적인 개선책이 필요하다는 뜻이다.

따라서 두 번째 문제는 UI를 구성하거나 기능을 추가하는 수준의 문제가 아니라 비정형 업무를 어떻게 정형화된 데이터로 전환할 수 있을지에 대한 구조적 설계 과제이자, 기술 구현과 현장의 계약 관행 사이에 존재하는 간극을 해소해야 하는 전략적 도전 과제였다. 결국 우리가 할 수 있는 일부터 시작하기로 했다.

과거 발행된 수기 작업지시서를 바탕으로, 본격적인 데이터 정형화 및 표준화 작업에 착수했다. 수기로 작성된 지시서에는 일관된 형식이나 기준이 없었기 때문에 디지털화만으로는 실질적으로 활용하기가 어려웠다. 그래서 지시 항목의 공통 구조를 식별하고, 항목별로 체계적인 분류 기준을 수립하는 작업부터 시작했다. 동시에, 현장의 실질적인 업무를 책임지고 있는 공무 담당자들로부터 엑셀 기반의 자체 운영 자료를 수집하여 지시서에 누락된 정보를 보완했다. 이들 자료는 공식 시스템에는 기록되지 않지만 실무자 간의 구두 지시나 유선 통화 등을 통해 축적돼온 비정형 정보의 집합이었다.

이 작업을 통해 그동안 현장별로 흩어져 있던 비공식적이고 비표준화된 데이터를 팔란티어로 통합하여 중앙집중형 데이터베이스를 구축하고, 이를 기반으로 디지털 작업지시서의 정형 모델을 설계할 수 있는 기반을 마련했다. 구조가 없는 업무에서 구조를 찾아내고, 경험과 직관에 의존하던 방식을 데이터 기반으로 전환한 업무 혁신 사례다.

두 가지 이슈에 대한 해결책을 찾아내자, 팔란티어를 통해 MVP를 빠르게 설계할 수 있었다. 그 과정에서 작업지시서에 포함되어야 할 구체적인 근거인 도면 정보와 견적서, 결재 품의서 작성을 위한 데이터 이관 및 최종 결재 품의서 자동 첨부 등의 데이터 기반 운영체계를 빠르게 구성했다. 작업지시서 발급 프로세스를 정교하게 완성하면 모든 지시 내역이 데이터베이스화되어 축적될 수 있고, 이를 기반으로 미래에는 작업 유형별 표준 내용과 비용이 자연스럽게 정형화될 것으로 판단했다.

실제로 약 2년간 운영한 바에 따르면, 대부분의 작업지시서가 팔란티어 내에 축적된 데이터베이스를 참조하여 초기 발행 시점부터 업무 내용과 비용이 상호 협의된 '완전 작업지시서' 형태로 발행된다. 불완전한 지시서를 후속 협의로 정비하던 과거 관행에서 벗어나 처음부터 계약적 효력이 있는 방식으로 전환한 의미 있는 변화다.

종종 새로운 유형의 작업이 발생할 때는 과거 사례를 참조하거나 유사 작업을 기반으로 완전 작업지시서를 발행한 후, 계약 변경 절차를 통해 상호 보완하는 방식이 병행됐다. 하지만 이런 사례는 시간이 지날수록 점차 감소했고, 궁극적으로는 수정 계약이 필요한 작업지시서의 비중이 '0%'에 수렴할 것으로 기대하고 있다. 이는 현장 경험, 계약 관행, 데이터 기반 프로세스가 유기적으로 결합하여 성숙한 운영체계로 진화한 결과라고 볼 수 있다. 이렇게 데이터 기반의 업무 운영이 가능해지면서 E사에서는 더 이상 컴플라이언스 이슈가 발생하지 않게 됐다.

3장

특명, 팔란티어 시스템을 도입하라

01　Palantir
셀 수 없는 '퇴짜'의 연속

2011년 65만 대에 달하던 글로벌 건설기계 시장 규모는 2016년 39만 대 수준으로 약 40% 가까이 급감했다. 이로 인해 글로벌 상위 10개 기업 중 구조조정을 피한 곳은 단 한 곳도 없었고, 당시 글로벌 7위였던 D사도 예외는 아니었다. 2015년 대규모 인력 구조조정 이후, 이 회사는 보수적인 경영 기조를 유지하며 투자 축소와 인력 채용 최소화 전략을 통해 1년 만에 흑자 전환에 성공했다. 이후에도 지속적인 비용 절감과 효율 중심의 운영 방식을 고수한 결과, 창사 이래 최대 규모의 영업이익을 실현하며 재무적으로도 탁월한 성과를 거두었다.

그러나 2018년 여름, 당시 CEO는 단기 수익 중심의 전략만으로는 회사의 지속 가능한 성장이 어렵다고 판단하고 향후 또 다른 위기에 직면할 수 있다는 우려를 제기했다. 이에 따라 남들이 아직 진입하지 않은 블루오션 영역에서 새로운 돌파구를 찾기로 했다. CEO 직속 조직으로는 이례적으로 'DX$^{\text{digital transformation}}$(디지털 전환) TF$^{\text{task force}}$(태스크포스)'가 신설됐고, 각 부문에서 핵심 인재로 평가되던 인력을 선발해 본격적인 디지털 기반 경영혁신을 추진하게 됐다.

전사 TF 조직이 구성된 직후 가장 먼저 직면한 과제는 디지털 전환을 성공적으로 이끌 수 있는 사내 역량과 경험이 부족하다는 현실이었다. 이에 따라 외부 전문 파트너와의 협업이 필수적이라고 판단하고, 각 부문에서는 RFP$^{\text{request for proposal}}$(제안 요청서) 초안을 작성하기 시작했다. 이 초안들은 TF장을 통해 CEO의 최종 승인을 받은 후 국내 유수의 컨설팅 회사들에 공식 발송됐다.

시장에서는 오랜만에 등장한 대규모 디지털 전환 프로젝트로 주목을 받았고, 주요 컨설팅 업체들은 최고 수준의 인력을 투입해 본격적인 제안 작업에 착수했다. PT^{presentation} 일정이 확정되자, 컨설팅사들은 연일 D사를 방문해 임직원 인터뷰를 진행하고, 제안서를 반복 수정·보완하며 수주 경쟁에 나섰다.

일주일 동안 국내 주요 컨설팅사들이 전사 TF를 대상으로 PT를 진행했지만, 대부분의 제안이 TF의 기대에 미치지 못했다. 구성원 전반의 평가가 부정적이었으며, 과락 수준의 점수를 받는 사례가 이어졌다. 당시 국내 컨설팅 시장에서 실제로 디지털 전환 프로젝트를 성공적으로 수행한 실질적인 경험과 사례가 매우 부족했기 때문이다.

　이에 TF는 제안 요청의 범위를 국내에서 글로벌 본사 인력으로까지 확대했고, 글로벌 수준의 프로젝트 수행 역량을 갖춘 컨설턴트를 포함하는 제안을 받기로 했다. 가장 먼저 반응한 곳이 딜로이트 글로벌이었으며, PT를 담당한 본사 파트너는 미국 대기업 대상의 성공적인 디지털 전환 경험을 보유하고 있었다. 그러나 이미 높아진 안목과 기준을 가진 D사 경영진과 TF 구성원들의 기대를 충족하기에는 부족하다는 판단하에 해당 제안도 최종 수용되지 않았다.

　이후 매킨지 글로벌, BCG 글로벌 등 유수의 글로벌 컨설팅사들이 제안을 이어갔지만 대부분이 TF의 기대치를 충족시키지 못해 반복적으로 거절됐다.

　당시 전략 컨설팅사들이 공통으로 직면한 가장 큰 과제는 바로 '데이터'였다. D사는 약 40년간 축적해온 방대한 데이터를 보유하고 있었으나 대부분이 비정형 데이터였고, 한글과 영문이 혼재돼 있어 분석과 통합이 어려운 상황이었다. ERP, MES^{manufacturing execution system*}, 제품 개발 플랫폼 등 50여 개에 달하는 핵심 시스템들은 부서별로 개별 운영되고

> **MES**: 공장의 생산 현장에서 이루어지는 모든 작업을 실시간으로 관리하고 통제하는 제조 실행 시스템. 계획과 실행에서 '실행'을 담당하는 시스템으로, ERP에서 내려준 생산 계획을 바탕으로 실제 제조 현장에서 어떤 일이 일어나고 있는지를 추적하고 제어하는 역할을 한다.

있었으며, 시스템 간 연계가 이루어지지 않아 데이터 사일로^{data silo*} 현상이 고착화돼 있었다. 전사적 데이터 기반 의사결정 체계

데이터 사일로: 조직 내 부서나 시스템 간에 데이터가 고립되어 있어 서로 공유되거나 통합되지 않는 상태. 협업을 방해하고 전체적인 데이터 기반 의사결정을 어렵게 할 뿐 아니라 중복 저장, 비효율적인 운영, 데이터 품질 저하 등의 문제를 유발해 디지털 전환과 AI 기반 분석에 큰 장애물이 된다. 이를 해소하려면 데이터 통합, 표준화, 거버넌스 체계 마련이 필요하다.

를 구현하기 위해서는 통합 데이터 환경 구축이 최우선 과제로 떠올랐다. 이처럼 난이도 높은 데이터 통합 문제를 해결할 방안을 모색하던 중 실리콘밸리에서 벤처투자사 D20캐피털 설립을 준비 중이던 사내 조직으로부터 의미 있는 제안이 들어왔다. 이들은 미국 9·11 테러 당시 오사마 빈 라덴의 위치를 빅데이터 분석으로 추적해낸 것으로 알려진 기술력을 갖춘 회사라며 팔란티어를 협력 파트너로 고려해볼 것을 제안했다.

팔란티어는 페이팔 공동 창업자이자 실리콘밸리의 대표 투자자인 피터 틸이 2003년에 설립한 빅데이터 분석 전문 소프트웨어 기업이다. 고도화된 데이터 분석 플랫폼을 바탕으로, 국방·정보·산업 분야 등에서 의미 있는 성과를 축적해온 기업으로 평가받고 있었다. 해당 제안은 D사가 디지털 전환 전략의 전환점에 있던 시기와 맞물려 핵심적인 기회로 부상했다.

2018년 늦가을, D사는 팔란티어와의 첫 미팅을 화상회의로 진행했다. 실리콘밸리 특유의 자유로운 분위기 속에서 30대도 채 되지 않아 보이는 젊은 엔지니어들이 등장해 자사의 플랫폼인 '파운드리'를 소개했다. 첫인상부터 기존 컨설팅사들과는 전혀 다른 접근 방식과 에너지가 느껴졌으며, 특히 기술력 측면에서 주목할 만한 경쟁우위가 확인됐다.

파운드리는 과거 4~5개의 포인트 솔루션을 조합해야만 가능했던 데이터 수집, 정제, 결합, 분석, 시각화 및 리포팅까지의 전 과정을 단일 클라우드 플랫폼 내에서 처리할 수 있도록 설계돼 있었다. 복잡하고 분산된 데이터 환경을 효율적으로 통합·활용할 수 있다는 점에서 D사에서 실질적인 게임체인저가 될 가능성을 보여주었다.

그러나 수백억 원에 달하는 대규모 투자가 수반되는 프로젝트의 의사결정을 단 한 차례의 화상회의로 하는 것은 현실적으로 불가능했다. 대기업 특유의 철저한 크로스체크와 의사결정 체계는 예외 없이 작동했고, TF는 수많은 검토 요청과 의문 제기에 직면해야 했다. 당시를 회고해보면, 팔란티어는 일반적인 의미의 레퍼런스를 확보하기 어려운 기업이었다. 온라인 검색이나 유튜브 콘텐츠 등으로는 '오사마 빈 라덴 추적 사례' 외에 구체적인 기술 설명이나 민간 적용 사례를 거의 확인할 수가 없었다.

이처럼 불확실성과 정보 부족 속에서 진행된 프로젝트 검토 과정은 매일이 막막한 검증의 연속이었고, 새로운 길을 개척한다는 것의 현실적인 무게를 실감하게 된 시기였다. 겨울의 계절적인 매서움과 함께 조직 내 분위기도 점차 무거워졌으며, TF 내부에서도 회의론이 점차 고개를 들었다.

일부에서는 기존에 제안을 진행했던 국내외 유수의 컨설팅사와 협업하는 것이 더 안전하고 현실적인 방안이라는 주장을 펼쳤다. 반면 다른 구성원들은 설령 시간이 더 걸리더라도 팔란티어의 기술력과 접근 방식을 충분히 검증하고, 이를 통해 회사의 가장 근본적인 문제인 데이터 사일로와 통합 부재를 해결해야만 진정한 디지털 전환이 가능하다는 주장을 이어갔다. 결국 이 논쟁은 벤더 선정을 넘어 회사의 미래 방향성과 기술 철학에 대한 깊은 조직적 논의로 이어졌고, 이는 이후 회사의 디지털 전략을 결정짓는 중요한 전환점이 됐다.

02 Palantir
영국으로 떠난 반지 원정대

2019년 봄, 디지털 전환을 더는 늦출 수 없다고 판단한 회사는 최종 결정을 내리기 전에 팔란티어 파운드리의 실체를 직접 검증하기로 했다. 이를 위해 디지털 전환 TF 내에서 핵심 인력으로 구성된 소규모 전담팀을 꾸려 영국에 있는 팔란티어 오피스로 파견하기로 했다. 이들은 일주일간의 집중 검증을 위해 곧바로 출국했고, 사내에서는 이 팀을 농담 섞인 애칭으로 '반지 원정대'라고 불렀다.

《반지의 제왕》에 등장하는 예언의 구슬 '팔란티어'처럼, 과연 이 낯선 기술과 조직이 어떤 실체를 가지고 있을지 그리고 단 7일이라는 짧은 시간 동안 실제 적용 가능성과 기술력을 충분히 파악할 수 있을지에 대한 우려와 기대가 교차했다. 하지만 모두 알고 있었다. 이 출장은 통상의 기술 시찰이 아니었고, 그 결과가 회사의 중장기 전략을 결정짓는 중대한 분기점이 되리라는 사실을. 만약 판단이 잘못되면 모든 책임을 원정대가 져야 한다는 무언의 압박도 느꼈다. 실리콘밸리 최신 혁신 기술을 검증하러 가는 출장이자 조직의 미래 방향을 책임져야 하는 탐사였던 셈이다.

2019년 4월 24일 밤, 영국의 하늘은 차가운 비를 흩뿌리며 우리의 무거운 마음을 그대로 반영하는 듯했다. 누군가는 영국 음식이 세계에서 가장 맛없다고 했는데, 그 말이 과장이 아님을 실감하는 순간이었다. 그러나 어쩌면 그 미각적 공허함은 음식 때문이 아니라 가슴 깊숙이 자리 잡은 압박감 때문인지도 몰랐다.

숙소에 들어선 우리는 팔란티어 영국 오피스에서 사전에 제공받은 일정표를 펼쳐 들고, 다음 날부터 시작될 4일간의 기술 세미나에서 검증해야 할 핵심 항목들을 하나하나 점검해나갔다. 짧지만 밀도 높은 일정 속에서 각자의 역할과 책임을 명확히 분담했고, 이 출장이 흔한 탐방이 아닌 '결정'을 위한 중대 과업임을 다시 한번 되새기며 각오를 다졌다.

시차 때문이었을까, 아니면 마음속 깊은 압박감 때문이었을까. 모두가 꼭두새벽에 일어났고, 호텔 조식을 앞에 두고도 그저 포크로 하릴없이 찔러볼 뿐 제대로 먹는 사람이 없었다. 피로 탓에 충혈된 눈을 하고서도 누구 하나 내색하지 않았다. 다행히 숙소에서 팔란티어 오피스까지는 도보로 10여 분 거리였고, 길도 복잡하지 않아 수월하게 찾아갈 수 있을 것 같았다. 가는 길에 한

명이 낮게 투덜거렸다. "보통 이 정도 규모의 계약이 예상되면 고객사 담당자를 전날 저녁부터 픽업하고, 다음 날 오피스까지 정중히 에스코트하는 게 관례인데 말이야." 국내 대기업의 익숙한 의전과 비교하며 허탈한 웃음을 지었지만, 나는 낯선 영국의 조용하고 낮은 건물들 사이를 걸으며 오히려 마음 한구석이 안정되어가는 느낌도 들었다. '의례적이지 않음'에서 오는 본질적인 진정성이 느껴졌다고나 할까.

그런 생각에 잠겨 걷다 보니 어느새 팔란티어 오피스에 도착했다. 그런데 여기서부터가 흥미로웠다. 건물 1층 인포메이션에는 팔란티어의 위치가 표기돼 있지 않았다. 보안상의 이유로 몇 층에 있는지조차 명기하지 않는다는 것이었다. 우리는 옆 건물로 갔다가 다시 돌아오는 해프닝을 겪은 끝에 담당자와 연락이 닿아 어렵사리 입장 등록을 마칠 수 있었다. 그때부터 정말로 '팔란티어 구슬' 속의 세상을 직접 탐험하게 된다는 실감이 났다. 한 발짝 한 발짝, 마치 베일에 싸인 전설의 기술을 향해 다가가는 듯한 묘한 긴장감과 설렘이 공존했다.

오피스 미팅룸에 도착하자, 소통에 무리가 없도록 통역사가 배치돼 있었다. 다만 회의에 참여한 대부분 사람이 실무진이었고 IT 전문용어에 익숙했기 때문에 우리가 발언할 때만 통역을 요청했고, 팔란티어 측의 설명은 거의 통역 없이 영어로 바로 이해하며 회의를 이어갔다. 그런 점에서 '통역이 흐름을 방해하지 않도록' 자연스럽게 역할을 조율하는 모습도 인상 깊었다.

어느덧 점심시간이 되어 팔란티어의 구내식당으로 향했는데, 문이 열리는 순간 깜짝 놀랐다. 구글 캠퍼스에서나 봤던 실리콘밸리식 카페테리아가 눈앞에 펼쳐졌기 때문이다. 비건 식단, 할랄 푸드를 포함해 다양한 동서양 메뉴가 준비돼 있었고 식사 공간에서는 직원들을 위한 배려와 존중이 자연스럽게 느껴졌다. 잠깐이지만 긴장감이 녹아내리는 즐겁고 인상 깊은 시간이었다.

식사 후 본격적인 기술 세션이 이어졌다. 팔란티어는 우리가 사전에 요청했던 기술 개념들을 하나씩 짚어가며 자사의 핵심 플랫폼인 파운드리의 기능을 시연했고, 이를 실제로 적용한 사례 중심으로 설명을 이어갔다. 우리는 기능의 실현 가능성, 우리 회사 시스템과의 연계 가능성, 향후 확장성 등에 대해 집중적으로 질문했고 팔란티어 측도 예상보다 훨씬 구체적이고 실무적인 응답을 해줬다.

첫째 날 세션이 끝나갈 무렵, 팔란티어 담당자들이 저녁 식사를 제안했다. 유럽 기업 문화상 고객과 점심을 함께하는 것은 비즈니스의 일부로 자연스럽지만, 저녁은 보통 가족과 보내기 때문에 고객과 함께하는 경우는 드물다고 했다. 물론 늦은밤까지 이어지는 한국식 저녁 식사는 아니었지만, 우리는 그들에게 중요한 고객으로 대우받고 있었다. 다만 당시에는 문화의 차이가 있어서 우리가 잘 느끼지 못했던 것 같다.

둘째 날부터 팔란티어는 기술 설명의 핵심 주제로 '온톨로지'를 반복해서 강조했다. 한국에서 화상회의를 할 때도 매번 등장한 용어였지만, 현장에서 반복해서 설명을 들어도 그들이 말하는 온톨로지의 진정한 의미와 그것이 왜 혁신적인지를 명확히 이해하기는 쉽지 않았다. 우리에게 데이터란 정형화된 형태로 정리되어야 하며, 데이터 웨어하우스나 데이터 마트 data mart* 기반의 구조화된 시스템이 훨씬 익숙했기 때문이다. 그러다 보니 온톨로지처럼 유연하고 추상적인 개념이 중심이 되는 팔란티어의 방식은 다소 생소했다.

데이터 마트: 기업 내 특정 부서나 주제(예: 마케팅, 재무, 영업 등)의 분석 목적에 맞게 데이터를 정리해놓은 소규모 데이터 웨어하우스. 쉽게 말해, 데이터 웨어하우스가 '백화점'이라면 데이터 마트는 '전문 매장'이라고 할 수 있다.

특히 공유받은 온톨로지 화면은 시각적으로도 기존의 정형화된 데이터 설계도나 ERD entity relationship diagram*와 전혀 달랐고, 의미 체계를 파악하는 데 시간이 필요했다. 이런 혼란은 이틀째에도 완전히 해소되지 않았다. 그래서 팔란티어 측에 "이론적인 설명보다는 실습이나 운영 사례 중심으로 세션을 구성해줄 수 있겠습니까?"라고 요청했다. 팔란티어는 매우 유연하게 대응했다. 일정 변경을 제안하자마자 "OK"라고 답하며, 어떤 유형의 사례에 집중하면 더 도움이 될지를 되물었다. 그러면서 팔란티어 팀은 이렇게 말했다. "사실 온톨로지를 처음부터 명확히 이해하는 고객은 드뭅니다. 대부분 고객도 이론보다는 실제 운영 상황에서의

ERD: 개체-관계 다이어그램. 데이터베이스를 설계할 때 데이터 간의 관계를 시각적으로 표현한 것.

적용 방식, 효과 그리고 기술의 유연성을 중심으로 질문을 많이 하십니다." 그 말을 들으니 '우리만 모르는 건 아니구나' 싶어 조금 안심이 됐다.

셋째 날이 되자 우리도 점차 팔란티어의 시스템 구조를 이해하기 시작했다. 특히 온톨로지가 작동하는 실제 워크플로를 보니 전통적인 데이터 플랫폼과는 다른 팔란티어의 장점이 눈에 들어왔다. 비록 개념을 깊이 이해하는 데까지 나아가진 못했지만, 팔란티어가 기존에 4~5개의 시스템이 연동되어야 해결될 문제들을 하나의 SaaS 기반 플랫폼, 즉 올인원 솔루션으로 구현한다는 점은 분명한 강점으로 느껴졌다. 시간이 흐른 지금 돌이켜보면, 이때부터 팔란티어라는 회사에 묘한 끌림을 느꼈던 것 같다. 새롭고 기존과 다른 방향의 기술을 마주하자 자연스레 응원하고 싶은 마음이 들었던 것이다. 어쩌면 그런 성향은 개인적인 성격에서 비롯한 것인지도 모르겠다.

이날 오후 우리는 민간 부문뿐 아니라 공공 부문에서의 활용 사례, 특히 팔란티어의 또 다른 플랫폼인 '고담'에 대해서도 알고 싶다고 요청했다. 하지만 고담의 워크플로는 보안상 시연이 불가능하다는 답변이 돌아왔고, 우리는 아쉬움을 감추지 못했다. 그런 우리를 보고 팔란티어 측에서는 "고담의 개발 담당자와 Q&A 정도는 나눌 수 있을 것 같습니다"라며 실제 고담 프로젝트에 참여한 개발자와 미팅을 주선해주었다.

한 시간 뒤, 미팅이 시작되자마자 우리는 앞다투어 질문을 던졌다. "정말 팔란티어가 오사마 빈 라덴 사살 작전에 개입한 것이 맞나요?" 담당자는 아무런 말 없이 조용히 미소만 지었다. 우리는 말로 설명하지 않아도 느낄 수 있었다. 그 미소가 곧 'Yes'라는 걸. 이후 우리는 본론으로 넘어가 고담이 공공 분야에서 데이터를 분석하고 판단을 지원하는 방식 그리고 어떤 기술적 기반으로 작동하는지에 대해 집중적으로 질문했다.

출장의 마지막이 다가오면서 우리는 점점 더 현실적인 고민에 부딪히게 됐다. 팔란티어 측은 프로젝트가 시작되는 것을 이미 기정사실화하고 있었고, 남은 시간 동안 어떤 주제로 시작할지를 논의하자며 스코핑scoping*을 제안했다. 그들의 제안은 합리적이었고, 프로젝트를 효율적으로 관리하고자 하는 의도도 이해됐다. 하지만 우리는 한국으로

> **스코핑**: 프로젝트나 업무에서 '무엇을 할 것인지'와 '무엇을 하지 않을 것인지'를 명확히 정하는 과정. 프로젝트나 업무의 '경계'를 정해서 명확한 목표, 자원, 책임을 설정하는 핵심 준비 과정이다.

돌아가 최고 경영진을 설득할 명확한 전략과 논리를 아직 확보하지 못한 상태였다.

이때 팀 내에서는 하나의 아이디어가 자연스럽게 모였다. 팔란티어의 올인원 솔루션이 기존의 여러 시스템 조합 방식과 비교해 어떤 차별성과 효율성을 갖고 있는지를 총체적으로 분석해보자는 것이었다. 개발 비용만이 아니라 운영과 유지보수까지 포함한 TCO 관점으로 정리해보기로 의견이 모였다. 팔란티어 도

입의 가장 큰 장애물은 명확했다. 바로 '비용'이었다. 하지만 팀 내부에서는 비용 비교보다는 '기존 방식보다 얼마나 더 혁신적인가'에 초점을 맞추는 분위기로 바뀌어가고 있었다. 그러나 누구도 지금 이 자리에서 '팔란티어로 가자'라고 최종 결정을 내릴 수는 없었다. 이는 감정의 문제가 아니라 전략과 책임의 문제였고, 회사 전체의 디지털 전환 방향을 결정짓는 일이었기 때문이다. 답답했지만, 그것이 현실이었다.

우리는 어떻게 보고할지 명확한 결론을 내리지 못한 채 귀국하는 비행기에 올랐다. 이런 부담감 속에서도 결국은 피곤함이 이겼는지, 대부분은 조용히 잠이 들었다.

03 Palantir
프로젝트 스퀘어

한국으로 돌아온 반지 원정대는 중대한 갈림길 앞에 서 있었다. 팔란티어 도입 여부를 둘러싸고 최고 경영진과 주요 의사결정자들의 시선이 쏠린 가운데, 우리는 여전히 명확한 보고 방향을 정하지 못한 채 답답한 침묵 속에 갇혀 있었다. 더욱이 팔란티어 측은 프로젝트 인력 선정을 위해 사례 기반의 스코핑을 마무리해달라고 지속적으로 압박하는 상황이었다. 내부 논의는 아직 정리되지 않았고, 확신도 부족했다. 당시 분위기는 말 그대로 진퇴양난이었다.

이때 프로젝트 TF를 총괄하던 전략 담당 임원과의 대화가 전환점이 됐다. 그는 우리 안의 고민과 판단을 믿고 '한번 해보고 싶은 대로 준비해보라'는 지지와 함께 TF에 힘을 실어주었다. 우리는 곧바로 가장 큰 난관, 즉 재무 부서의 관문을 넘기 위한 전략 수립에 착수했다. 영국에서 내부 논의를 할 때 합의했던, 팔란티어 솔루션이 가진 올인원 구조의 장점을 '연합군 모델'과 비교해 TCO 관점에서 설명하는 것이었다.

연합군 모델은 복수의 기존 솔루션을 조합해 유사한 기능을 구성하는 방식으로, 각기 다른 벤더로부터 세부 견적과 공수 기반 산출 자료를 확보할 수 있기 때문에 TCO를 정밀하게 산정할 수 있다. 반면 팔란티어는 구조가 달랐다. 몇 개월 단위로 대략적인 예산이 필요하다는 포괄적 제안 외에 세부 견적, 인력별 프로파일, 공수 산정 등은 제공할 수 없다는 입장이었다. 일반적인 IT 프로젝트라면 당연하게 요구되는 자료들이었기에 재무 부서와의 협상은 시작부터 난항을 겪을 수밖에 없었다. 지금 돌이켜 봐도, 이 시점에 갈등이 가장 심화됐다.

우리는 결국 '애플 대비 애플' 방식의 비교를 포기하고, 총투자비와 기대수익ROI*을 중심으로 재무적 타당성을 재설계했다. 하지만 이 또한 쉽지 않았다. 재무 부서는 '숫자가 인격이다'라고 입버릇처럼 말할 만큼 정량적 근거 없이는 어떤 의사결정도 승인하지 않기 때문이다. 세부적인 수치보다 전략적 방향성과 변화를 중심으로 한 이 접근은 재무 부서로서는 받아들이기 어려운 형식이었다.

그러나 이때 CEO의 결단이 판을 바꿨다. 그는 "세상 모든

> **총투자비와 기대수익**: 투자 대비 얼마만큼의 이익을 얻었는지를 측정하는 핵심 지표로 비즈니스 전략, IT 투자, 마케팅 캠페인, 디지털 전환 등에서 자주 사용된다.

의사결정을 숫자로만 할 수 있다면 경영을 누구나 할 수 있을 것"이라는 말과 함께 팔란티어에 대한 투자를 최종 승인했다. 정량을 넘어선 판단, 리더십의 직관이 발휘된 순간이었다. 당시 나는 그 결정의 무게를 온전히 이해하지 못했다.

그러나 시간이 흘러 두 번째 팔란티어 도입 프로젝트를 직접 주도하면서 깨달았다. 그날의 결정은 조직 전체가 데이터 기반 운영체계로 진화하는 출발점이었으며, 그 뒤에는 전략 담당 임원의 치밀한 내부 조율과 설득이 있었다는 사실을. 이 경험은 우리에게 다음의 사실을 명확히 일깨워주었다. 혁신은 수치로만 설명할 수 없으며, 경영은 결국 숫자와 전략 사이에서 '의지 있는 선택'으로 움직인다.

04. Palantir
팔란티어
파견 엔지니어의 역할

팔란티어와 PoC를 진행해도 된다는 의사결정이 내려졌지만, 정작 프로젝트가 시작된 이후에도 혼란은 여전했다. 특히 초반에는 가장 근본적인 질문, 즉 '우리가 풀고자 하는 문제는 무엇인가?' 그리고 '팔란티어는 이 문제를 어떻게 해결하겠다는 것인가?'에 대해 명확한 감을 잡기 어려웠다. 팔란티어의 프로젝트 접근 방식은 한국 기업들이 익숙하게 여기는 전통적인 SI 방식과 근본적으로 달랐기 때문이다.

  팔란티어의 엔지니어들은 자신을 '문제 해결자'가 아니라 '문제 정의자'로 규정했다. 언어의 차이를 넘어 프로젝트 전반을 관통하는 철학적 정의다. 그들은 고객이 스스로 문제를 정의하고, 그 정의 과정 자체를 데이터 기반으로 주도해야 한다는 원칙을 견지했다. 실제로 팔란티어의 플랫폼인 파운드리는 고객의 의

도표 3-1 프로젝트 수행의 전통적 방식 vs 팔란티어 방식

구분	전통적 SI 프로젝트	팔란티어 프로젝트
프로젝트 구조	컨설턴트 리드, 개발자 수행	엔지니어와 고객이 공동 탐색
문제 정의 방식	사전에 명확한 정의 후 개발 시작	프로젝트 중간에 문제를 재정의하거나 변경 가능
문서화	주간 보고, 장표 필수	최소한의 문서화, 실행 중심
고객의 역할	요구 사항 전달자	문제 정의자, 공동 해결자
파견 인력의 역할	결과물 제공 중심	문제 해결 '가이드' 역할

사결정 역량을 강화하는 방향으로 설계돼 있었다. 플랫폼을 통해 다양한 데이터를 집약하고 시각화함으로써 우리가 기존에 '문제'라고 인식했던 현상이 실제로 핵심 과제인지, 아니면 데이터가 보여주는 더 근본적인 문제가 존재하는지를 객관적으로 검토할 수 있도록 도왔다.

당연히 협업 초기에는 기존과 역할이 달라져 프로젝트팀과 마찰이 불거지기도 했다. 우리는 매주 정제된 보고서와 산출물 형태의 결과물을 기대했다. 그러나 팔란티어는 일관되게 말했다. "정답을 제공할 수는 없습니다. 그 대신 정답을 찾는 방법을 함께 설계하겠습니다." 전통적인 성과물 중심의 접근 방식에 익숙한 조직 입장에서는 다소 이질적으로 느껴질 수밖에 없었다. 특히 '자원을 투입하면 일정한 성과물이 나와야 한다'는 외주 모델에 대한 전형적인 기대와는 분명한 괴리가 존재했다. 팔란티어 엔지니어들의 실질적 역할은 문제를 대신 풀어주는 컨설턴트

라기보다는 문제 해결 역량이 조직에 내재화될 수 있도록 유도하는 퍼실리테이터facilitator에 가까웠다. 그들은 의사결정의 핵심이 되는 질문을 던졌고, 데이터를 통해 가설을 검증하고 의심해보지 않았던 관행을 다시 들여다보게 했다. 이런 협업 방식은 결과적으로 조직 내부의 분석력, 해석력, 문제 인식 능력을 비약적으로 강화했으며 외부 역량에 대한 의존도를 줄이게 해줬다.

프로젝트를 마무리하면서 우리는 중요한 교훈을 얻었다. 디지털 전환의 본질은 외부 기술을 도입하는 것이 아니라 문제를 바라보는 내부의 관점을 전환하는 데 있다는 점이다. 단기적인 산출물을 얻기 위해 외부 자원을 투입하는 방식은 지속 가능한 경쟁력을 담보할 수 없다. 팔란티어와의 협업은 우리가 문제를 정의하고 해결하는 방식 자체를 새로이 설계하게 했고, 궁극적으로 조직 내 핵심 역량의 방향성을 재정립하게 한 결정적 전환점이 됐다.

이런 역할이 필요한 이유는 팔란티어 솔루션과 그들의 일하는 방식을 고객사에 빠르게 전파할 수 있기 때문이다. 나 역시 일정 시간이 흐르고 나서야 팔란티어 엔지니어들의 역할을 이해하고 활용법을 깨닫게 됐다. 팔란티어 엔지니어들과 함께 프로젝트를 하면서 도메인 지식도 없는 그들이 어떻게 프로젝트를 리드할 수 있는지를 알게 됐는데, 여기서 핵심이 되는 세 가지 질문을 소개하려고 한다.

05　Palantir
문제를 정의하는
세 가지 질문

팔란티어 엔지니어는 모든 프로젝트의 시작 단계에서 다음 세 가지 질문을 던진다.

1. What decision?

'우리는 어떤 의사결정을 내려야 하는가?' 문제를 정의하기 위한 질문으로, 불분명한 증상이나 현상을 넘어서 구체적인 의사결정 단위로 문제를 구조화한다.

2. How much impact?

'이 의사결정은 비즈니스에 어떤 영향을 주는가?' 해결했을 때의 정량적·정성적 효과와 실패했을 때의 손실을 추정하여 문제 해결의 우선순위를 판단한다.

3. Where data?

'이 결정을 내리는 데 필요한 데이터는 무엇이며, 그 데이터를 확보할 수 있는가?' 데이터의 가용성과 품질을 확인하고, 실현 가능한 분석 계획을 수립한다.

'What decision?'이라는 질문을 처음 받았을 때, 우리는 제대로 답하지 못했다. 그 이유는 간단했다. '문제를 정확히 정의해본 경험'이 조직 내에 없었기 때문이다. 기존에는 주로 경험과 직관에 의존해 문제를 추정했다. 예를 들어 SCM supply chain management (공급망 관리)상에서 완제품 재고 부족 현상이 발생했을 때, 우리는 '수요 예측이 잘못됐기 때문'이라고 즉각적으로 판단했다. 그러나 이는 여러 가능성 중 하나만 고려한 판단이다. 실제로는 수요 증가를 반영한 생산 계획이 지연됐고, 이는 리드타임 lead time* 확보를 위한 타임 펜스 time fence (확정 구간) 미설정 또는 RTF return to forecast (공급 할당) 승인 절차의 부재 때문일 수 있다. 즉, 진짜 의사결정이 필요한 문제는 '수요 예측을 어떻게 개선할 것인가'가 아니라 '수요 증가에 탄력적으로 대응하기 위한 프로세스를 어떻게 재설계할 것인가'였던 것이다. 이처럼 근본 원인을 명확히 파악하지 않은 채 '문제'를 정의하면, 실행된 모든 조치가 엉뚱한 방향으로 흐를 수 있다. 팔란티어의 'What decision?' 질문은 이런 리스크를 제거하는 강력한 장치다.

> 리드타임: 물품의 발주부터 납품 후 사용할 수 있게 되는 시점까지의 기간.

'How much impact?'는 비즈니스 임팩트를 기준으로 우선순위를 결정하게 해주는 질문이다. 즉, 우리가 가진 문제들 중에서 무엇을 우선적으로 해결해야 하는지 판단하는 기준이 된다. 예를 들어 동일한 문제 정의가 여러 건 존재할 경우, 그 문제를 해결했을 때 기대되는 재무적 효과와 시장 반응 또는 실패했을 때의 손실 비용 등을 분석함으로써 의사결정의 경제적 중요성을 비교하게 된다. 단, 임팩트가 크다고 해서 무조건 먼저 해결할 수 있는 건 아니다. 현실적으로 '데이터'라는 제약이 있기 때문이다.

데이터는 실행 가능성을 결정짓는다. 'Where data?'는 마지막이지만 가장 현실적인 질문이다. 해결하고자 하는 문제에 대해 필요한 데이터를 확보하고 있는가? 분석을 위한 데이터 품질은 확보됐는가? 외부 시스템과 연계할 수 있는가? 이 질문을 통해 우리는 이론적 가치와 실행 가능성 사이의 간극을 조정하게 된다. 데이터가 부족하거나 품질이 낮은 과제는 설령 임팩트가 크더라도 뒤로 미루어야 하며, 반대로 즉시 접근 가능한 데이터가 있다면 '퀵 윈quick win 과제'*로 설정할 수 있다.

> 퀵 윈 과제: 짧은 기간 내에 적은 자원으로도 빠른 성과를 낼 수 있는 과제. 디지털 전환이나 조직 변화 초기에 성과를 체감하고 신뢰를 쌓기 위한 전략적 수단으로 자주 활용된다.

궁극적으로는 사고방식이 바뀌어야 디지털 전환을 이룰 수 있다. 이런 3단계 질문을 반복하며 우리는 점차 '문제를 제대로 정의하는 힘'을 조직에 내재화했다. 팔란티어 엔지니어는 우리가 이 프레임을 익히고 적용할 수 있도록 도왔으며, 그 결과 프로젝트 종료 시점에는 외부의 정답에 의존하지 않고 스스로 문제를 규정하고 해법을 설계하는 조직적 역량을 얻게 됐다. 한 프로젝트의 성과를 넘어 조직의 디지털 역량 자체를 끌어올리는 전환점이었다. 결론적으로, 팔란티어의 엔지니어가 여타 파트너와 차별화되는 지점은 '문제를 대신 해결하지 않는 것'이다. 그들은 문제를 함께 정의하고 데이터 기반 의사결정 역량을 조직에 전파함으로써 디지털 전환을 철저히 이룰 수 있게 한다. 그 출발점에는 늘 똑같은 세 가지 질문이 있다.

팔란티어의 '세 가지 질문' 사례 연구

배경: 고객사 내 SCM 부서는 최근 반복적으로 발생하는 완제품 재고 부족 이슈에 직면했다. 현업에서는 이를 '수요 예측 실패'로 판단하고, 예측 정확도를 높이는 방향으로 개선안을 논의한다. 이 상황에서 팔란티어와의 프로젝트가 시작됐다.

Step 1: What decision?
- 팔란티어의 질문
  - 현재 상황에서 조직이 실제로 내려야 하는 '핵심 의사결정'은 무엇인가?

- 고객의 초기 반응
- 수요 예측 모델을 개선해야 한다.
- 팔란티어 엔지니어의 유도
- 정말 수요 예측이 원인인가?
- 생산 프로세스, 리드타임 설정, 재고 보충 정책, RTF 승인 절차 등은 어떤 상태인가?
- 재구성된 문제 정의
- 우리는 예상 수요 증가에 대응할 수 있는 생산 계획 체계를 갖추고 있는가?
- 수요 변화 시 타임펜스 조정 및 RTF 승인이 즉시 가능하도록 프로세스를 설계해야 하는가?

첫 번째 질문에서 조직은 '문제'를 수요 예측 모델 개선이 아니라 운영 의사결정 구조와 프로세스 전반의 설계 이슈로 재정의한다.

Step 2: How much impact?
- 팔란티어의 질문
- 이 문제를 해결했을 때 어떤 정량적·정성적 효과가 있는가?
- 고객과의 협업

- 과거 6개월간의 완제품 부족으로 인한 납기 지연 사례 수집
- 납기 지연 시 매출 손실, 고객 이탈률, 고객 만족도 하락 만회 비용 등 추산
- 타임펜스 및 RTF 도입 시 개선 효과 시뮬레이션
• 도출된 임팩트
- 재고 부족 개선 시 연간 약 120억 원의 매출 회복 가능
- 고객 신뢰도 및 계약 갱신율 상승 기대

두 번째 질문에서 조직은 문제 해결의 경제적 당위성을 명확히 인식하게 된다.

Step 3: Where data?
• 팔란티어의 질문
- 이 문제를 해결하기 위해 어떤 데이터가 필요하며, 그 데이터를 확보할 수 있는가?
• 고객과의 협업
- 수요 예측 결과 및 실제 수요 로그
- 생산 리드타임, 타임펜스 설정 이력
- 요청 수량 대비 생산 승인 이력
- 재고 보충 정책 및 조정 내역

- 결과
  - 일부 데이터는 ERP에 존재하나, RTF 관련 데이터는 비정형 문서로 존재
  - 수동 프로세스의 디지털화 필요성 식별
  - 파운드리상에서 데이터 통합 및 자동화 분석 설계 추진

세 번째 질문을 통해 조직은 필요한 데이터를 수집하고 데이터 품질을 검토하게 된다.

팔란티어와의 협업은 데이터 분석이 아니라 문제를 정의하고, 데이터 기반 의사결정이 가능하도록 조직의 사고 체계를 변화시키는 여정이라고 생각한다. 프로젝트는 무엇이 문제인지를 제대로 묻는 것에서 출발하며, '세 가지 질문'은 그 사고의 틀을 제공하는 가장 강력한 도구다.

도표 3-2 문제 해결의 전통적 방식 vs 팔란티어 방식

구분	전통적 접근	팔란티어식 접근
문제 인식	현상 기반(재고 부족 = 수요 예측 실패)	데이터 기반 구조적 재정의
해결 방식	모델 개선 중심	운영 프로세스 전반 설계
역할 기대	외주 리포트 제공자	문제 정의 촉진자 및 역량 전파자
결과	단기적 개선책	장기적 역량 내재화 및 디지털 전환 기반 마련을 통한 근본적 해결

06　Palantir
잦은 오해와
화해의 기술

○

팔란티어와의 협업은 '세 가지 질문' 접근법을 중심으로 본격적인 문제 정의와 사례 기반의 과제 수행이 시작되면서 새로운 국면으로 접어들었다. 당사 또한 팔란티어 특유의 애자일 방식에 점차 익숙해졌고, 그들의 사고방식과 일하는 방식에 일정 부분 공감하기 시작했다. 그러나 협업 과정 전반에서 여전히 미세한 온도차는 존재했다. 여기에는 팀 간의 출신, 문화, 국적, 언어, 나이 등 다양한 배경 차이가 영향을 미쳤다.

　　팔란티어 파견 엔지니어의 평균 연령은 약 28세로, 당사 TF 인력 평균 연령인 38세에 비해 약 10세 정도 젊었으며 절반 이상이 20대 중반이었다. 그래서 사고방식이나 업무 처리 방식, 커뮤니케이션의 속도와 스타일에서도 다소간의 간극이 발생했다. 실제 협업 초기에는 팔란티어 측의 지속적인 질문과 검증 시도가 당사 입장에서는 고집스럽고 반복적인 주장처럼 느껴졌고, 일부 인원의 유연한 근무 태도는 당사 문화와 충돌을 일으키기도 했다. 이런 긴장감이 점차 누적돼 상호 간에 실질적인 교류보다는 각자의 역할에만 집중하는, 분리된 분위기로 바뀌었다.

이런 상황을 방치하면 프로젝트에 부정적인 영향을 미칠 수 있다는 우려가 내부에서 제기됐다. 뜻밖에도, 일상적인 회식 자리에서 문제 해결의 실마리가 나타났다. 팀 전원이 허심탄회하게 대화를 나누자 그간 쌓여온 오해가 자연스럽게 해소됐다. 이를 계기로 양측은 주 1회의 저녁 식사를 정례화하고, 교대로 상대 팀을 초대해 더 깊은 상호 이해의 시간을 갖기로 했다. 일과 이후의 비공식적 소통은 국적과 세대를 뛰어넘는 신뢰의 기반을 마련했으며, 문화적 차이로 인한 갈등을 완화하는 중요한 계기가 됐다. 당시 팔란티어 임원이었던 에밀리 응우옌Emily Nguyen은 "치맥 앞에서 풀리지 않는 문제는 없었다"라며, 서로에 대한 이해 부족에서 비롯된 오해가 열린 대화를 통해 해소됐다고 회고한 바 있다.

본 경험을 통해 우리는 중요한 교훈을 얻게 됐다. 팔란티어 파견 엔지니어는 단순히 외부에서 투입된 자원이 아니라 프로젝트의 성패를 좌우할 수 있는 핵심 자산이며, 그들과의 성공적인 협업을 위해서는 전략적 관점에서의 활용 방안이 반드시 동반되어야 한다는 점이다. 특히 상대적으로 젊고 높은 전문성을 갖춘 이들과의 협업은 일의 배분이나 역할 분장을 넘어 심리적 안정과 상호 존중이라는 정서적 기반 위에서만 효과를 발휘할 수 있다.

실제로 당시 12개 국어를 구사하며 프로젝트를 이끌던 하버드 출신 엔지니어가 상호 기대치가 달라 중도 교체되는 사례가 발생했고, 이런 일은 국내 타 고객사 프로젝트에서도 반복적으로 확인됐다. 팔란티어 엔지니어는 양날의 검과 같다. 이들의 역량은 분명 탁월하지만, 이를 온전히 활용하기 위해서는 전통적인 SI 방식에서 벗어나 관계 중심의 협업 전략과 문화적 감수성을 반영한 새로운 접근법이 필수적이다. 그래야만 양측이 기대하는 실질적 성과를 함께 도출할 수 있을 것이다.

07 Palantir

70점짜리 MVP와
팔란티어식 애자일

○

팔란티어 파견 엔지니어들과의 협업을 통해 배운 그들의 일하는 방식 중 또 하나 중요한 교훈을 공유하고자 한다. 첫 번째 프로젝트에서 우리가 설정한 사례는 SCM과 FCM^{field claim management}(현장 클레임 관리) 영역의 문제 해결이었다. 문제를 정의하고 이를 데이터 기반으로 해결해가는 과정에서 초기에는 TF 인력만으로도 충분히 프로젝트를 이끌 수 있을 것으로 판단했지만, 곧 현업의 전문 지식 없이는 실질적인 진전이 어렵다는 사실을 깨닫게 됐다. 이에 따라 각 영역의 비즈니스 전문가들을 단기적으로 프로젝트 룸에 파견받아 협업하는 체계를 구축했다.

그러나 바로 이 지점에서 예상치 못한 난관이 발생했다. TF 구성원과 팔란티어 파견 엔지니어 간에는 이미 수많은 시행착오와 소통 과정을 거치며 상호 간 신뢰와 일하는 방식에 대한 공감대가 형성돼 있었지만, 새롭게 투입된 현업 전문가들과 팔란티어 엔지니어 간의 업무 수행 방식은 근본적으로 달랐고 그 간극은 쉽게 좁혀지지 않았다. 비즈니스 유저들은 전통적인 문서 기반의 보고와 절차 중심의 접근에 익숙했다. 그런데 팔란티어 엔지니어들은 실시간으로 데이터를 분석하고, 이를 기반으로 가설을 빠르게 수립하고, 이 가설을 지속적이고 빠른 반복을 통해 검증하는 문제 해결 중심의 애자일 방식에 익숙했다. 이로 인해 각자의 언어와 방식으로 대화하는 두 조직 간에는 일종의 '문화적 충돌'이 발생했고, 프로젝트는 교착상태에 빠질 위기에 놓였다.

결국 TF 인력이 이 간극을 메우는 완충자이자 연결자의 역할을 수행해야 했다. 우리는 두 조직이 서로 다른 '비즈니스 언어'를 사용하고 있다는 점을 인식하고, 이들 사이에서 일종의 통역사 역할을 자임하며 양측의 관점을 조율하고 해석하는 데 집중했다. 이 과정에서 필요했던 것은 양쪽이 공통으로 신뢰할 수 있는 협업의 구심점이었다. 우리는 그 중심에 'MVP 기반의 팔란티어식 애자일'을 두기로 했다. 즉, 서로 완벽한 이해를 전제로 한 협업이 아니라 일단 작게 시작하고 빠르게 검증하며 수정해나가는 과정을 반복함으로써 실질적인 결과를 만들어나가는 방식이었다.

이런 접근 방식은 현업 전문가와 TF 구성원 모두에게 매우 새롭고 낯선 개념이었지만, 사실상 유일한 방법이었다. 팔란티어는 초기부터 '완벽한 계획'보다는 '빠른 실행'을 중시했으며, 이를 실현하기 위한 전략으로 70점 수준의 MVP를 우선적으로 설계하는 접근을 택했다. 이 MVP는 완성된 보고서 형태가 아니라 문제의 본질을 칠판에 시각적으로 정의하고 이를 해결하기 위한 워크플로와 데이터 흐름을 도식화하는 방식으로 전개됐다.

처음에는 이런 방식이 기존 업무 문화와 충돌을 일으켰다. TF 및 현업 전문가들은 오랜 시간 동안 완성도 높은 보고서를 목표로 해온 이들로, 칠판 앞에 모여 다소 거칠게 문제와 해결 방안을 그려보는 행위에 대해 '왜 이런 비체계적인 일을 해야 하는가?'라는 의구심과 거부감을 표출하기도 했다. 그러나 기존 방식으로는 몇 주가 소요되는 보고서 작성을 기다리는 대신, 칠판에 30~40분 내외로 MVP를 구상하고 이를 기반으로 즉각적인 데이터 검증에 돌입하는 방식의 장점을 점차 모두가 공감하게 됐다.

팔란티어의 엔지니어들과 TF팀은 이 MVP에 대해 소규모 데이터 세트를 구성하여 파운드리 플랫폼에서 분석을 시작했고, 이 과정에 현업 전문가들이 참여하여 실시간으로 피드백을 제공함으로써 가설의 타당성을 지속적으로 점검해나갔다. 이 데이터 세트는 전체 기간을 커버하는 것이 아니라 특정 기간 또는 특정 대상에 국한하여 빠르게 수집·분석하는 것이 특징이었으며, 통상 반나절에서 최대 2~3일 내로 검증 작업이 완료될 수 있도록 설정됐다.

이와 같은 방식은 초기 가설이 실패하더라도 빠르게 복구하고 새로운 방향을 설정할 수 있는 유연성을 제공했다. 데이터 분석을 통해 가설의 신뢰성이 입증되면, 다음 단계의 워크플로를 정의하기 위해 다시 칠판 앞에 모여 토론을 이어가는 형태로 프로젝트는 점진적으로 확장됐다. 최종적으로 모든 단계의 논리와 데이터 검증이 완료되면, 비로소 전체 데이터를 전송하여 본격적인 운영 단계로 전환하는 것이 이들의 일하는 방식이었다. 이런 구조화된 애자일 접근은 개발 방법론을 넘어서 문제 해결의 사고방식 자체를 전환하는 계기가 됐으며, 실질적인 디지털 전환을 구현하게 한 핵심 전략이었다.

문제 해결의 핵심은 기술이나 역량의 문제가 아니라 '일하는 방식'과 '신뢰의 형성'이라는 본질적인 요소에 있다는 사실을 다시금 확인하게 됐다. 팔란티어식 애자일은 이질적인 조직 간 협업을 가능하게 해주는 일종의 언어이자 문화였던 셈이다.

08 Palantir
산고를 거쳐 탄생한 DI360

팔란티어 프로젝트가 본격적으로 시작되고, 여러 차례의 경영진 보고를 통해 긍정적인 반응을 끌어내면서 회사 내부에서는 상반되는 두 가지 기조가 동시에 나타났다. 하나는 디지털 전환의 선봉대 역할을 자처하는 TF에 합류하고자 하는 자발적 참여의 흐름이었고, 다른 하나는 '데이터로 과연 무엇을 할 수 있겠는가'라는 회의적인 시각을 가진 이들의 부정적인 반응이었다.

    TF 구성원들 역시 초기에는 프로젝트 성공에 대한 확신이 부족해 반신반의하는 태도를 보였지만, 시간이 흐르면서 팔란티어와의 협업을 통해 상호 간 신뢰가 쌓이자 '원 팀 정신^{one team spirit}'으로 발전했다. 현업 전문가들도 프로젝트 초반에는 익숙하지 않은 방식과 문화 차이 탓에 불만을 표출하기도 했지만, 점차 데이터 기반의 업무 수행 방식이 체화되면서 TF의 든든한 지지 세력으로 자리 잡았다.

이런 긍정적인 변화는 경영진 보고 자리에서도 분명하게 나타났다. TF와 현업 전문가들이 함께 설계한 워크플로를 CEO에게 직접 설명하고 배석한 임원들의 질문에도 막힘없이 답변하는 모습은 데이터 중심의 문제 해결 방식이 조직 내에서 실질적인 역량으로 전환되고 있음을 보여주는 대표적인 사례였다.

우선 CEO는 회의장에 참석한 각 부문 대표 임원들에게 향후 조직 내 모든 업무가 팔란티어 파운드리 기반의 DI360(회사 내 모든 부서가 360도로 소통하자는 의미를 담아 플랫폼 이름을 이렇게 지었다)을 중심으로 더 효율적으로 디지털화될 수 있도록 업무 수행 방식을 전환하라고 공식적으로 지시했다. 나아가 본인 역시 사장단 회의와 같이 전략적 중요도가 높은 주요 회의는 반드시 DI360을 통해 운영되도록 하고, 해당 플랫폼상의 데이터를 기반으로 모든 의사결정이 이루어질 수 있도록 빠르게 시스템을 구축하라고 TF에 요청했다.

하지만 진정한 도전은 그 이후부터 시작됐다. 회의실에 모인 수십 명의 임원 및 핵심 인력과는 데이터 기반의 업무 수행 방식에 대해 충분한 공감대를 형성하고 이를 기반으로 한 초기 성과도 확보할 수 있었지만, 이는 전사적인 디지털 전환 여정에서 극히 일부에 불과했다. 여전히 생산 현장과 사무실 곳곳에서 근무 중인 4,000여 명의 임직원은 '팔란티어'와 '파운드리' 그리고 이를 기반으로 구축된 'DI360'이 무엇인지조차 충분히 인지하지 못했다. 이들 대다수에게 변화는 낯설고 생경한 개념이었고, 기존의 익숙한 업무 수행 방식에서 벗어나야 한다는 점에서 근본적인 저항을 느끼고 혼란스러워했다.

이런 상황에서 프로젝트를 주도한 TF와 경영진에게는 기술 적용을 넘어 조직 전체의 인식 전환과 업무 문화의 재설계라는 훨씬 더 복합적인 과제가 남겨졌다. TF 구성원들은 이 변화관리의 무게와 복잡성을 누구보다 명확히 인식하고 있었고, 회의실 내에서 성공적으로 도출된 워크플로가 실제 현업에서 유의미하게 작동하기 위해서는 훨씬 정교하고 체계적인 실행 전략이 필요하다는 결론을 내렸다. 기술 중심의 프로젝트에서 사람 중심의 조직 변화 프로젝트로 무게중심이 이동하게 되는 결정적인 전환점이었다. 이와 같은 배경에서 현장의 수용성을 높이고 문화적 공감대를 확산시키기 위한 구조화된 커뮤니케이션 전략과 현업 참여 기반의 학습 전이 모델*을 함께 추진해야 한다는 점이 더욱 분명해졌다. 이를 위해서는 TF 단계를 넘어 정규 조직으로 확대할 필요가 있다는 판단 아래 경영진은 '데이터 인텔리전스data intelligence'팀을 새롭게 구성했고, 나는 초대 팀장으로서 경영진의 의지를 일관되게 전달하고 현장 조직의 변화관리가 이뤄지도록 권한을 위임받았다.

> 학습 전이 모델: 참여를 통해 학습된 사람이 자신의 조직 내에서 참여와 학습을 촉진하여 전 조직으로 확산시키는 형태.

기업이 디지털 전환이라는 거대한 과업을 성공적으로 완수하기 위해서는 세 가지 핵심 요소가 반드시 충족되어야 한다고 생각한다. 첫째는 경영진의 강력한 의지다. 디지털 전환은 단발적인 시스템 교체가 아니라 조직 전체의 구조와 문화를 변화시키는 일이기 때문에 그 과정에서 발생하는 저항과 불확실성을 돌파할 수 있는 최고 경영진의 일관된 리더십과 의사결정이 무엇보다 중요하다. 실제로 프로젝트를 추진하는 과정에서도 경영진의 의지는 주요 고비마다 돌파구를 마련해주는 강력한 추진력으로 작용했다.

둘째는 역량을 갖춘 추진 조직이다. 변화의 방향성을 설정하고 이를 실행 가능한 형태로 구현해나가기 위해서는 전략적 사고를 갖춘 TF와 함께, 각 분야의 전문성과 실행력을 겸비한 현업 전문가들의 적극적인 참여가 필수적이다. 팔란티어 도입 초기부터 오픈까지의 여정을 돌이켜보면, 이런 유능한 팀 구성과 협업 체계가 성공의 핵심 요인이었음이 다시 한번 확인된다.

마지막으로는 기업 규모에 적합하고 지속 가능한 디지털 솔루션의 도입이 필요하다. 부서 단위의 프로세스 개선이라면 기존 시스템의 점진적인 개선으로도 충분할 수 있겠지만, 기업 단위의 디지털 전환은 더욱 정교하고 통합된 솔루션 없이는 실행도 유지도 어렵다. 우리는 DI360을 도입하며 팔란티어의 파운드리를 기반으로 업무의 디지털화를 실현할 수 있었고, 이는 기술 도입에 그치지 않고 조직 전반의 사고방식과 의사결정 구조를 바꾸는 데까지 영향을 미쳤다.

결과적으로 CEO의 강한 리더십, 탁월한 실행력을 지닌 팀 그리고 그 둘을 연결해준 검증된 디지털 플랫폼이 유기적으로 결합됐기에 이 도전적인 여정을 성공적으로 완수할 수 있었다고 확신한다.

Palantir
팔란티어 시스템
확산을 위한 전환점

갑작스럽게 미팅 요청이 들어왔다. 지금 당장 화상회의에 접속해 달라는 메시지였다. 별다른 사전 안내도 없이 급히 요청된 회의였기에 심상치 않은 분위기일 것으로 직감했다. 급히 PC를 열고 마이크로소프트 팀즈Teams 화상회의 프로그램 접속을 시도하는 동안 머릿속에는 계속해서 질문이 맴돌았다. '내가 이 회의에 초대된 이유는 무엇인가?' '나에게 어떤 역할이 기대되는가?'

며칠 전 대표이사가 IoT internet of things* 데이터를 활용하는 기존 시스템의 낮은 정확도와 느린 데이터 이관 속도에 대해 강력히 문제 제기를 했고, 이후 여러 부서가 이를 개선하기 위한 논의에 착수했다. 나는 팔란티어 파운드리를 통해 해당 문제를 해결할 수 있다고 제안했고, 이번

> IoT: 사물인터넷. 인터넷을 통해 다양한 물리적 기기들이 서로 연결되어 데이터를 주고받고 제어하는 기술. 센서와 네트워크를 활용해 실시간으로 정보를 수집하고 분석하며, 스마트홈·산업자동화·헬스케어 등 여러 분야에서 활용된다.

회의 역시 그 연장선에 있을 것으로 판단했다.

그러나 회의에 접속해보니 완전히 예상 밖의 상황이 펼쳐져 있었다. 총 17명이 접속해 있었는데, 그중 절반 이상이 문제 정의를 위한 방향성을 설정하는 데 필요한 사람이 아니었다. IoT 운영 시스템, SAP, 데이터베이스 등을 담당하는 계열사 실무자와 시스템 운영자들이었다. 본사 내 일부 유관 부서 팀장과의 협의 자리를 기대했던 내 예상과 달리 회의 참석자 구성 자체가 전혀 다른 목적을 내포하고 있음을 엿볼 수 있었다.

마치 사전 리허설이라도 진행된 듯, 회의가 시작되자마자 모두가 나에게 팔란티어에 대한 기술적이고 지엽적인 질문을 퍼부었다. 문제의 정의나 본질에 대한 논의는 전혀 없이, 각자의 레거시 시스템과 팔란티어를 비교하면서 '기능이 부족하다', '불편하다'는 논조가 이어졌다. 논의는 사실상 검토나 개선의 성격이 아닌 평가와 격하를 목표로 하는 방향으로 흘렀다.

그들의 목적은 명확했다. 문제 해결을 위한 기술적 협업이 아니라 팔란티어의 역할을 데이터 플랫폼의 범위에 가두고, 더 이상 운영 시스템으로 확장을 시도하지 못하게 프레임을 설정하려는 것이었다. 기존 시스템 권한 구조와 영향력이 약화될 수 있다는 위기의식에서 비롯된 조직 내부의 반발로 해석할 수 있었다. 즉, 기존의 영향력을 유지하기 위해 필사적인 마음으로 대동단결해서 팔란티어를 공격하기로 한 것이다.

질문들은 대부분 지엽적이거나 지나치게 전문적이었고, 질문자 본인 외에는 명확하게 설명할 수 없는 수준의 내용을 포함하고 있었다. 회의 참석 인원이 17명이나 됐던 것도 하나의 질문에 한 명의 실무자가 필요했기 때문이었다. 이 회의는 팔란티어에 대한 객관적 검토가 아니라 정치적 퍼포먼스에 가까운 자리였다. 흡사 국회에서 장관을 앞에 두고 수많은 국회의원이 질타하는 '청문회'를 연상케 했다. 끊임없이 밀려드는 질문에 내가 제대로 답하지 못하는 상황이 반복됐다.

회의가 30분가량 진행됐을 때 나는 자문해봤다.

'지금 이 질문들이 당면한 문제 해결과 무슨 관련이 있는가?'

'그리고 팀장인 내가 이 세부적인 질문에 모두 대답을 할 수 있는가?'

그리고 나는 지금 이루어지는 논의가 문제의 본질과는 동떨어져 있다는 사실을 확신했다. 지금 필요한 것은 이 쓸데없는 회의를 빨리 끝내는 것이다. 이어지는 질문을 멈춰 세웠다. 그리고 두 가지 질문을 그들에게 던졌다. 이번엔 내가 공격을 할 차례라고 생각했다. 이런 상황은 리허설에 없었던 모양이다. 침묵이 이어지자 나는 다음 회의에서는 건설적인 논의를 이어가자는 말을 전하며, 화상회의에서 빠져나왔다.

회의는 뚜렷한 결론 없이 조용히 종료됐고, 후속 일정도 잡히지 않았다. 그러나 이 경험은 나에게 중요한 전환점이 됐다.

그저 시스템을 도입하고 운영하는 수준에서 벗어나 변화의 철학과 태도를 새로이 정립하게 됐기 때문이다. 이후에도 이와 유사한 회의가 있을 때마다 나는 다음 두 가지 질문을 중심에 두고 건설적인 논의로 전환하려고 노력했다.

"우리가 해결해야 하는 문제가 정확히 무엇입니까?"

"이 질문은 문제 해결과 어떤 관련이 있습니까?"

이 두 질문은 논의의 중심을 기술 자체가 아닌 비즈니스의 목적으로 이동시키는 데 효과적이었고, 조직 내부에서도 점차 공감대가 형성됐다. 의도적으로 또는 정말 문제 정의에 대한 본질적인 해결 경험이 없어서 겉도는 회의를 좀 더 건설적으로 집중하는 회의로 바꾸기 위해 자주 했던 말이다. 이 사건은 일회성 에피소드가 아니었다. 기술의 우수성만으로는 변화가 이뤄지지 않으며, 내부의 구조적 저항과 문화적 장벽을 뛰어넘는 전략적 인식 전환이 반드시 필요하다는 점을 실감하는 계기가 됐다.

당시 대표이사의 강력한 리더십 아래 DI360을 기반으로 한 사장단 회의를 팔란티어로 대체하는 과제가 전사적으로 빠르게 확산되고 있었다. '가짜 데이터와 보고서는 더 이상 통하지 않는다'는 인식이 자리 잡으면서 '대표이사부터 실무자까지 동일한 데이터를 기반으로 의사결정을 내리는 문화'가 서서히 정착됐다.

그럼에도 기존 시스템 운영 주체들은 자신들의 영향력이 축소되는 것을 우려하며 팔란티어를 단순 데이터 통합 플랫폼으로 제한하려는 시도를 계속했다. 팔란티어가 데이터 통합 이상의 역할로 확장되는 순간, 그들의 통제 권한이 무력화될 수 있기 때문이다.

    이후 유사한 상황이 반복되더라도 나는 흔들리지 않게 됐고, 기술 중심이 아닌 문제 해결 중심의 사고방식을 조직 내에 정착시키기 위해 설득하고 실행을 주도하는 내공을 쌓았다. 이 사건은 단기적으로는 불편한 경험이었지만 장기적으로는 전략적 관점을 정립하는 데 도움이 됐으며, 조직 전체의 디지털 전환을 견인하는 단단한 기반이 됐다.

10 Palantir
데이터 에이전트 제도를 도입하다

팔란티어와 함께한 1년여 정도의 긴 여정 끝에 우리는 DI360의 성공적인 오픈을 이끌었다. 이후 TF는 전사적 변화관리를 중심에 두고 모든 역량을 집중했다. 그러나 프로젝트의 다음 국면에서 또 다른 현실적인 벽을 마주하게 됐다. 바로 밸류체인value chain* 별 조직으로부터 끊임없이 올라오는 피드백이었다.

CEO의 명확한 지시에 따라 각 조직은 DI360을 주요 의사결정에 적극 활용해야 했지만, 수개월이 지나도록 일부 조직에서는 진전이 더디거나 확산이 정체되는 상황이 지속됐다. HRD human resources development (인적자원개발) 조직과 협력해 사용자 교육을 온라인 과정으로까지 확대했음에도 실질적인 변화는 여전히

> **밸류체인**: 기업이 제품이나 서비스를 창출하는 모든 과정을 가치 활동으로 분해하여 분석하는 개념. 마이클 포터가 주창했으며, 주활동(생산, 유통, 마케팅 등)과 지원활동(인사, 기술 개발 등)으로 구성되어 각 단계에서 부가가치를 창출해 경쟁우위를 확보하는 데 활용된다.

일선 실무자 수준에서 멈춰 있었고, 조직 상위로 확산되기 어려운 한계에 직면해 있었다. 불씨는 점화됐다가 곧 꺼지기를 반복하며, 전사 확산을 위한 동력이 점차 약화됐다.

이런 상황에서 우리는 경영진의 우려가 현실화되기 전에 더 근본적인 해결 방안을 마련해야 한다고 판단했고, HRD 부서와 협업하면서 중요한 전환점을 맞이했다. HRD는 교육을 넘어서 조직 문화와 일하는 방식 전반의 변화를 이끄는 전략적 파트너라고 생각한다. 당시 HRD 임원과의 첫 회의는 나에게 매우 인상 깊은 경험이었다. 솔직히 말해 처음에는 '임원이 팀장인 나에게 실력을 행사하려는 것 아닌가' 하는 우려도 있었으나, 첫 미팅에서 느낀 것은 오히려 내가 그간 고민하던 문제보다 한 차원 높은 시야에서 전략을 제시한다는 것이었다.

HRD 임원은 일반적인 교육이 아니라 조직적 동기 부여를 위한 경쟁 기반의 접근 방식을 제안했고, 이를 통해 전사 확산의 새로운 전기를 만들자는 전략을 내놓았다. 구체적으로는 30여 개의 임원 조직을 대상으로 '베스트 프랙티스 경진대회'를 기획해 자발적 참여와 실질적 성과 창출을 유도하자는 것이었다. 현실적인 지원 자원의 한계를 고려해 최종적으로 17개 조직이 참여해 20개 과제를 선정했으며, 이를 이끌 30여 명의 데이터 에이전트를 발굴하는 성과를 이뤘다.

이런 변화는 시스템 전파 수준을 넘어 자발성과 조직 간

건전한 경쟁을 기반으로 한 내재화 전략의 전환점이 됐다. 결과적으로 DI360은 보다 전략적이고 지속 가능한 방식으로 조직 내에 정착할 수 있었다. 구체적으로는 17개 임원 조직을 대상으로 인천, 안산, 서울 사무소를 일일이 방문하며 각 조직의 상황에 기반한 맞춤형 제안을 진행한 것이 중요한 촉진 요인이었다. 물론 효율만을 고려한다면 임원을 한자리에 모아 공통된 배경과 추진 현황, 향후 경영진의 비전을 설명하는 방식으로 각 지역에서 한 차례씩 세 번의 회의를 진행하는 것만으로도 충분했을지 모른다. 그러나 실질적인 과제 선정과 인원 선정을 위해서는 각 조직의 특수성과 맥락을 고려한 일대일 접근이 더 효과적이라고 판단했고, 같은 내용을 무려 열네 번에 걸쳐 반복 설명하는 수고를 감수했다. 이와 같은 세심한 준비는 2주간의 사전 홍보와 함께 경진대회의 분위기를 고조시키는 데 결정적인 역할을 했다.

경진대회가 시작됐고, 각 조직의 대표로 선발된 데이터 에이전트들의 참여 열의는 예상을 뛰어넘었다. 특히 한 연구개발 조직의 대리는 주말에 출근해서라도 발표 준비를 마치고 싶다는 의지를 보이며 대회에 대한 높은 몰입도를 보여줬다. 이는 우리 팀은 물론 HRD 부서에도 깊은 인상을 남긴 상징적인 사례로 회자됐다. 이처럼 적극적인 참여가 가능했던 이유는 형식적 이벤트가 아니라 현업이 오랫동안 해결하지 못했던 문제를 데이터 기반으로 실질적으로 풀어보자는 기획 의도가 있었기 때문이다.

2020년 경진대회에서 1등을 한 팀은 40만 개의 부품 수요를 예측하는 모델을 고도화하는 주제를 선택했다. 해당 조직이 수년간 핵심 과제로 설정해왔으나 기술적·구조적 한계 탓에 본격적으로 도전해보지 못한 과제였다고 한다. 본 프로젝트를 통해 약 6개월간의 집중적인 분석과 실험을 진행했고, 그 결과 예측 정확도가 현저히 향상되어 기존의 복잡하고 실효성이 낮았던 예측 시스템을 전면 폐기하고 팔란티어 기반의 DI360 체계로 전환할 수 있었다.

이처럼 현업의 자발적인 참여와 문제 해결에 대한 몰입은 조직 내 업무 수행 방식의 패러다임을 변화시키는 실질적인 계기가 됐고, 데이터 기반 의사결정 문화의 뿌리를 내리는 데 결정적인 역할을 했다.

11 Palantir
코로나 팬데믹을 극복하라

○

2020년 초, 전 세계적으로 확산된 코로나 팬데믹은 건설기계산업 전반에 치명적인 영향을 미쳤다. 글로벌 시장에서 건설장비의 가동률이 급격히 하락하면서 D사의 주요 완성차 제품(굴삭기, 휠로더)의 글로벌 판매량이 급감했고, 이에 따라 150여 개국의 현지 딜러사들이 보유한 장비 재고가 급증했다. 그 때문에 딜러사로부터의 신규 구매 주문이 대량으로 취소됐고, 이는 D사의 전년 동기 대비 완성차 매출이 30% 이상 하락하는 직접적인 원인이 됐다. 동시에 국내 공장 내 완성차 및 원자재 재고가 비정상적으로 증가하는 구조적 부담이 발생했다.

해외 출장과 현지 방문이 전면 중단된 상황에서 본사는 화상회의를 통해 각국 딜러로부터 상황을 파악하고자 했으나, 딜러사들의 시장 환경과 대응 전략이 각기 달랐기에 일관된 정보를 확보하는 데 한계가 있었다. 이는 본사 차원의 전략적 의사결정에 큰 혼선을 야기했고, 위기 대응의 명확한 근거를 마련하는 데 상당한 제약 요인으로 작용했다.

이러한 위기 국면에서 경영진은 글로벌 프로모션을 통해 각국 딜러의 과잉 재고를 조기 소진시키고, 이를 재구매로 연계하는 방식의 회복 전략을 구상했다. 그러나 이 전략이 실질적인 성과로 이어질 수 있을지 확신하기 어려웠다. 만약 현지의 수요 회복 없이 프로모션 비용만 지출된다면 돈은 돈대로 들이고 재고는 줄지 않는 이중 리스크로 귀결될 수 있었기 때문이다. 따라서 정량적 데이터 기반의 수요 회복을 정밀하게 확인하기 위해 시장 상황을 분석해야 하는 복합적 과제가 대두했다. 결국은 코로나 팬데믹으로 시장 위축이 발생하고 회복하는 흐름이 모든 국가에서 동일하게 나타나지는 않을 것이며, 우리는 적어도 수요 회복이 가장 빠르게 확인되는 국가에서 프로모션을 진행하는 것이 중요하다고 생각했다.

이런 불확실성과 리스크를 극복하기 위해 해외영업 조직과 긴밀히 협업하며 데이터 기반의 접근 방식을 본격적으로 고민했다. 당시 건설기계 완성차 시장은 월 단위로 글로벌 시장 데이터를 수집해 분석하는 체계를 운영하고 있었다. 해당 데이터는 글로벌 건설기계협회에서 취합·정제하여 제공하는 형태로, 시장 흐름에 대한 일정 수준의 통찰력을 제공했다. 그러나 이 데이터는 근본적으로 2개월가량 후행하는 한계를 가지고 있었다. 이런 시간 지연은 각 회원사가 전달의 실적 데이터를 마감하고, 당월 말까지 개별 데이터를 협회로 전송한 후, 협회 차원에서 이상치를 제거하고 전체 데이터를 정제하는 절차 때문에 발생한다. 업계 전반이 동일한 데이터 사이클하에 운영되고 있었기에 그동안 이런 시간적 지연을 문제로 인식하지 않는 관성이 존재했다. 그러나 당시와 같이 빠르게 변화하는 시장 환경에서는 실시간 또는 근접 실시간 수준의 인사이트 확보가 절실했고, 기존의 후행적 데이터 기반 분석 방식은 한계에 봉착할 수밖에 없었다.

이에 따라 전통적인 분석 주기를 보완하고 보다 선제적인 의사결정을 가능케 하는 새로운 데이터 활용 전략이 필요하다는 문제의식을 가지게 됐다. 이런 현실적인 제약 아래 당시 우리는 또 한 번 '세 가지 질문'으로 돌파구를 모색했다.

1. What decision?
   - 프로모션 진행을 위해 시장 수요 회복이 눈에 보이는 국가 선정

2. How much impact?
   - 전년 동기-30%인 상황에서 -15% 수준으로 매출 회복
   - 매출액 2,000억 원 회복, EBIT 150억 원 개선

3. Where data?

- 세일즈 데이터: 국가별 시장 데이터, 딜러 매출 데이터, D사 매출 데이터, 시장 점유율 데이터 등
- 딜러 재고 데이터: 완성차 재고, 부품 재고 등
- 회사 재고: 공장 내 완성차 재고, 부품 재고, 원자재 재고 등
- 고객 데이터: 고객 인수 시기, 고객 장비의 누적 가동 시간, 일별 가동 시간

코로나 팬데믹에 대응하는 수준과 발병 피크 시기 등이 국가별로 다르고, 대응 조치에 따라 제품 수요가 차이가 있을 것이라고 가설을 세웠다. 그리고 SCM의 구조상 '코로나 회복이 확인되는 국가'와 '딜러 재고가 과잉이 아닌 국가'라는 두 가지 조건이 교집합으로 묶여야 실제 프로모션이 가능한 전략 국가라고 정의했다.

딜러 재고는 실시간으로 확인할 수 있는 시스템적 기반이 이미 마련돼 있었으며, 해당 데이터 역시 팔란티어 파운드리를 통해 실시간으로 수집·분석이 가능하도록 구성돼 있었다. 그러나 시장의 회복 여부를 판단하는 기준으로 활용되는 시장 수요 데이터가 약 2개월의 시차를 두고 후행적으로 제공된다는 점이 문제였다. 그래서 현시점에 시장이 실제로 어떻게 반응하고 있는지 그리고 가까운 미래에 어떤 흐름으로 전개될지를 데이터 기반

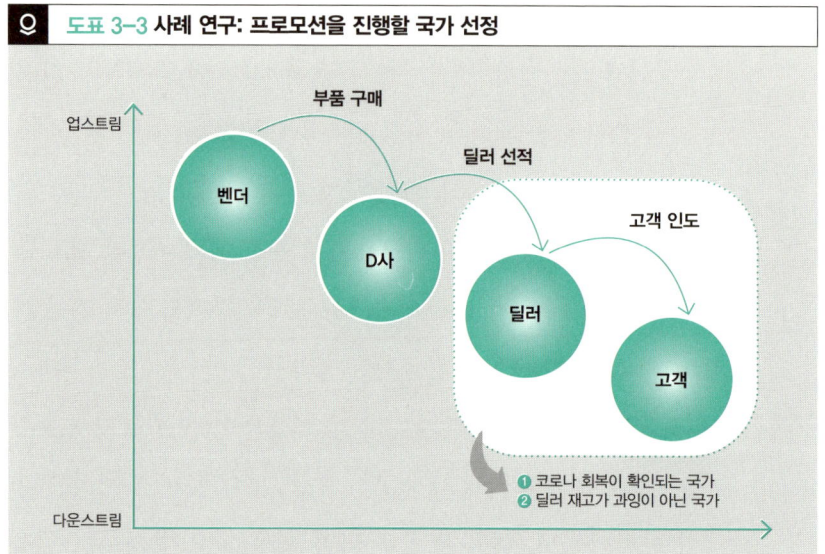

도표 3-3 사례 연구: 프로모션을 진행할 국가 선정

으로 예측하기가 어려웠다.

코로나 팬데믹 이전에는 매월 정기적인 해외 출장을 통해 현지의 공사 진행 상황을 직접 확인하고, 딜러 및 최종 고객과의 대면 미팅을 통해 현장의 생생한 목소리를 수집하는 방식으로 의사결정을 지원해왔다. 현지 영업 조직으로부터 취합된 정성적 정보와 본사의 전략적 시각을 종합함으로써 보다 균형 잡힌 판단을 할 수 있었던 것이다. 하지만 팬데믹이 발발하고 나서는 기존의 전통적인 방식으로는 상황을 통제할 수 없는 구조적 한계에 직면하게 됐다. 이에 기존 데이터를 활용하는 차원을 넘어 데이터만으로도 현장을 읽고 판단할 수 있는 새로운 전략적 프레임이 필요하다는 문제의식이 대두했다. 말하자면, '정량적 데이터 기반의 영업 전략 전환'이라는 새로운 패러다임이 요구됐다.

이런 고민 속에서 기존에는 크게 주목받지 못했던 데이터 소스가 주목을 받았다. 건설기계산업 특성상 '실시간 데이터'는 거의 존재하지 않았지만, 다행히도 전자식 엔진이 탑재된 장비에는 모두 TMS*가 장착돼 있었고, 이 시스템을 통해 수집되는 데이터가 이미 당사에 축적돼 있었다.

이를 계기로 해외영업 조직과 함께 TMS 데이터가 어떤 정보들을 담고 있는지 그리고 그것들이 실제 시장 수요를 파악하는 데 어떻게 활용될 수 있을지를 본격적으로 검토하게 됐다. 특히 관심을 끈 것이 '일별 장비 가동 시간' 데이터였다. 이 수치는 장비 한 대가 하루 동안 실제로 몇 시간 작업에 투입됐는지를 보여주며, 운행 기록만이 아니라 현장의 수요 상황을 정량적으로 가늠할 수 있는 지표 역할을 할 수 있었다.

이 데이터를 기반으로, 지역별 장비 가동 추이와 기존의 글로벌 수요 데이터 간에 상관관계가 존재하는지를 다각도로 분석했다. 이를 통해 기존 후행지표 중심의 분석 패러다임을 넘어 실시간 가동률 데이터를 활용해 시장을 선제적으로 감지하고 예측하는 전략적 접근으로 전환할 수 있었다. 대략적인 모습을 〈도

> **TMS**: 텔레매틱스 관리 시스템. 차량이나 장비에 탑재된 센서와 통신 기술을 활용해 실시간 위치, 운행 기록, 연료 사용량, 운전 습관 등 다양한 데이터를 수집·분석하고 관리하는 시스템. 이를 통해 차량 운영 효율을 높이고, 유지보수 시기를 예측하며, 안전성과 비용 절감 효과를 동시에 실현할 수 있다.

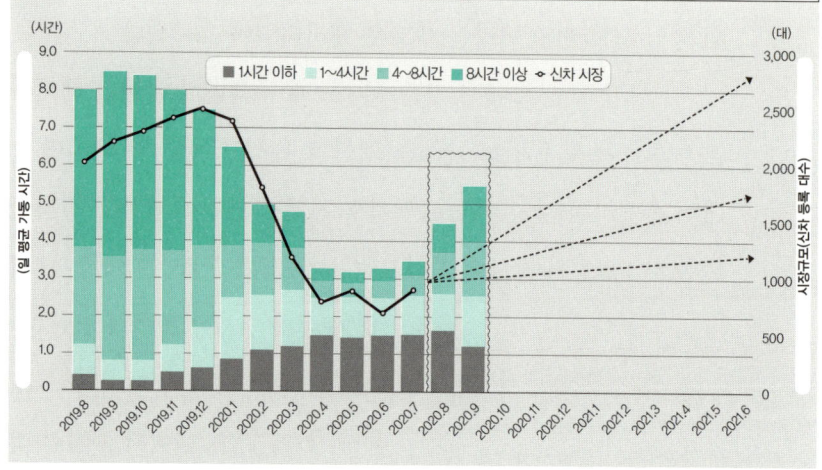

도표 3-4 사례 연구: 일평균 가동 시간 vs 시장 규모

표 3-4〉에서 볼 수 있다.

우리가 특히 집중한 것은 전체 가동 시간의 월간 합계가 아니라 하루에 8시간 이상 온전히 가동된 장비의 비율이었다. 이 수치는 가동 여부를 넘어 현장에서 실제로 작업이 활발히 이뤄지고 있다는 강한 신호로 해석할 수 있었고, 전체 시장 규모의 추세와 가장 높은 상관관계를 보여줬다. 물론 이 분석은 팬데믹 이전의 정상적인 시장 데이터를 바탕으로 연관성을 검증한 것이었지만, 코로나라는 특수한 상황에서 우리가 실시간으로 확보할 수 있는 지표 중에서는 이 방식이 가장 현실적이자 신뢰할 수 있는 방법이라고 판단했다.

우리는 팔란티어를 통해 장비를 8시간 이상 가동하는 국가의 전월 대비 상승폭을 분석했고, 전월과 당월 모두 30% 이상 증가한 국가들에 주목했다. 여기에 딜러 보유 재고, 이미 주문돼 해상 운송 중인 물량, 공장에서 출고 대기 중인 물량까지 종합적으로 고려해 과잉 공급 가능성이 작은 20개 국가를 선정했다. 이 중 시장 규모 상위 10개국을 우선 대상으로 삼아 프로모션을 조기 집행하기로 했다.

당시만 해도 경쟁사들은 확신을 갖지 못한 상태였고, 코로나 시기에 자칫 무의미한 비용을 쓴다는 우려로 움직이지 못하고 있었다. 하지만 우리는 데이터 기반의 신호를 믿고 선제적으로 실행에 옮겼고, 그 결과 경쟁사보다 약 2개월 앞서 장비 선적을 완료할 수 있었다. 이 조치는 팬데믹 이후 시장이 반등하기 시작할 무렵 선점 효과를 가져오는 데 결정적인 역할을 했다. 데이터 기반 의사결정의 힘을 다시 한번 확인한 사례였다.

Deep Inside

데이터 플랫폼의 변천사

2000년대 초반, 데이터 플랫폼의 초기 형태는 SAP BW(비즈니스 웨어하우스)와 같은 정형 데이터 중심의 데이터 웨어하우스였다. 이를 쉽게 설명하기 위해 '도서관'에 비유해보겠다. 책을 읽고 싶어 하는 학생이 있는데 교과서는 A도서관, 소설은 B도서관, 그림책은 C도서관에 각각 있다고 가정해보자. 자기가 찾는 책이 어느 도서관에 있는지 잘 모르는 학생은 책 한 권을 읽기 위해 여러 도서관을 돌아다녀야 하고, 이는 매우 비효율적인 구조다. 당시 기업의 데이터 사용자들도 정형·비정형 데이터를 여러 시스템에서 따로따로 조회해야 하는 불편을 겪고 있었다. 1세대 데이터 플랫폼은 데이터 유형별로 분산된 정보를 모아서 사용자가 더 쉽게 접근할 수 있도록 구성한 '정형 데이터 기반 플랫폼'이었다. 자주 사용하는 데이터는 데이터 마트 형태로 별도 분류해 도서관의 '인기 대출 코너'처럼 효율을 높이려는 시도도 이어졌다.

그러나 2010년대에 들어서면서 기존 방식을 불편하게 느끼기 시작했고, 이에 따라 하둡Hadoop* 기반의 분산 처리 기술

하둡: 대용량 데이터를 효율적으로 저장하고 처리할 수 있게 해주는 오픈소스 분산 처리 프레임워크. 정형·반정형·비정형 데이터를 모두 저장할 수 있고, 수천 대의 서버에서 데이터를 병렬로 처리할 수 있다.

도표 3-5 데이터 플랫폼의 변천사

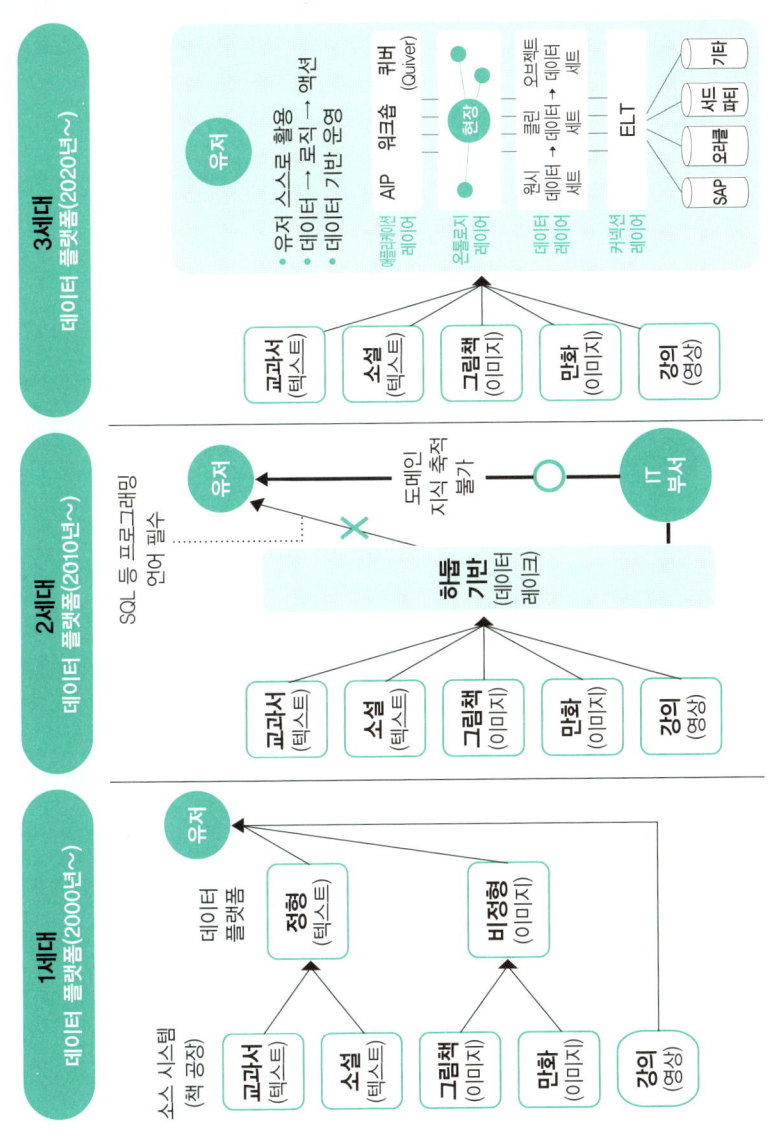

3장. 특판, 팔란티어 시스템을 도입하라

을 활용한 '빅데이터 플랫폼'으로 진화했다. 이것을 다시 도서관에 비유하자면, 모든 자료를 하나의 거대한 중앙도서관에 모아둠으로써 사용자가 여러 도서관을 방문할 필요가 없게 한 것이다. 이 구조가 바로 2세대 데이터 플랫폼이다. 데이터는 이제 정형·비정형 구분 없이 파일 형태로 통합 저장됐고, 기업들은 이런 '데이터 레이크' 형태라면 사용자가 더 자유롭고 빠르게 데이터를 활용할 수 있을 것으로 기대했다.

하지만 현실은 달랐다. 하둡 기반 플랫폼은 운영이 복잡하고, 사용자가 직접 데이터를 활용하기 어려운 구조였다. 데이터를 조회하려면 SQL^{structured query language*} 같은 프로그래밍 언어를 사용할 수 있어야 했는데, 이는 일반 비즈니스 유저에게는 큰 장벽이었다. 결국 데이터는 모두 모였지만 이를 제대로 꺼내보지 못하는 상황이 이어졌다. 마치 도서관은 거대해졌지만 사서의 도움 없이는 책 하나 찾기 어려운 구조와도 같다. IT 부서에 요청하지 않고는 원하는 정보를 얻기 어려웠고, 실시간 의사결정을 위한 데이터 활용은 여전히 이상에 불과했다.

> **SQL**: 관계형 데이터베이스에서 데이터를 정의, 조회, 삽입, 수정, 삭제하기 위한 표준 언어. 데이터를 다루는 대부분 시스템에서 기본적으로 사용되며 특히 업무 시스템, 분석 플랫폼, 웹 서비스 등 다양한 곳에서 핵심적인 역할을 한다.

도서관이 점점 더 거대해지면서 이런 현상이 더욱 심해졌고, 우리는 이런 상태를 더는 '데이터 레이크'라고 하지 않고 '데이터 늪^{data swamp}'이라고 정의한다. 이미 국내 유수의 대기업들은 D사보다 훨씬 이른 시점에 하둡 기반의 2세대 데이터 플랫폼, 이른바 데이터 레이크를 도입해 운영하고 있었다. 하지만 현실은 이상과 달랐다. 처음 기대했던 것처럼 비즈니스 유저들이 데이터를 자율적으로 활용하거나 현업과 IT 부서가 데이터 기반으로 자연스럽게 협업하는 모습은 좀처럼 실현되지 않았다. 데이터를 찾고 분석하기 위해서는 여전히 IT 부서나 개발자의 지원이 필수적이었고, 따라서 1세대와 비교해 큰 차별성을 느끼기 어려웠다. 자연히 '데이터 리터러시^{data}

literacy'를 강화한다는 목표도, IT 인력이 비즈니스 도메인을 이해하게 한다는 이상도 요원할 뿐이었다.

D사는 아직 1세대 데이터 플랫폼 수준에서 벗어나지 못한 상태였는데, 2세대의 전철을 밟는 것은 답이 아니라는 결론에 도달했다. 이미 다른 기업들이 겪은 실패 사례를 보면서 '어떻게 하면 2세대를 건너뛰고 곧바로 퀀텀 점프할 수 있을까?'라는 근본적인 질문을 던진 것이다.

기술적으로 보면 팔란티어 역시 원천 시스템으로부터 데이터를 가져올 때 정형·비정형 구분하지 않고 파일 형태로 수집한다. 이 부분만 놓고 보면 2세대 데이터 플랫폼과 큰 차이가 없는데, 나는 이 차이를 '코카콜라'와 '펩시콜라' 정도의 차이라고 표현하고 싶다. 겉보기엔 다르지만 기술적 구조만으로는 우열을 가리기 어렵기 때문이다. 그러나 진정한 차별점은 그 이후에 있다. 팔란티어의 데이터 플랫폼이 기존의 데이터 웨어하우스나 데이터 레이크와 본질적으로 구분되는 지점은 수집된 데이터를 비즈니스 유저가 스스로 가공하고 실질적인 업무에 활용할 수 있도록 환경을 제공한다는 데 있다. 이 부분은 데이터 활용의 주체가 IT 부서가 아닌 현업 사용자 중심으로 이동했다는 점에서 매우 중요한 진전이라고 할 수 있으며, 실제로 비즈니스 관점에서 가장 실질적인 가치가 창출되는 영역이다.

또한 팔란티어 플랫폼은 데이터 저장소를 넘어 데이터 기반의 운영체계까지 구현이 가능한 환경을 제공한다는 점에서 2세대 데이터 플랫폼과의 근본적인 차이를 보여준다. 이는 곧 데이터 플랫폼 내에서 단순 분석을 넘어 업무 프로세스를 직접 설계하고 실행할 수 있는 '운영 시스템'으로까지 확장할 수 있게 됐다는 의미이며, 이전 세대 플랫폼에서는 존재하지 않던 개념이다. 이런 확장을 가능하게 한 핵심 기술 기반이 바로 ELT*extract, load, transform* 구조이며, 그 위에 팔란티어만의 가장 중요한 기술적 차별화 요소로 작용하는 것이 바로 팔란티어 온톨로지다.

온톨로지는 데이터 모델링의 개념을 넘어 비즈니스 개념과 데이터 간의 의미적 연결을 구조화하는 핵심 체계다. 이를 통해 정보의 축적을 넘어 데이터의 해석 가능성과 실시간 의사결정의 민첩성을 비약적으로 향상시킬 수 있다. 즉, 데이터를 '보는' 것이 아니라 데이터를 기반으로 로직을 구성하고 액션으로 연결하는 체계를 통해 데이터 기반 운영이 현실화되는 것이다.

ELT: 데이터 처리 및 분석 파이프라인에서 데이터를 수집하고 처리하는 방식 중 하나. 전통적인 ETL 방식과는 순서와 철학이 다르며, 특히 클라우드 기반의 현대 데이터 아키텍처에서 많이 사용된다.

이 과정에서 특히 주목해야 하는 요소가 팔란티어 온톨로지 내에 존재하는 '액션'이다. 이 기능이 2세대 데이터 플랫폼과 3세대 데이터 플랫폼*을 구분 짓는 결정적 요소다.

1~2세대 데이터 플랫폼은 데이터를 수집하고, 비즈니스 로직을 반영한 시각화 도구(대시보드)를 통해 사용자

3세대 데이터 플랫폼: 기존 데이터 플랫폼(1세대: 데이터 웨어하우스, 2세대: 빅데이터·데이터 레이크)의 한계를 극복하고, AI 시대에 최적화된 데이터 활용 환경을 제공하는 차세대 플랫폼. 가장 대표적인 3세대 데이터 플랫폼인 팔란티어 솔루션은 온톨로지 기반의 구조화된 데이터 환경에서 AI, 자동화, 실시간 의사결정을 지원한다

에게 인사이트를 제공하는 구조였다. 그러나 최종 의사결정과 실행은 여전히 사용자의 몫이었으며 실행 시스템, 즉 SAP, MES, CRM*customer relationship management**, SRM*supplier relationship management** 등과 데이터 플랫폼은 분리된 채 운영됐다.

반면 3세대 데이터 플랫폼은 '실행의 주체'로 진화했다. 의사결정은 더 이상 보고서나 대시보드에서 멈추지 않는다. 온톨로지를 통해 데이터 간 관계와 의미가 정의되고, 그 위에서 액션 단위로 실행 명령이 생성되어 실제 시스템에 직접 반영

CRM: 고객 관계 관리. 고객과의 관계를 관리하고 최적화하는 전략 및 시스템으로, 단순한 연락처 관리가 아니라 고객 데이터를 중심으로 마케팅·영업·고객서비스 전반을 통합적으로 관리해 기업의 매출 증대와 고객 충성도를 높이는 것을 목표로 한다.

SRM: 공급자 관계 관리. 공급 업체와의 관계를 전략적으로 관리하는 프로세스 및 시스템으로, 기업이 자사에 물품이나 서비스를 제공하는 공급사와의 협력 관계를 강화하고 효율적이고 안정적인 조달을 가능하게 하는 전략적 관리 활동이다.

된다. 이로써 운영 시스템과 데이터 플랫폼 간의 경계가 점차 사라지고 있다.

이는 데이터가 '실행'을 가능하게 하는 구조적 전환을 의미하며, 단순 분석을 넘어 실행 기반 플랫폼으로의 진화가 본격화되고 있음을 보여준다. 이는 팔란티어가 지향하는 3세대 데이터 플랫폼의 핵심이자 기존의 데이터 생태계와 명확히 구분되는 전략적 차별점이라고 할 수 있다(온톨로지와 ELT 기반의 기술적 혁신성에 대해서는 5장에서 구체적으로 다룬다).

4장
파운드리, 디지털 전환의 패러다임을 바꾸다

01 ─── Palantir ───

보수적인 건설 업계로 침투한 팔란티어 시스템

◯

2021년 가을, 제조업 중심의 D사에서 건설업을 영위하는 E사로 이직하면서 새로운 팔란티어 프로젝트를 준비하는 여정을 시작하게 됐다. 건설업은 여전히 사람의 노동력이 중심이 되는 산업이며, 수직적인 조직 문화와 함께 '3D 업종'이라는 오명에서 완전히 벗어나지 못하고 있다. 디지털이나 데이터 기반의 사고와는 다소 거리가 있는 보수적인 산업으로 인식되는 것도 사실이다. 익숙했던 제조업과는 전혀 다른 성격의 업종에 새롭게 도전한 뒤, 초기에는 많은 부분이 낯설고 어색하게 느껴졌다. 특히 '예전에도 시도해봤지만 건설업에서는 안 된다'라는, 산업 특유의 보이지 않는 편견과 체념은 변화를 추진하는 입장에서 가장 큰 장벽으로 느껴졌다.

무엇보다 이번 프로젝트는 과거와는 다른 책임과 역할을

요구했다. D사 시절에는 팀장으로서 현장을 중심으로 프로젝트를 이끌었다면, 이제는 CDO(최고데이터책임자)라는 임원 위치에서 프로젝트의 전체 방향을 설계하고 경영진을 직접 설득해야 했다. 다시 말해 전사 전략 레벨의 책임자로서 조직의 데이터 전략을 수립하고, 디지털 전환의 방향성을 정립하는 역할까지 수행해야 했다.

지금도 기억에 생생한 장면이 있다. 출근 이틀째 되던 날, 첫 임원회의 자리에서 70세가 넘은 고참 임원이 건설업에서 무슨 데이터를 얘기하느냐고 큰 소리를 내서 회의 분위기를 일순간에 얼어붙게 했다. 변화에 대한 거부감과 업종 특유의 보수적인 문화는 의견 차이를 넘어 디지털 전환 자체에 대한 본질적인 회의로 느껴졌다. 당시 내가 맡은 조직은 신설 부서였고, 임원과 팀장을 포함해 10명도 채 되지 않는 인력으로 전사적인 데이터 프로젝트를 이끌어야 하는 상황이었다. 직책은 CDO였지만 현실적으로는 기획, 실행, 설득, 교육까지 모두 직접 수행해야 했다. 압박은 컸고, 부담도 상당했다.

두 달간 건설업에 대해 집중적으로 공부하고 내부 시스템 구조를 분석했다. E사는 비록 전통적인 건설사이지만 무려 67개의 IT 시스템을 운영하고 있고, 이를 연결하는 통합 데이터베이스도 보유하고 있었다. 그러나 문제는 '시스템이 있다'는 사실이 곧 '활용되고 있다'는 의미는 아니라는 점이었다.

건설업은 현장 중심 산업이다 보니 어떤 데이터를 어떤 구조로 쌓아야 하는지에 대한 기준과 인식이 부재했고, 이미 쌓여 있는 데이터조차 실질적으로 어떻게 활용해야 하는지에 대한 이해도 역시 매우 낮았다. 특히 건설업 특유의 아웃소싱 중심 업무 수행 방식은 업무의 핵심 로직을 내부가 아닌 외부 협력사에 전가하는 구조를 고착화했고, 그 결과 현업은 프로세스의 흐름을 이해하지 못한 채 단순 지시자 또는 전달자로 역할이 축소됐다.

이런 구조에서는 당연히 데이터 품질이 체계적으로 관리되기 어려웠으며, 현업 실무자는 물론 임원 및 팀장 단위에서도 데이터에 대한 책임성과 활용 의지가 보이지 않았다. 시스템은 있지만 데이터를 자산으로 인식하지 못하는 조직 문화에서 데이터 기반 전환을 추진하는 일은 조직의 인식과 사고방식을 바꾸는 근본적인 변화관리 과제였다. 다행스러웠던 것은 최고 경영진 중 일부는 제조업에 종사한 경험이 있었기에 데이터 경영에 강한 목마름을 느끼고 있었다는 점이다. 그들의 니즈를 어떻게 공략하여 팔란티어 프로젝트를 수행하고 성공시킬지가 관건이었다.

2021년 한 해가 마무리되어가던 12월, 크리스마스를 앞두고 마침내 팔란티어와의 PoC 계약이 체결됐다. 여러 제약 속에서도 팔란티어 측의 신뢰와 적극적인 협조가 있었기에 가능한 결과였다. 과거 D사에서의 프로젝트는 PoC 단계를 생략하고 사실상 본계약에 가까운 규모로 시작됐지만, E사에서는 상황이 전혀 달랐다. 사내에 팔란티어 프로젝트를 강하게 후원해줄 명확한 리더십이 없었고, 내부적으로도 아직 아무런 결과물이 제시되지 않은 상황이었다. 따라서 경영진을 설득할 수 있는 유일한 방법은 규모가 작더라도 명확한 성과를 도출하는 것이었다.

당시 PoC는 기술 검증이라는 의미를 넘어 조직 내부 신뢰 확보와 전략적 합의 형성을 위한 중요한 전제 조건이 됐다. 본격적인 프로젝트 착수는 팔란티어 엔지니어들의 연말 휴가가 마무리되는 2022년 1월 중순으로 예정돼 있었지만, 크리스마스 휴가 전에 팔란티어 소프트웨어의 사전 설치 작업을 우선 진행하기로 했다.

설치는 AWS 환경하에서 4시간 정도의 온라인 원격 지원을 통해 신속하게 이루어졌으며, 당사 엔지니어들이 자체적으로 초기 설정을 마무리했다. 이후 E사의 내부 시스템에서 필요한 데이터를 데이터 커넥터^{data connector*}를 통해 팔란티어 환경으로 전송하고, 데이터 적재 작업을 본격적으로 개시했다. 이 과정은 하루 만에 완료됐다. 이 일련의 과정은 기술적 절차를 넘어 E사가 데이터 기반 조직으로 전환하는 공식 출발점이자 본격적인 변화 여정을 알리는 신호탄이 됐다.

데이터 커넥터: 서로 다른 시스템, 데이터베이스, 애플리케이션 간에 데이터를 연결하고 주고받을 수 있게 해주는 인터페이스 또는 구성 요소.

02 ─── Palantir ───
현장 중심 건설업, 데이터를 품다

팔란티어 엔지니어들이 연말 휴가에서 복귀한 시점을 기점으로, 총 12주간의 PoC가 본격적으로 시작됐다. 당시 선정된 여러 과제 중에서 핵심적인 2개 과제는 팔란티어와 공동으로 수행하기로 했으며, 나머지 과제들은 E사 내부 엔지니어들이 주도하는 방식으로 역할을 분담했다. 제한된 예산 내에서 팔란티어 엔지니어 3명만 투입할 수 있었던 현실적인 제약 때문이었지만, 결과적으로 이 선택은 본계약 이후 전개될 자체 과제 수행 체계의 표준 모델을 수립하는 데 이점이 됐다.

 PoC에 앞서 내부 엔지니어들을 대상으로 팔란티어의 과제 수행 방식과 워크플로에 대한 교육을 진행했고, 이를 바탕으로 파견된 엔지니어들이 오직 핵심 문제를 해결하는 데만 집중할 수 있도록 환경을 구축했다. 이는 한정된 자원을 최대한 전략적으로 배분한 사례로, 이후 전사 과제 확산 전략에도 큰 영향을 미쳤다.

과제를 시작하는 데 가장 큰 고민은 건설업 특유의 아날로그 중심 업무 환경상 데이터가 거의 없거나 활용이 불가능한 상태에서 어디서부터 시작해야 할지를 결정하는 일이었다. '세 가지 질문' 프레임워크를 기반으로 10여 개의 과제를 후보로 도출했지만, 세 번째 질문인 'Where data?' 단계에서 대부분 난관에 봉착했다. 많은 과제가 데이터 부재 탓에 실행 가능성을 확보하지 못했다.

이에 디지털 전환이 비교적 진전됐고 구조화된 데이터가 존재하는 영역으로 판단되는 두 가지 분야를 우선 선정했다. 첫 번째는 BIM^{building information modeling*} 시스템을 중심으로 한 3D 기반의 건축 설계 데이터 영역이었고, 두 번째는 아파트 하자보수 관리 영역이었다. 이 두 과제는 데이터 접근성, 업무 중요도, 확산 가능성

> BIM: 건축물의 생애주기 전반에 걸쳐 3D 모델 기반으로 설계, 시공, 유지관리 정보를 통합 관리하는 디지털 기술. 설계 도면뿐 아니라 자재, 구조, 일정, 비용 등의 정보까지 포함되어 협업의 효율성과 프로젝트 수행의 정확성을 높여준다.

측면에서 모두 유의미한 시사점을 줄 수 있는 영역으로 초기 PoC의 성과 도출을 위한 전략적 선택이었다.

프로젝트팀의 미팅룸은 말 그대로 매일이 전쟁터였다. 세 면을 모두 유리 보드로 구성한 회의실은 하루가 멀다고 보드마다 새로운 내용이 채워졌고, 다 채워지면 사진을 찍고 지운 다음 다시 채워가는 일이 반복됐다. 논의는 항상 뜨거웠고, 특히 고집 센

팔란티어 파견 엔지니어들과 당사 엔지니어 간의 기술적 접근 방식에 대한 이견은 온종일 격론이 이어질 만큼 치열했다. 통역을 맡았던 전문 통역사조차 감정의 골이 깊어진 토론에 결국 두 손을 들고 포기할 정도였다.

그럼에도 당사 엔지니어들이 수동적 파트너가 아니라 실질적인 기술 토론에서 주도적으로 논의를 이끌어가는 모습은 내부적으로 매우 고무적인 변화였다. 초기에는 새로운 방식에 익숙하지 않았던 이들이 어느덧 '끝장 토론'을 주도할 수 있는 수준까지 성장했다는 점에서 팀의 역량이 실질적으로 강화됐음을 체감할 수 있었다.

숨 돌릴 틈 없이 빠르게 진행되던 프로젝트는 곧 중간보고라는 중요한 전환점을 맞이했다. 이 보고는 단순한 프로젝트 리뷰가 아니라 향후 본 프로젝트 진행 여부를 좌우할 수 있는 경영진 대상의 결정적 분기점이었다. 우리는 4주간의 진행 결과를 정리하고, 다음 4주 동안은 성과를 정량적으로 보여줄 수 있는 전략적 보고 시나리오를 준비하기로 했다.

2개의 핵심 과제 중 하나였던 하자보수는 가시적인 성과 도출이 가능한 단계에 접어들었다. 그동안 하자보수 데이터는 연 단위로만 관리돼왔기 때문에 비효율 구조나 트렌드 변화에 대한 통합적인 분석이 사실상 불가능했다. 그러나 15년 치에 달하는 세부 하자 데이터를 팔란티어 파운드리에 전량 적재하고 분석하자 그동안 인지하지 못했던 비효율 구조와 숨은 비용 증가 요인들이 드러나기 시작했다. 특히 고객의 하자 인식 수준이 점차 높아지면서 하자 대응 속도와 품질이 KPI^{key performance indicator}(핵심성과지표)로 부각됐고, 이에 따라 불필요한 보상 비용이 기하급수적으로 증가하고 있음을 알게 됐다. 우리는 데이터 기반으로 현재의 비효율이 금액으로 치면 얼마나 되는지 그리고 프로세스를 재설계한다면 앞으로 절감할 수 있는 비용은 어느 정도인지를 정량적으로 산출하여 보고 준비에 들어갔다.

한편 프로젝트 초기 가장 기대가 컸던 BIM 기반 과제는 진척이 부진했다. 유일하게 정형화된 디지털 데이터를 보유한 영역이었기에 핵심 과제로 설정했지만, 기간 내에 의미 있는 성과를 도출하기가 어렵다는 판단이 들어 대체 과제를 고려해야 했다. 그러던 중 당사의 한 엔지니어가 새로운 접근을 제안했다. 바로 3D BIM 시스템 자체를 팔란티어 파운드리에 임베딩하는 방식이었다. 즉, 시스템 안에 또 하나의 시스템을 이식해 별도의 외부 플랫폼이 아닌 파운드리 내에서 3D 데이터를 직접 시각화하고 분석할 수 있도록 하자는 아이디어였다. 팔란티어 측도 기술 검토에 들어갔고, 실현 가능하다는 가정하에 해당 과제를 그대로 유지하며 고도화하기로 했다.

이런 일련의 도전과 실험은 플랫폼의 확장성, 유연성, 협업 기반 문제 해결 능력을 종합적으로 검증하는 중요한 경험이었다.

특히 E사 내부 인력이 중심이 되어 과제를 주도하고 실질적인 문제 해결을 위한 방법론을 설계해나갔다는 점에서 회사가 자체적으로 디지털 기반의 업무 체계를 설계하고 운영할 역량을 확보하고 있음을 입증하는 계기가 됐다.

프로젝트 과정에서 특히 인상 깊었던 점은 참여 인력의 몰입 수준과 자발성이었다. 공식적으로는 지양하라는 지침을 내렸음에도 주중에 밤을 새워가며 작업을 이어가는 이들이 있었고, 주말인데도 자발적으로 출근해 과제에 매진한 엔지니어도 있었다. 분명 육체적으로는 고된 시간이었지만, 팀원 모두가 그 고됨을 '보람'과 '즐거움'으로 받아들인다는 점이 프로젝트의 분위기와 방향성을 더욱 긍정적으로 이끌었다.

이런 몰입과 열정은 과제 수행 이상의 의미를 지닌다. 이는 조직 내부에서 '데이터로 문제를 해결할 수 있다'는 확신이 점차 자리 잡고 있으며, 구성원 스스로가 디지털 전환의 주체로 변화하고 있다는 증거라고 할 수 있다.

8주간의 집중적인 준비를 거쳤기에 일정 수준의 자신감은 있었지만, 경영진과 임원진이 실제로 어떤 반응을 보일지는 누구도 예측할 수 없었다. 나보다 팀원들이 더 긴장하는 모습이었는데, 그동안 수많은 도전이 어떻게 와해되고 매도됐는지를 직접 지켜봤기 때문일 것이다. 그러나 우리가 준비한 발표는 비전과 전략을 화려한 언어로 포장한 장표가 아니었다. 실제 운영 데이터를 기반으로 문제의 본질을 드러내고, 그 문제를 해결했을 때의 정량적 성과를 구체적으로 제시할 수 있었기에 어떤 논리적 반론에도 충분히 대응할 수 있다는 확신이 있었다.

총 8개의 과제 중 2개는 데이터팀에서 직접 발표하고, 나머지 6개는 현업 전문가들이 주도적으로 설명하는 방식으로 구성했다. 2시간 동안 진행된 보고는 물 흐르듯 자연스럽게 흘렀고, 듣는 이들이 지루할 틈 없이 압축력 있게 진행됐다. 수차례의 리허설과 사전 시나리오 점검 그리고 팀원들이 밤을 새워가며 준비한 결과였다. 단 한 번의 실수도 허용하지 않겠다는 각오로 임한 팀 전체의 노력이 고스란히 드러난 순간이었다.

하지만 아무리 철저하게 준비한다고 해도 모든 구성원이 같은 방향을 바라보는 것은 아니다. 한 본부장은 대표이사가 자리를 비운 틈을 타 사전 협의 없이 이런 보고를 진행해서는 안 된다며 공개적인 자리에서 내게 강력히 항의했다. 그러나 나는 이미 수차례 유사한 경험을 해온 만큼 짧게 "알겠습니다"라고만 답하고 담담히 자리를 정리했다.

그 본부장이 회의장을 떠난 후, 여러 임원이 조용히 다가와 손을 잡으며 응원의 메시지와 지지를 보내주었다. 그중 한 명은 이런 날이 오기를 오래 기다렸다며, 본 프로젝트에 대한 기대감을 숨기지 않았다. 특히 그동안 BIM 프로젝트를 오랫동안 이끌어온 한 임원은 이제야 실질적인 해결책을 만난 것 같다며 향후 본계약과 과제 확산에 적극적으로 협력하겠다고 약속해주었다. 우리가 보여준 것은 단지 가능성이 아니라 실행력에 기반한 구체적 결과였다. 그리고 그 첫걸음은 부족하긴 해도 분명히 나쁘지 않았다.

03 Palantir
본계약을 위한
ROI 구조화

중간보고 이후 4주 뒤로 예정된 최종보고는 그간의 결과 공유를 넘어 향후 본계약 체결 여부를 결정짓는 핵심 분기점이었다. 따라서 중간보고보다 훨씬 명확하고 강력한 재무적 성과인 ROI를 제시해야만 경영진을 설득할 수 있었다.

PoC 기간에 수행한 10여 개 과제를 모두 나열하며 보여주는 방식보다는 가장 확실하게 성과를 입증할 수 있는 모델을 중심으로 구조화하고, 그 모델을 기반으로 투자 대비 이익을 수치화하여 제시하는 전략으로 방향을 정했다. 건설업의 특성상 정성적인 표현이나 추상적인 '디지털 전환 환경 구축' 같은 메시지로는 절대 투자 승인을 받기 어렵다는 판단에서였다. 특히 E사는 외부 컨설팅을 거의 활용하지 않는 실용적이고 자율 추진 중심의 조직 문화를 가지고 있었기 때문에 '혁신'이라는 단어에 대한 기대보다는 '금액으로 설명되는 결과'가 더욱 중요한 설득 요소였다.

이에 따라 최종보고 준비 과정에서는 본래 중장기적으로 유의미한 가치를 지닌 과제들(예를 들어 IoT 기반 장비의 작업 동선 분석과 위험 노출 예측, 기사별 숙련도와 생산성 연계 분석 등)은 후순위로 조정해야 했다. 해당 과제들은 디지털 기반 안전관리라는 측면에서 큰 의미가 있었지만, 즉각적인 재무 성과 도출을 위해서는 많은 가정과 전제 조건이 필요했기에 설득력 측면에서 리스크로 작용할 수 있다고 판단했다. PoC의 마지막 단계는 단지 기술 검증이 아니라 '비즈니스 가치가 수치로 설명되는 모델'을 중심으로 최적의 보고 전략을 수립해 실행으로 나아가는 것이어야 했다. 단기적 성과와 장기적 가치를 어떻게 조율할 것인가에 대한 전략적 균형점이 필요한 이유가 그것이었다.

최종보고에서 우리는 여러 과제 중 가시적인 재무 성과를 가장 명확하게 도출할 수 있는 모델 하나를 중심축으로 삼기로 했다. 그 대상이 된 과제는 지금까지의 과정에서 높은 분석 정확도와 개선 여지를 보여준 하자보수 비용 최적화 모델이었다. 지난 15년간의 하자 데이터를 전수 분석한 결과를 기반으로 내역을 상세화하고, 비용 처리의 증빙 프로세스를 통해 협력 업체에 기성 지불한 금액 탓에 누적된 비효율적 비용을 수치화했다. 그리고 프로세스 개선을 통해 얼마만큼의 절감 효과를 기대할 수 있는지를 정량적으로 산출했다. 특히 고객의 요구 수준이 점차 높아짐에 따라 하자 처리 속도가 품질 문제를 넘어 직접적인 비용 증가 요인으로 작용하고 있다는 점에 주목했다. 무엇보다 경영진 또한 하자보수 비용 증가를 큰 문제로 인식하고 있었고, 집행 부서에서도 하자관리 시스템을 구축하는 데 예산을 투자해야 한다는 보고를 준비 중이었다. 만약 팔란티어 프로젝트를 통해 문제를 해결할 수 있다면, 그 시스템에 대한 투자 비용을 온전히 팔란티어 투자 비용으로 전환할 수 있을 것으로 생각했다.

우리는 다음의 세 가지 항목으로 ROI를 구조화했다.

- 재작업 및 관리 업무 상세화를 통한 비용 효율화

하자보수 관련 이슈가 실시간으로 시스템화되면 인력 자원의 낭비를 줄일 수 있으며, 상세화된 분석 모니터링을 함으로써 하자 처리 건당 비용을 효율화할 수 있다.

- 데이터 기반 의사결정 체계로의 전환 효과

문제가 발생한 후 대응하는 것이 아니라 예측과 예방 중심의 운영 구조로 전환함으로써 장기적인 품질 리스크를 낮출 수 있다.

- 시스템 전환을 통해 기존에 계획된 투자 비용 절감 효과

글로벌 서비스 소프트웨어사는 당시 5년간 사용료 및 개발비 명목으로 수십억 원의 견적을 제시했는데, 이 시스템을

팔란티어로 대체하면 회사 차원의 투자 비용을 절감할 수 있다.

보고서에는 위 항목들을 수치화하여 추정 절감액과 예상 투자 금액을 비교하는 형식으로 제시했으며, 핵심 수치는 간결하고 직관적으로 표기했다. 기술적 성공 여부를 보고하는 것이 아니라 '사업 성과로 이어지는 시스템 투자'라는 관점에 집중한 것이다. 이런 보고 전략은 경영진에게 명확한 인상을 남겼으나, 경영진은 여전히 신중했다. 하자보수 모델에서 팔란티어 도입 1~2년 차에 발생할 모든 비용을 초과하는 성과가 나온다는 사실을 이미 증명했음에도, 중장기적인 비즈니스 임팩트까지 입증돼야 본계약 체결을 추진할 수 있다는 조건이 붙었다.

피가 마르는 시간이 돌아왔다. 팀원들은 나의 지시만을 기다리고 있었고, 팔란티어 본사는 계약 체결에 따른 후속 작업을 위한 논의를 기다리고 있었다. 시간이 없었던 그때 직속상사인 부사장이 지원 사격을 해주었다. '가능성 있는 과제 몇 개를 같은 로직으로 만들어보면 답이 될 것 같다'고 조언해준 것이다. 그때 떠오른 과제가 BIM 기반의 BOM^{bill of material}* 과제였다. 이는 당장 팔란티어로 성과를 낼 수는 없겠으나, 중장기적으로 개발하면 건설업의 고질적 문제인 투입

> BOM: 제품을 구성하는 모든 부품, 원자재, 반제품의 목록과 수량, 사양, 계층 구조 등을 체계적으로 정리한 문서. 제조업에서 제품 생산, 조달, 재고, 비용 산정, 공정 계획 등을 효율적으로 관리하는 데 핵심 자료로 활용된다.

물량 산출의 불확실성을 제거할 수 있다고 판단했다.

우리는 BIM을 기반으로 제조업 BOM의 체계를 팔란티어로 구성해서 기존 엑셀 견적보다 빠르고 정확하게 계산해낸다면, 어느 정도의 재무 성과가 예상되는지를 산출하기 시작했다. 더불어 수행 부서는 3개년 중점 추진 계획을 검토했다.

프로젝트팀은 최종보고가 끝나고 하루하루가 비상이었다. 2주가 그렇게 긴 시간이라는 걸 그때 처음 느꼈다. BIM 과제에 대한 중장기 목표를 수립하고 이에 대한 성과와 목표를 수행 부서와 최종 합의해 다시 한번 보고했다. 이런 노력을 하는 모습에서 희망을 보았는지 대표이사는 계약상의 리스크 일부만 간단히 수정하라는 지시를 하고 3개 사업본부 대표 모두의 승인을 받으라고 했다. 계약 일부 수정과 본부장들 승인이 나자 대표이사가 최종 승인을 해주었다.

정말 그날은 모든 것을 가진 것처럼 기쁨이 샘솟았다. 품의서가 승인되자마자 이 소식은 회사 내부로 빠르게 퍼져나갔다. 이렇게 E사에서도 팔란티어가 도입됐으며, 우리는 이를 'DL의 데이터 레이크'라는 의미로 'D레이크^{DLake}'라고 명명했다.

E사는 본계약을 체결해 팔란티어 파운드리를 기반으로 한 데이터 기반 업무 체계 전환을 본격화했으며, 초기 PoC는 그 자체로도 전사 디지털 전환 전략의 시작점이 되는 이정표로 기록됐다.

04 Palantir
온톨로지 기반 운영 시스템의 재발견

본계약 체결 이후 가장 먼저 마주한 고민은 E사 내 3개 사업본부가 사실상 독립된 회사처럼 운영되는 구조적 문제를 어떻게 해소할 것인가였다. 각 본부는 고유의 프로세스와 시스템을 기반으로 움직였으며, 상호 간 데이터가 연결되지 않아 정보 흐름이 단절돼 있었다. 이런 구조가 발생한 근본적인 문제는 상용 ERP를 도입하지 않고 필요한 기능만 개별적으로 개발해 사용하는 방식의 시스템 구축 철학에 있었다. 각 부문은 자체적인 필요에 따라 최소한의 기능을 개발해 운영해왔고, 그 때문에 전체 밸류체인상 엔드투엔드로 연결되지 않는 '단절의 구조'가 고착됐다.

문제는 프로세스 단절에서 그치지 않았다. 핵심 업무 간의 연결고리가 없기에 경영진 및 관리자가 전체 사업 흐름을 조망하거나 전략적 의사결정을 내리는 데 필요한 데이터의 연속성과 신뢰성이 현저히 떨어졌다. 의사결정을 위해 필요한 정보가 각각의 시스템에 흩어져 있고, 서로 다른 형식과 기준으로 관리되다 보니 단일한 데이터를 기준으로 조직을 이끌기가 사실상 불가능한 구조였다. 따라서 가장 우선적으로 해결해야 하는 문제는 '분절된 시스템 구조와 조직 문화에서 데이터 통합과 프로세스 혁신을 어떻게 전략적으로 구현할 것인가'였다. 이전 팔란티어 프로젝트 경험으로 데이터 통합은 자신 있었지만, 프로세스의 공백을 어떻게 해야 빠르게 채워나갈 수 있을지가 고민이었다.

본계약 이후 건설업 특유의 비어 있고 나뉘어 있는 프로세스에 대해 고민하고 있을 때, 팔란티어코리아 박진철 지사장이 글로벌 고객사의 사례를 벤치마크해보라고 제안했다. 당시 팔란티어의 주요 고객 중 운영 영역에서 가장 성공적으로 플랫폼을 활용하고 있는 기업이 에어버스Airbus라는 항공기 제조 회사라며, 그들이 팔란티어 파운드리로 구축한 운영 플랫폼 스카이-와이즈Sky-wise에 대해 간략히 설명해주었다. 이 인연을 계기로, 우리는 프랑스를 직접 방문해 에어버스의 디지털 전환 여정을 현장에서 체험하고, 실제 사용자들과 만나 경험을 공유받기로 했다.

프랑스 팔란티어 법인에서 나를 맞이한 인물은 에어버스 COO(최고운영책임자)로서 팔란티어 프로젝트를 오랫동안 이끌어온 파브리스 브레지에Fabrice Brégier였다. 수년간에 걸친 에어버스의 디지털 전환 과정을 주도한 핵심 인물로, 실무 중심의 깊이 있는 경험을 담담하면서도 명료하게 전달해주었다. 나는 각 단계에서의 도전과 시행착오, 팔란티어와의 협업을 통해 이를 어떻게 극복해왔는지에 대해 구체적인 사례를 중심으로 질문했고, 그는 하나하나 차분하게 답해주었다. 그러던 중 그가 질문을 던졌다.

"귀사에서는 팔란티어를 도입해 어떤 프로젝트를 하려는 것인가요?"

나는 간략하게 프로젝트의 방향과 대표이사의 의지를 설명했다. 특히 노후화되고 비효율적인 시스템을 전면 재설계하고, 디지털 기반의 새로운 체계로 전환하고자 하는 의지가 강력하다는 점을 강조했다. 그는 잠시 침묵하더니 또 물었다.

"멀쩡히 작동하고 있는 시스템을 왜 팔란티어로 교체하려고 하시나요?" 그러면서 조심스럽지만 단호한 어조로 조언했다. "팔란티어로 새롭게 구축한다고 해서 자동으로 디지털 전환이 이루어지지는 않습니다. 먼저 기존 시스템 중에서 명확히 부족하거나, 아예 데이터 기반으로 운영되지 않는 '비어 있는 지점'부터 팔란티어로 해결해보시는 게 어떨까요? 그런 다음, 여전히 남아 있는 오래된 시스템을 차례대로 검토해도 늦지 않습니다."

그 순간, 마치 내가 놓치고 있던 실마리가 눈앞에 펼쳐지는 듯한 느낌을 받았다. 우리는 그동안 '전면 교체'에만 집중한 나머지 실제 비즈니스에서 가장 시급히 해결되어야 할 공백과 비효율을 선별해 점진적으로 개선하는 전략적 접근을 간과한 것이 아니었을까. 브레지에의 조언은 우리에게 디지털 전환의 우선순위와 자원 배분에 대해 다시금 근본적인 질문을 던지게 했다.

한국으로 돌아와 가장 먼저 마주한 과제는 비어 있는 프로세스를 어떻게 체계적으로 채워나갈 것인가였다. 기존에는 데이터 통합 문제를 해결하는 데 집중했지만, 이제는 이를 넘어 데이터 기반 운영체계를 어떻게 구현할 것인가가 더 본질적인 과제로 부상했다.

이때를 기점으로 온톨로지에 대한 나의 인식 또한 본질적으로 변화했다. 이전까지 나는 팔란티어 파운드리를 주로 데이터 분석과 의사결정 지원 그리고 그로 인한 비즈니스 임팩트 창출에 초점을 맞춰 활용해왔다. 즉, 파운드리를 '경영적 성과를 증명하는 분석 도구'로 인식하고 있었던 것이다. 그러나 점차 팔란티어 온톨로지를 기반으로 한 '운영 시스템'으로의 확장 가능성에 주목하게 됐고, 이는 기술적 도입을 넘어 운영 패러다임 자체를 전환하는 계기가 됐다. 실제로 파운드리 플랫폼의 제약이라기보다는 '활용 가능성은 여기까지'라고 경계선을 설정한 내 인식의 한계가 더 큰 장애 요인이었다는 사실을 깨닫게 됐다. 기술의 한계가 아니라 '사고의 한계'가 진정한 제약이었던 것이다. 마치 어린 시절 쇠말뚝에 묶인 채 자라난 코끼리가 성장한 후 쇠말뚝이 없는데도 밧줄의 길이를 넘어서는 곳까지는 움직여볼 엄두도 내지 못하는 것과 같은 상황이었다. 고정관념을 걷어내는 순간, 온톨로지를 중심으로 한 운영체계의 확장이라는 무한한 가능성에 도전할 수 있었다.

05 Palantir
관리 시스템의 부재를
기회로 바꾸다

데이터 기반 운영체계로의 전환을 전략적으로 결정한 이후, 가장 먼저 착수한 과제는 현행 시스템의 구조를 정확히 파악하는 일이었다. 운영체계의 디지털화를 실질적으로 구현하기 위해서는 현재 어떤 시스템들이 존재하며, 어디에 공백이 있는지 그리고 어느 부분부터 우선적으로 개선할 것인지 명확히 진단해야 했다. 이는 곧 '선택과 집중'이 가능한 구조적 의사결정의 출발점이 됐다.

    건설업은 글로벌 22개 산업군 중 디지털 전환 수준이 21위에 그칠 만큼 상대적으로 낙후된 산업군에 속한다. 이런 업계 특성을 고려할 때, 디지털 인프라가 열악한 것은 특정 기업의 문제가 아닌 업계 전반의 구조적인 과제라고 할 수 있다. 그럼에도 E사는 한국에서 가장 오랜 역사를 가진 건설사이며 국내 최초로 주판을 버리고 PC를 업무에 도입하여 업무 혁신을 제고했으며,

BIM 역시 한국 건설사 중 가장 빠르게 도입하여 현재는 주택의 모든 프로젝트에 적용하는 유일한 건설사다. 다만, 상용 ERP를 도입하지 않고 자체 개발한 시스템을 활용해왔기에 다양한 문제점을 안고 있었다. 예를 들어 비즈니스 프로세스가 엔드투엔드로 유기적으로 연결되지 않는 구조였으며, 일부 프로세스는 중복되거나 파편화된 상태로 존재했다. 만약 이런 상황에서 첫 번째 팔란티어 프로젝트를 시작했더라면, 추진 조직 내부에 심각한 혼란이 발생했을 가능성이 크다.

그러나 이번은 두 번째 도전이었다. 이전의 경험을 바탕으로 한층 유연한 시각으로 환경을 바라볼 수 있었고, 상용 ERP 도입이 이루어지지 않았다는 점은 단점인 동시에 개선의 여지가 무한한 기회 요인으로 인식됐다. 즉, 표준화되지 않은 프로세스가 많다는 것은 오히려 관행이라는 제약 없이 새로운 운영체계를 설계할 여지가 크다는 의미이기도 했다. 이 같은 인식의 전환은 본격적인 디지털 운영체계 설계를 위한 전략적 준비의 토대가 됐다.

당시 가장 중점적으로 고민한 주제는 '원 소스 앤드 멀티-유즈one source & multi-use'* 원칙의 구현이었다. 이는 온톨로지에 정의된 하나의 데이터 소스를 중심으로, 다양한 비즈니스 목적에 맞춰 중복 없이 효율적으로 활용할 수 있도록 설계하는 접근 방식이다.

> 원 소스 앤드 멀티-유즈: 데이터를 한 번만 정제·구축하고, 다양한 부서와 목적에 맞게 반복 활용할 수 있게 하는 데이터 전략. 중복 작업을 줄이고 데이터 일관성과 신뢰성을 확보하며, 업무 효율성과 비용 절감을 동시에 추구할 수 있는 방식이다.

예를 들어 온톨로지상에 '아파트 하자 데이터 오브젝트'를 정의했다면, 해당 데이터는 하자 처리 현황을 관리하는 데 그치지 않고 하자 비용 집계, 고객 상담 대응, 품질 개선 분석 등 여러 목적의 업무에서 공통으로 활용될 수 있도록 구성한다. 이런 설계 방식은 중복되는 데이터 생성이나 관리의 비효율성을 제거함과 동시에 데이터의 신뢰성과 활용도를 획기적으로 제고하는 효과를 가져온다.

특히 이런 방식이 하나씩 구현되면 기존의 상용 ERP가 없어도 오히려 그 이상의 데이터 연결성과 업무 운영의 유연성을 확보할 수 있으리라는 확신을 갖게 됐다. 이는 시스템의 구축을 넘어 조직 내 정보 구조와 업무 프로세스의 본질적 재설계를 의미하며, E사가 추구하는 디지털 운영체계의 핵심 철학으로 자리 잡게 됐다.

06 ─── Palantir ───
협력 업체로 확산된 디지털 전환 혁명

프로젝트 초기, 팔란티어 파운드리를 활용해 빠르게 하나의 완성도 높은 운영 업무 프로세스를 구현하여 추진팀이 성공 체험을 쌓게 하고 싶었다. 이 시점에 플랜트 본부로부터 설계 업무를 수행하는 외부 협력사와 설계 도면을 주고받는 업무가 디지털화되지 않아 개선이 시급하다는 의견이 제기됐다. 건설업 특성상 상용 ERP를 도입한 기업들조차 설계 협업과 관련된 업무는 ERP 외부에서 별도의 시스템이나 이메일 기반으로 처리하는 경우가 많았다. 특히 설계 도면은 수시로 변경되기 때문에 무엇이 최신 버전인가를 두고 혼선이 빈번하게 발생했으며, 공동 업무 폴더 또한 운영 효율성이 낮아 기존 방식으로 회귀하는 일이 반복됐다. 이는 디지털 전환에 대한 협력 업체의 저항감이 여전히 크다는 점을 단적으로 보여주는 사례이기도 했다. 한편 사내 보안팀 역시 설계 문서에 대한 정보 보안 강화를 강력히 요청하며 본 과제에 힘을 실어주었다. 그러나 동시에 해결해야 할 과제도 명확했다. 협력 업체 인력이 팔란티어 파운드리에 접속해 업무를 수행할 경우 설계 문서 외의 정보에 접근하지 못하게 하는 디지털 권한 관리 체계, 더 나가서 프로세스적으로 업무를 분리할 수 있는 구조가 반드시 필요했다.

우리는 이런 복합적인 요구 사항을 해결하기 위해 기능적 효율성과 보안, 협업 문화까지 포괄하는 전방위적 디지털 운영 모델을 구현하고자 했다. 이를 위해 설계 업무를 오랫동안 해온 현업 전문가를 TF팀으로 파견해달라고 요청했다.

다행히 팔란티어 파운드리에는 외부 인력과 공동으로 협업할 수 있는 전용 운영 환경인 '카본Carbon'*이라는 애플리케이션이 이미 있었다. 사실 첫 번째 프로젝트 당시에는 도전하지 않았던 영역이라서 그런 기능이 있는

카본: 팔란티어 파운드리가 제공하는 애플리케이션 중 하나. 제한된 업무를 수행할 수 있도록 독립된 워크플로 공간을 제공하며, 외부 협력 업체에서도 이를 통해 내부 정보를 제한적으로 활용할 수 있다.

지조차 알지 못했다. 카본 애플리케이션을 활용하면 협력 업체 인력이 E사 내부의 주요 정보에 접근하지 못하게 함으로써 구조적인 보안 이슈를 해결할 수 있었다. 특히 사용자 단위별로 세분화된 보안 기준을 마련함으로써 협력사별로 차등화된 접근 권한을 설정할 수 있었다. 이로써 외부 협력 인력을 업무에 참여시키되, 보안 리스크는 원천적으로 차단하는 안전한 협업 환경을 조

성할 수 있었다.

이제 남은 과제는 실행 준비로, 해당 협업 구조를 어떻게 실제 운영 프로세스로 구체화할 것인가 그리고 이를 팔란티어의 온톨로지와 어떻게 연계하여 데이터 기반 운영체계로 정착시킬 것인가였다. 이 시점에 시스템 구축을 넘어 협업과 보안을 아우르는 운영 구조의 본질적 전환에 대한 고민이 시작됐다.

나로서는 두 번째로 진행하는 E사 프로젝트에서는 PoC 단계를 제외하고는 팔란티어 엔지니어의 활용을 최소화하는 전략을 선택했다. 가장 큰 이유는 비용에 대한 부담 때문이었지만, 보다 본질적인 목적은 내부 역량의 강화와 내재화를 통해 디지털 전환을 지속 가능한 구조로 정착시키는 것이었다. 특히 데이터 기반 운영체계의 확장 과정은 각 업무의 도메인 지식과 밀접히 연관돼 있으므로 외부 인력에 전적으로 의존하기보다는 조직 내부의 인적 자산이 중심이 되어야 한다는 판단이었다. 단기적인 성과 창출에 집중하기보다는 디지털 환경으로의 점진적인 전환과 중장기적인 역량 강화에 방점을 둔 접근이었고, 이런 관점에서 내재화 중심 전략이 더 적합한 방향이라고 판단했다.

팔란티어 파견 엔지니어가 없는 환경에서 데이터 혁신팀의 팀원들이 그 역할을 전담하게 됐다. 이제는 우리가 주도적으로 현업 전문가들과의 협업을 이끌며, 세 가지 질문을 바탕으로 과제를 정의하고 문제를 구조화하는 일에 나섰다. 이런 접근은 초기에는 속도가 더딜 수밖에 없겠지만, 중장기적인 관점에서는 훨씬 더 큰 성장 가능성을 내포한다고 확신했다. 근거 빈약한 낙관이 아니라 팀원들의 역량과 책임감에 대한 신뢰를 바탕으로 한 전략적 판단이었다.

실제로 과제에 착수하여 세부 프로세스를 면밀히 분석하고 문제를 정의하는 과정을 거치면서, 표면적으로는 단순해 보이던 업무 흐름 속에 뿌리 깊은 구조적 이슈가 내재돼 있음을 확인할 수 있었다. 가장 큰 장애 요인은 협력 업체의 변화관리 문제였다. 협력 업체 중에는 여러 가지 어려움을 핑계로 내세우면서 부정적으로 나오는 기류가 강했다. 이런 문제를 해결하기 위해 현업 전문가들과 함께 주요 협력 업체를 직접 방문하며 사용자 교육을 병행했고, 시스템 도입을 통해 업무 효율성이 어떻게 향상될 수 있는지를 실질적으로 인지시켰다. 이제는 동일한 플랫폼 내에서 업무가 처리되기 때문에 설계 도면상의 오류에 대한 책임 소재를 두고 소모적인 논쟁을 벌일 필요가 없어졌고, 본사 또한 협력 업체에 동일 도면을 반복 요청하는 비효율 역시 제거할 수 있었다.

데이터가 일원화되고 본사 차원에서 업무 처리에 대한 가시성이 확보되자, 협력 업체별 생산성과 업무 처리 편차가 더욱 명확히 드러나기 시작했다. 이는 데이터 통합을 넘어 협력사의 운영 역량을 데이터로 객관적으로 진단하고 본사-협력사 관계를 전략적으로 재정의할 수 있는 기반이 됐다. 이에 따라 지속 가능한 경쟁력을 보유한 협력 업체를 선별하고, 이들과의 중장기 파트너십을 강화하는 방향으로 운영 전략을 재편할 기회가 마련됐다.

이런 준비 끝에 약 2개월 만에 첫 번째 운영 모델을 성공적으로 런칭했다. 이때를 기점으로 플랫폼의 활용도 역시 눈에 띄게 증가했다. 월간 접속자 수는 기존 100명대에서 300~400명대 수준으로 급증했고, 일간 접속자 수 역시 30~40명에서 100명 수준까지 늘어났다.

물론 아직 모든 성과를 논하기에는 이른 시점이지만, 팔란티어 파운드리를 활용하여 데이터 기반 운영체계를 확산하는 데 기대 이상으로 의미 있는 첫걸음을 내디뎠다는 점에서 조직 전체에 긍정적인 신호를 전달할 수 있었다.

07   Palantir
디지털 트윈의 꿈,
어깨동무M 프로젝트

○

건설 현장은 제조업의 생산라인과 본질적으로 다른 특성을 갖고 있다. 제조업은 대부분의 공정이 표준화된 라인 기반의 폐쇄된 공간에서 이루어지기 때문에 공정 환경이 일정하게 유지되며, 이에 따라 프로세스 자동화 및 시스템 기반 관리가 용이하다. 그에 비해 건설업은 현장 중심의 개방형 작업 환경이라는 특수성을 지닌다. 착공 초기 단계의 거친 지반 환경부터 건물 및 조경이 마무리되는 준공 시점까지, 시간이 지남에 따라 작업 조건과 환경이 지속적으로 변화한다. 이런 이유로 제조업에서 일반화된 표준 프로세스 기반의 디지털 트랜잭션 transaction* 처리 방식이 건설 현장에서는 늦게 도입되거나 생략되

> **트랜잭션**: 데이터베이스에서 이뤄지는 하나의 작업 단위를 의미하며, 여러 작업이 하나로 묶여 원자적으로 수행된다. 모든 작업이 성공해야만 최종 결과가 반영되며, 하나라도 실패하면 전체 작업이 취소돼 원래 상태로 되돌아간다(롤백). 트랜잭션은 ACID, 즉 일관성, 원자성, 고립성, 지속성이라는 특성을 갖추는 것이 중요하며 그래야만 은행 계좌 이체, 주문 처리 등 중요한 연산에서 데이터 무결성을 보장할 수 있다.

는 일이 많다.

　　실제로 이런 환경적 제약 탓에 국내 주요 대형 건설사들조차 상용 ERP를 현장 단위에 성공적으로 정착시키지 못했다. 시스템은 존재하지만, 실제 현장 적용과 기록 관리 사이에는 커다란 간극이 존재하는 것이다. 그 결과 대부분의 건설사 현장에서는 업무의 증빙과 기록을 종이 문서 기반으로 처리하는 아날로그 방식이 여전히 주류를 이루며, 이는 디지털 전환을 추진하는 데 가장 현실적인 장애 요소로 꼽힌다. 이 문제를 해결해야만 일하는 방식이라는 근본적인 영역까지 디지털 전환을 이룰 수 있으리라고 판단했다.

　　문제를 정확히 인지했지만, 현실적인 해결책은 쉽게 떠오르지 않았다. 이미 이 문제는 수십 년간 업계 전반에서 반복돼온, 일종의 '고인 물 이슈'였다. 시스템을 도입해도 현장에서는 활용되지 않았고, 아무리 디지털화를 외쳐도 어느새 종이 문서로 되돌아갔다.

　　이때 현장 출신 팀원의 관찰과 통찰이 결정적인 실마리로 이어졌다. 그는 과거 현장에서 직접 겪었던 문제들을 떠올리며, 이번에는 팔란티어 솔루션을 통해 어떻게 이 문제에 접근해볼 수 있을지 구체적인 아이디어를 제안했다. 그의 핵심 메시지는 단순했다. '현장에서 실제로 활용할 수 있는 디지털 기기는 스마트폰 하나뿐이다.' 즉 거추장스러운 하드웨어나 고정형 단말기 기반의 시스템이 아닌, 현장의 유일한 디지털 기기인 스마트폰을 중심으로 팔란티어와의 연결고리를 구축해야 한다는 것이었다.

처음에는 가장 빠르게 적용할 수 있다는 점에서 팔란티어를 모바일로 접속하는 방안이 검토됐지만, 현장의 열악한 작업 환경과 조작성 등의 문제가 있어서 실효성이 떨어진다는 판단이 빠르게 내려졌다. 결국 모바일과 팔란티어 간의 연결을 실시간으로 구현할 수 있는 더 유연하고 직관적인 접근 방식이 필요하다는 인식 아래 새로운 해결 방안을 모색했다.

초기에는 앱 기반 방식이 자연스러운 선택처럼 보였다. 하지만 곧 현실적인 문제에 직면했다. 모바일 앱은 새로운 기능이나 서비스가 추가될 때마다 업데이트가 필수적이며, 이는 생각보다 큰 부담으로 작용했다. 특히 스마트폰 사용자 가운데 일부는 앱을 업데이트할 때마다 오류가 발생하는 상황을 호소하며, 이 때문에 앱을 삭제하기도 했다. 이는 현장 중심의 사용 환경에서는 치명적인 리스크가 될 수 있었다. 이런 한계를 보완하고자, 우리는 보다 유연하게 적용할 수 있는 모바일 웹 방식을 병행 검토했다. 모바일 웹은 별도의 업데이트 없이 즉시 최신 기능을 제공할 수 있다는 장점이 있었고, UI/UX* 관점에서도 유지관리에 효율적이었다.

그러나 또 다른 현실적 제약이 있었다. 건설 현장 특성상 지하나

UI/UX: UI는 사용자가 제품이나 서비스를 조작할 수 있게 하는 화면·버튼 등 시각적 요소를 말하고, UX는 사용자가 느끼는 전반적인 경험을 의미한다. UI는 UX의 일부로, 직관적이고 편리한 UI가 좋은 UX를 만든다.

외부 인터넷 연결이 불안정한 지역에서도 서비스를 사용할 수 있어야 했고, 특정 이벤트나 작업 요청에 대한 실시간 알림(푸시 알림) 기능은 업무 흐름에서 핵심 요소였다. 모바일 웹만으로는 이런 기능을 완벽히 대체할 수 없었기에 푸시 알림이 가능한 네이티브 앱의 필요성은 여전히 존재했다.

이런 고민 끝에 우리는 카카오톡 플랫폼에 주목하게 됐다. 국내에서 가장 많은 사용자를 확보하고 있는 앱이며, 현장 구성원들 또한 카카오톡을 기반으로 한 커뮤니케이션 환경에 익숙했기 때문이다. 복잡한 UI나 새로운 앱 사용법을 익히지 않아도 누구나 직관적으로 접근할 수 있다는 점에서 이상적인 플랫폼이라고 판단했다. 다만, 이를 실제 업무용 앱으로 활용하기 위해서는 먼저 '카카오톡의 비즈니스 영역'으로 확장해야 했다. 이에 따라 카카오 측에 정식으로 가능성을 타진했는데, 이미 공공기관을 대상으로도 유사한 비즈니스 서비스를 제공 중이라는 회신이 왔다. 우리가 구상하던 구조가 기술적으로도 실현 가능하며, 제도적으로도 일정 수준의 신뢰성을 확보할 수 있다는 의미로 이해했다.

우리가 궁극적으로 지향하는 바는 현장에서 실질적으로 사용 가능한 모바일 앱 환경을 조성하는 것이었고, 이를 통해 아날로그 업무 수행 방식에서 탈피해 현장 운영이 디지털화될 수 있도록 '현장 ERP'를 구축하는 것이었다. 핵심은 이 모바일 환경이 단순한 입력 도구가 아닌 팔란티어 기반의 데이터 플랫폼과 실시간으로 연결되어 운영되게 하는 구조였다. 즉 현장에서는 카카오톡 기반 앱을 통해 데이터를 입력하고, 본사는 팔란티어 파운드리를 통해 해당 데이터를 실시간으로 반영하여 분석하고 운영하는 구조였다. 이는 시스템 연동을 넘어 사용자 친화성과 디지털 연계성을 동시에 확보할 수 있는 전략적 시도였으며, 현장의 저항을 최소화하면서도 디지털 전환을 가속화할 수 있는 현실적인 해법이었다.

그리고 마침내 카카오 비즈니스톡을 '오픈 API[open API]'* 기반으로 팔란티어 온톨로지와 연계함으로써 실시간 쌍방향 소통이 가능한 인터페이스 체계를 성공적으로 구축했다. 현장에서 발생하는 데이터를 실시간으로 수집하는 한편 플랫폼에서 생성된 정보를 현장에 즉시 전달할 수 있는 구조로, 기존 데이터 플랫폼이 제공할 수 없는 데이터 기반의 운영체계를 구축한 것이다.

오픈 API: API는 소프트웨어 간에 데이터를 주고받거나 기능을 호출할 수 있도록 연결해주는 인터페이스를 말하며, 특히 '오픈 API'는 외부 개발자가 특정 소프트웨어나 서비스의 기능에 접근할 수 있도록 공개된 인터페이스를 의미한다. 이를 통해 서로 다른 시스템 간의 연동이 가능해져 개발 생산성과 확장성이 크게 향상된다.

이로써 팔란티어 기반의 데이터 플랫폼은 분석 도구를 넘어 '운영 시스템'으로 확장하는 데 성공했으며, 외부 솔루션과의 유연한 연계를 통해 건설 현장에서도 실제로 활용할 수 있게 됨으로써 접근성과 실행력을 확보했다. 이는 곧 데이터 중심의 디지털 전환이 '데이터 분석'을 넘어 '현장 실행'으로 진화할 수 있다는 실질적인 증거가 됐고, E사의 디지털 운영체계가 또 한 단계

도약하는 중요한 계기가 됐다.

현장에서의 파급력은 결코 작지 않았다. 수많은 시스템이 도입되고 사라지는 과정을 지켜본 현장 관리자들은 이번에야말로 지속 가능한 운영체계가 실질적으로 자리 잡았다는 데 한시름 놓았다. 우선적으로 적용된 과제는 현장 출역 인력에 대한 운영 관리 프로세스의 디지털 전환이었다. 건설 현장에서 근무하는 모든 인력을 체계적으로 관리하는 것이 안전관리의 시작점이자 핵심임에도 기존 시스템은 개별 인력의 식별이 명확하지 않은 구조로 운영되고 있었다. 서류상으로는 등록됐지만 실제로 투입된 인력과 100% 일치하지 않는 사례가 빈번히 발생했고, 이는 품질 저하 및 안전 리스크 확대로 직결됐다.

이런 문제를 해결하기 위해 E사는 카카오톡 기반의 입·출역 시스템을 만들었다. QR코드 기반의 자동 등록 프로세스를 도입하여 현장 투입 전 근로자가 카카오 채널을 통해 자동 가입되게 했는데, 이 과정에서 안면인식 데이터를 통한 본인 인증이 병행된다. 현장 출입 게이트에는 안면인식 기반의 출입 통제 시스템이 적용돼 인증된 인력 외에는 현장 출입이 불가능한 프로세스로 전환됐다.

게이트 통과 후에는 출근 인증 알림이 카카오톡으로 자동 전송되며, 당일 공사 주요 사항과 작업 위험 내용을 요약한 알림이 함께 전달된다. 특히 AI 기반 다국어 자동 번역 기능이 탑재돼 국적과 관계없이 모든 인력이 동일한 내용을 이해할 수 있도록 설계됐으며, 이는 다문화 인력이 혼재된 현장의 커뮤니케이션 문제를 효과적으로 해소하는 데 기여했다.

이와 같은 디지털 인프라의 변화는 디지털 기술의 도입을 넘어 건설업의 오랜 고질병이었던 '작업지시서'의 디지털화까지 성공적으로 이어졌다. 일을 시키는 원청인 E사도 작업지시서 없이는 일을 시킬 수 없는 구조가 됐고, 일을 수행하는 협력 업체도 이제는 작업지시를 디지털로 요청하게 돼 작업지시서 없이는 현장 작업을 할 수 없는 구조가 됐다. 현재 E사는 디지털 작업지시서 체계를 통해 단 한 건의 법적 분쟁 없이 현장을 안정적으로 운영하고 있다.

2022년, 두 가지 핵심 운영 프로세스를 현장에 성공적으로 도입하며 종이 서류를 없애고 활용 가능한 디지털 데이터를 체계적으로 확보하기 시작했다. 이후 2023년부터는 아파트 하자보수, 현장 품질관리, 시멘트 품질관리, TBM^{tool box meeting*} 디지털화, CCTV 기반 안전관제 고도화 등 다양한 영역으로 디지털 전환이 확대됐으며 현재까지도 지속적인 개선과 고도화가 진행되고 있다.

> **TBM**: 현장에서 안전사고를 예방하고 작업 내용을 공유하기 위해 실시하는 짧은 회의. 보통 작업 시작 전에 현장 관리자와 작업자가 함께 참여하여 그날의 작업 내용, 위험 요소, 안전 수칙 등을 점검하고 소통한다.

이 일련의 여정은 건설업 현장도 디지털 전환이 가능하며 이를 통해 실질적인 운영체계의 혁신과 조직 문화의 변화를 이룰 수 있음을 입증한 대표 사례라고 할 수 있다. 이번 디지털 전환을 통해 E사는 국내 건설사 중 유일하게 주택 현장에 투입된 전 인력을 디지털 데이터 기반으로 관리할 수 있는 체계를 구축했다. 이제는 더 이상 종이로 된 교육 참가자 명단을 만들 필요도 없고, 별도로 안전 시험지를 회수하고 보관하는 작업도 할 필요가 없어졌다.

데이터 기반의 현장 운영 시스템은 업무 효율 향상을 넘어 안전과 품질의 근본적인 수준을 끌어올리는 디지털 운영 혁신의 실질적 출발점이 됐다. 단편적인 시스템 도입이 아니라 현장 중심의 운영 방식을 전면적으로 재설계한 결과이며, 디지털 전환이 조직 문화와 업무 수행 방식의 실질적인 변화로 이어질 수 있다는 점을 증명한 사례다.

08 Palantir
폭발적인 사용자 수 확대의 비결

앞서 소개한 다양한 적용 사례를 기반으로, 팔란티어의 사용자 수는 드라마틱한 증가세를 보이기 시작했다. 2022년 6월, D레이크가 처음 오픈했을 당시 월간 활성 사용자는 100명 수준에 불과했으나, 불과 1년이 지난 2023년 6월에는 약 1,800명으로 18배 이상 증가했다. 조직 내 데이터 기반 업무 수행 방식이 빠르게 확산되고 내재화되고 있음을 방증하는 결과다. E사의 전체 임직원 수가 시스템 인사 데이터베이스 기준 4,500명 수준이라는 점을 고려하면, 전체 임직원의 약 40%가 D레이크를 실제 사용하고 있는 셈이며, 이는 조직 차원의 디지털 전환이 실질적인 '사용자 기반'에서 구현되고 있음을 의미한다.

특히 이 같은 확산 속도는 팔란티어 본사에서도 이례적인 사례로 평가됐다. 팔란티어 본사 임원인 에밀리 응우옌은 "이 정도의 사용자 수 증가 속도는 글로벌 주요 고객사 중에서도 보기 드문 수준"이라며, E사의 현장 중심 실행력과 내재화 전략에 깊은 인상을 받았다고 밝힌 바 있다. 이는 플랫폼 도입에 그치지 않고 조직 문화와 업무 수행 방식의 변화관리까지 성공적으로 이뤄낸 결과라고 할 수 있다.

그렇다면 이런 성공의 배경엔 어떤 전략이 있었을까? 그 비결을 공개하겠다.

첫 번째로 강조하고 싶은 점은 빠른 내재화 기반의 개발 역량 확보다. 새로운 솔루션이 도입된 초기 단계는 조직 내에서 가장 강력한 동력이 작용하는 시기이며, 이 시기를 얼마나 효과적으로 활용하느냐에 따라 프로젝트의 성패가 갈릴 수 있다. 특히 팔란티어는 사용자가 손쉽게 데이터를 연결하고 시각화하며 운영 영역까지 개발할 수 있는 구조를 갖추고 있어 빠른 전개와 확장이 가능한 플랫폼이다. 하지만 현실적으로 팔란티어를 도입한 많은 회사에서 초기 개발 자원 부족 탓에 이런 잠재력을 온전히 활용하지 못하고 골든타임을 놓치곤 했다. 팔란티어 파견 엔지니어를 고용하는 높은 비용이 실질적인 장벽으로 작용했기 때문이다. 내부 인력이 단기간에 플랫폼을 이해하고 실질적인 개발 및 운영 역량을 내재화하지 못한다면, 초기의 높은 기대감은 빠르게 동력을 상실할 수 있다. 따라서 내부 역량의 조기 확보는 비용 절감 차원을 넘어 조직의 디지털 전환 속도와 지속적인 발전

가능성을 좌우하는 핵심 요소다. 특히 중장기적으로 추진되어야 하는 과제일수록 내재화가 되지 않으면 프로젝트 추진 동력을 상실할 수밖에 없다. 어쩔 수 없이 단기 성과에 더 집중해야 하는 외부 인력 중심의 접근 방식으로는 복잡하고 장기적인 과제를 일관성 있게 이어가기 어렵기 때문이다.

E사의 사례에서는 현실적인 비용 제약이라는 조건 속에서 중장기 과제에 대응하는 전략으로 PoC 단계부터 내부 엔지니어를 육성하고 실전에 투입한 점이 성공의 핵심적인 요인이었다. 초기에는 속도가 더뎠지만 시간이 지날수록 조직 내부의 자생력이 강화됐으며, 이로써 기술 내재화를 넘어 지속적으로 발전해나가는 구조를 확립할 수 있었다.

두 번째로 강조하고 싶은 점은 개발 방법론의 전략적 초점에 관한 것이다. 즉, 밸류체인상 엔드투엔드로 연결되지 않는 비어 있는 프로세스를 우선적으로 식별하고 여기에 집중해야 한다는 점이다. 개발 역량을 내재화하거나 외부 자원을 확보하여 실행력을 갖췄다면, 이제는 어디에 이 역량을 집중할 것인가를 판단해야 한다. 이는 '세 가지 질문' 프레임을 통해서도 접근할 수 있지만, 그에 앞서 보다 거시적인 시야로 조직 내부의 밸류체인 전반을 진단해야 한다.

이와 관련해 유용한 통찰을 제공하는 이론이 바로 TOC theory of constraints(제약 이론)다. 엘리 M. 골드렛Eliyahu M. Goldratt이 《The

Goal(더 골)》에서 제시한 이 이론은 모든 조직은 가장 약한 고리만큼만 성과를 낼 수 있으며, 성장을 위해서는 우선 이 약한 고리를 식별하고 집중적으로 개선해야 한다는 원칙을 강조한다. 이는 디지털 전환 프로젝트에도 동일하게 적용된다. 새로운 기능을 계속 추가하거나 확장하기에 앞서, 현재 조직의 실행력을 제한하는 병목 지점을 정의하고 개선하는 것이 전체 경쟁력을 끌어올리는 지름길이다.

이를 현실에서 실현하는 방법 중 하나는 팔란티어를 활용하여 엔드투엔드상 비어 있거나 약한 프로세스를 데이터를 통해 빠르게 식별해내고, MVP 모델을 구성해서 해결책을 빠르게 검증하는 방식으로 개선하는 것이다. 이미 충분한 개발 자원을 확보한 조직이라면, 이 과정을 통해 현장에서 데이터를 중심으로 문제를 정의하고 신속하게 해결안을 도출할 수 있다.

만약 단순 분석을 통한 의사결정으로 문제를 해결할 수 있다면 이상적이겠지만, 프로세스 자체를 새롭게 설계해야 하는 경우라면 팔란티어의 온톨로지를 활용하여 워크숍을 통해 신속하게 운영 프로그램을 구성할 수 있다. 이때는 짧게는 1~2주의 기간 내에 MVP를 구성하고, 애자일 방식으로 현장의 피드백을 반영하며 반복적으로 개선해나간다. 최종적으로 검증된 모델은 '스케일업scale-up' 단계를 거쳐 정식 운영 모델로 확정한다.

이 과정은 속도와 유연성이 핵심이다. 일반적으로 MVP

초기 모델 구성에는 약 1~2주, 운영 모델로 확장하는 데는 2~3개월 정도 걸린다. 드물게는 1~2년에 걸친 지속적 개선을 통해 확장되는 경우도 있다. 여기서 중요한 것은 실패를 두려워하지 않고 작게 시작하여 빠르게 피드백을 받고 수정하며 성공 가능성을 높여가는 방식으로 접근하는 개발 전략, 즉 애자일 기반 '개발-피드백-수정-개선'의 무한한 쌍방향 소통이다.

세 번째로 강조하고 싶은 점은 '고정관념에서 탈출하기'다. 개발 자원을 확보하고 전사적 프로세스를 강화하기 시작하면, 필연적으로 조직 내 기존 질서와 마찰이 발생하게 된다. 디지털 전환을 추진하는 조직이라면 어디든 직면하기 마련인 현실적인 도전 과제다.

가장 먼저 반발하는 조직은 대개 IT 부서나 재무 부서와 같은 관리 조직일 가능성이 크다. 특히 IT 부서는 그동안 시스템 개발 및 데이터 플랫폼 운영을 사실상 독점하다시피 해온 터라 이 영역에 외부 솔루션(팔란티어)과 새로운 조직(DX팀)이 개입하면 권한 침해 또는 조직 내 헤게모니 변화로 인식할 수 있다. 이 과정에서 가장 자주 마주하는 질문이 바로 이것이다.

'데이터 플랫폼이 왜 운영 시스템의 역할을 하려 드는가?'

팔란티어가 데이터 분석 툴에 머물지 않고 실제 운영 시스템의 프로세스를 설계하고 실행하는 도구로까지 확장되면서 발생하는 경계 침범에 대한 저항이다. 이런 반응은 사실상 기존의 독점적 업무 영역을 존중해달라는 특정 조직의 보이지 않는 목소리로도 해석할 수 있다. 이는 회사 전체의 디지털 전환에 도움이 되지 않는 저항이다.

또 다른 형태의 저항은 데이터 소유권에 대한 폐쇄성으로 나타난다. 개별 팀이나 부서가 본인의 영역 내 데이터를 외부에 공개하거나 연계하는 것에 강한 거부감을 가지며, 이를 '보안'이나 '관리 효율'이라는 명분으로 포장하곤 한다. 그러나 실질적으로는 조직 내 정보 비대칭을 유지하려는 심리적 방어기제에 가깝다. 이런 구조에서는 중요한 데이터일수록 공식 시스템에 정제된 형태로 공유되기보다는 비공식적인 루트를 거쳐 엑셀로 가공되고, 파워포인트로 요약되며, 특정 메시지를 전달하기 위한 수단으로 쓰인다. 결국 데이터는 '스토리텔링 도구'로 소비되는 정적 자산이 되고, 이는 경영진에게 단편적 진실만을 전달하는 보고 문화로 고착화되기 쉽다. 데이터의 민주화가 이뤄지는 가장 이상적인 방법은 '사원부터 대표이사까지 동일한 데이터로 의사결정을 하는 것'이다. 즉 공식화된 시스템의 숫자가 아무런 가공 없이 의사결정에 반영되어야 한다는 뜻이다. 모두 동일한 숫자를 보고 의사결정에 참여하는 것이 가장 바람직한 데이터 민주화의 모습이다.

디지털 전환의 궁극적인 장애물은 기술이 아니라 사람과 조직의 '기득권화된 사고방식'이며, 이를 넘어서기 위해서는 설득이나 교육만으로는 부족하다. 리더십의 강한 후원과 조직 구조의 재설계가 필요하며, 무엇보다 '가시적인 성공 사례'를 통해 고정관념이 만들어낸 경계선을 허물고 데이터가 공공 자산으로 활용되는 조직 문화를 체계적으로 만들어나가야 한다.

다시 한번 강조하자면, 팔란티어를 활용한 디지털 전환의 성공 여부는 솔루션 자체의 기능이나 성능의 제약 같은 것이 아니라 이를 둘러싼 고정관념에서 벗어날 수 있느냐 아니냐에 달렸다고 생각한다. 즉 디지털 전환을 추진하는 데 가장 선행되어야 하는 요소는 사람이 만든 인식의 틀을 깨는 일, 바로 '고정관념에서의 탈출'이다. 이를 설명하기 위해 '코이 물고기'의 비유를 들어보고자 한다.

'코이'라는 물고기를 작은 어항에서 키우면 평생 5~8cm 수준에 머물게 된다. 하지만 같은 코이를 수족관 같은 중형 공간에서 키우면 20cm까지도 자라고, 넓은 호수나 강에 풀어놓으면 100cm가 넘게 자라기도 한다. 즉, 코이의 성장 한계는 타고난 생물학적 제약이 아니라 살아가는 환경의 크기와 밀접하게 연관돼 있다. 이와 마찬가지로, 팔란티어 또한 기능이나 기술력의 한계보다 우리가 만들어놓은 조직의 인식과 문화라는 '어항'에서 제한되고 있는 것은 아닌지 되돌아봐야 한다. 만약 우리가 팔란티어를 데이터 분석 도구로만 정의하고 기존 시스템의 보완재 정도로만 바라본다면, 그 솔루션은 본연의 가능성을 충분히 발휘하지 못할 것이다. 그러나 고정관념이라는 어항을 깨고 조직의 '운영 시스템'으로까지 확장 가능한 플랫폼으로 인식한다면, 팔란티어는 그저 데이터를 보여주는 수준을 넘어 전사적 의사결정과 실행까지 아우르는 전략적 엔진으로 성장할 수 있다.

    결론적으로, 팔란티어는 그 자체로 무한한 확장 가능성을 가진 솔루션이며 이 잠재력을 현실화하는 열쇠는 '사람'이다. 환경을 바꾸고 시야를 넓히면 팔란티어는 기업의 미래를 설계하는 주역이 될 수 있다. 작은 어항이 아닌 넓은 호수를 제공하는 것, 그것이야말로 진정한 디지털 전환의 시작점이다.

09 Palantir

팔란티어는 왜 엔터프라이즈 계약을 맺는가

두 번째 프로젝트에서는 팔란티어 플랫폼을 분석 도구를 넘어 운영 시스템으로 확장 적용하는 데 집중했다. 특히 1년 만에 월간 활성 사용자 수가 100명에서 1,800명 이상으로 급증한 것은 매우 고무적인 성과였으며, 조직 전반에 걸쳐 디지털 기반의 업무 전환이 빠르게 확산되고 있음을 직관적으로 보여주었다. 그러나 일부 독자는 당연히 다음과 같은 의문을 느낄 수도 있을 것이다.

'사용자가 이렇게 빠르게 늘어났는데, 추가 비용은 과연 어떻게 감당했을까?'

실제로 벤치마크를 위해 방문한 여러 기업에서 가장 자주 받은 질문이기도 하다.

이와 관련해 짚고 넘어가야 할 것이 팔란티어의 계약 구조다. 일반적인 SaaS 기반 클라우드 서비스와 달리 팔란티어는 '엔터프라이즈 계약'이라는 형태를 기본으로 한다. '사이트 라이선스site license'* 방식과 유사하다고 보면 된다. 사용자 수에 따라 과금하는 방식이 아니라 계약한 회사 전체 인원이 사용 권한을 가지는 계약 형태이므로 빠르게 확산시켜서 더 많은 사람이 사용하게 할수록 유리한 구조다.

> **사이트 라이선스**: 특정 소프트웨어를 하나의 조직 또는 물리적 장소(사이트) 내에서 여러 기기에 설치하고 사용할 수 있도록 허용하는 라이선스 방식. 사용자 수에 관계없이 정해진 범위 내에서 자유롭게 사용할 수 있으며, 교육기관이나 대기업처럼 다수가 사용하는 경우 비용 효율적인 라이선스 방식으로 선호된다.

이 구조를 휴대전화 요금제에 비유하면 쉽게 이해할 수 있을 것이다. 예를 들어 월 10만 원의 요금제를 선택한 고객이 실제로 3만 원어치의 데이터만 썼다고 하더라도 통신사가 나머지 7만 원을 환불해주지는 않는다. 사용 여부와 관계없이 정액 요금으로 고정돼 있다. 그런데 이 요금이 가족 단위로 부과되는 방식이라고 생각해보자. 가족 중 누군가가 최대한 써서 10만 원을 채운다면, 그는 요금을 내지 않고 사용하는 셈이 될 것이다. 팔란티어의 엔터프라이즈 계약은 소수가 아니라 전 직원이 쓰는 구조가 되어야 회사 입장에서 가장 효율적이다.

일반적인 SaaS 기반 클라우드 서비스는 '사용량 기반 과금'이 표준이다. 하지만 팔란티어는 철저히 '활용률 중심의 고정요금제'를 고수한다. 이를 잘 사용하기 위해서는 전략적으로 접근할 필요가 있다.

첫째, 빠른 내재화와 활용 극대화가 핵심이다. 비용이 고정돼 있다면 해당 솔루션을 조직 전반에 빠르게 확산하고 내재화하는 것이 ROI를 높이는 길이다.

둘째, 초기 도입 후 '소수 전문가 중심 활용'에 그친다면 오히려 비용 낭비가 발생할 수 있다. 팔란티어는 철저히 대중화 전략과 결합되어야 한다.

셋째, 활용률이 곧 가치를 결정한다. 동일한 계약 구조라면 많이 쓰고 깊이 쓰는 조직이 승자가 된다.

요약하자면, 팔란티어는 단순히 기능이 뛰어난 데이터 플랫폼이 아니라 계약 구조 자체가 디지털 전환 전략의 일환으로 설계되어야 하는 솔루션이다. 팔란티어를 특정한 목적에 부합하는 포인트 솔루션 관점으로 접근하면 매우 비싸기만 하고 ROI가 나오지 않는 시스템이 될 수 있다. 엔터프라이즈 계약의 구조를 최대한 이용하여 특정 영역이 아니라 비즈니스 전 영역에서 제한 없이 사용해야 가치와 ROI가 극대화된다. E사는 이를 조직 내 확산 전략과 결합해 사용자 수를 '비용 부담 요인'이 아닌 '효율 극대화의 기회'로 전환함으로써 디지털 전환의 속도와 깊이를 동시에 달성하는 챌린지 포인트로 활용했다.

팔란티어의 엔터프라이즈 계약 구조는 사용자 수와 관계없이 고정된 금액으로 라이선스를 부여하는 방식이기에 사용자 입장에서는 도입 초기의 비용 부담이 클 수밖에 없다. 이는 팔란티어가 전략적으로 설계한 마케팅 및 사업 운영 모델의 일환이

도표 4-1 과금 비교: 일반 SaaS vs 팔란티어 엔터프라이즈

구분	일반 SaaS	팔란티어 엔터프라이즈
과금 기준	사용량 기반(트래픽, 사용자 수 등)	고정요금제(사용자 수 무관)
사용자 증가 시 비용 영향	사용자가 늘수록 비용 증가	사용자 수 무관 (단, 총계약 규모 초과 시 초과 금액만 지불)
초기 진입장벽	낮음(소규모 사용 가능)	높음(전사적 계약 및 승인 필요)
활용 전략	부서별 점진적 확산 전략	전사적 확산 및 내재화가 핵심
ROI 확보 방식	사용량 최적화, 비용 최소화	활용률 극대화, 디지털 전환 가속
계약 유연성	부서·서비스 단위로 조정	계약 범위 확정, 전략적 설계 필요

며, 고객사가 이를 바꿀 수 없는 구조라면 오히려 이 제약을 전제로 효과를 극대화하는 전략적 접근이 필요하다. 실제로 우리는 팔란티어 도입 이후 사용자 로그를 면밀히 분석하여 조직 내에서 제대로 활용되지 않던 시스템들을 식별하고, 미접속 상태가 지속되는 시스템들을 과감히 정리했다. 그 결과 그동안 관성적으로 유지해오던 시스템 운영 인력과 유지보수 비용이 절감됐는데, 매년 팔란티어에 지불하는 총비용, 즉 사용료와 운영 비용을 훨씬 초과하는 수준이었다. 이를 절감하여 팔란티어에 투자하는 방식으로 기존 대비 IT 총비용을 줄이고 디지털 전환의 인프라를 확보할 수 있었다.

팔란티어는 올인원 구조를 기반으로 다양한 기능을 하나의 플랫폼 내에서 통합 제공하기 때문에 별도의 시스템 간 연계 개발, 데이터 이관, 복수 벤더 간의 유지보수 관리 등이 필요 없다. 과거에 유지되던 여러 개별 시스템에는 각각 별도의 인프라, 보안 체계, 운영 인력이 필요했으나 팔란티어 기반으로 통합이 이루어진 이후에는 최소한의 인력으로도 효율적으로 운영할 수 있게 됐다. 이는 시스템 통합 효과를 넘어 예상하지 못했던 고정비 영역의 구조적 절감 효과로 이어졌고, IT 비용의 절감은 회사의 영업이익 개선에 직접적인 영향을 미쳤다. 초기 ROI 분석에는 포함되지 않았던 영역에서 실질적인 재무적 효과가 발생한 것이다. 이처럼 팔란티어의 고정형 라이선스 구조를 단순히 비용 구조의 리스크로만 받아들일 것이 아니라 조직 내 비효율 시스템을 정리하고 디지털 업무 환경을 통합할 절호의 기회로 재해석해야 한다. 중요한 것은 솔루션의 가격 자체가 아니라 이를 얼마나 전략적으로 활용하고 실질적인 비용 절감과 생산성 향상으로 연결할 수 있느냐다.

10 Palantir
건설업 밸류체인의 디지털화

대표적 수주산업인 건설업으로 옮겨와서 가장 놀라웠던 사실은 제조업에서는 필수적인 BOM이 건설업에서는 거의 존재하지 않는다는 점이었다. 이는 시스템상의 차이를 넘어 경영관리 방식 전반에 걸친 구조적 차이로 이어진다. 제조업에서는 상품의 총매출을 중심으로 관리가 이뤄지며, BOM을 통해 원가를 체계적으로 파악하고 관리한다. 예를 들어 부품 가격이 오를 것으로 예상되면 이를 판매가에 반영하거나 수익성 기준으로 제품 믹스를 조정하는 등 가격 전략과 연계된 의사결정이 가능하다. 즉, 원가보다는 매출이 손익관리의 중심이 되는 구조다.

그에 비해 건설업은 매출이 프로젝트 수주 시점에 고정되며, 이후 수년간 진행되는 장기 프로젝트 기간에 원가 변동이 빈번하게 발생한다. 따라서 손익관리의 초점이 매출이 아닌 원가관리에 맞춰진다. 특히 3~4년에 걸쳐 진행되는 대형 프로젝트에서는 철근·시멘트·인건비 등 다양한 원가 요소가 외부 환경 변화에 따라 수시로 변동되며, 이런 리스크를 예측하고 제어하는 것이 수익성 방어의 핵심 과제가 된다.

제조업에서는 생산 리드타임이 짧고 정형화된 공정 기반이므로 BOM을 중심으로 자재와 공정, 원가가 통합적으로 관리될 수 있다. 하지만 건설업은 프로젝트마다 현장이 다르고, 구조물이나 설계 변경이 잦으며, 공정 특성상 정형화된 자재 구성 정보가 구축되기 어렵다. 그 때문에 건설업에서는 여전히 아날로그 방식의 예산관리와 경험 기반의 원가 추정에 의존하는 경향이 강하다. 요약하자면 제조업은 '고정된 원가 + 변동 가능한 매출' 구조이며, BOM을 통한 사전 통제가 가능하다. 그에 비해 건설업은 '고정된 매출 + 변동 가능한 원가' 구조이므로, 원가 변동이 손익에 직접 영향을 미치는 핵심 변수다.

수주산업의 대표 격인 건설업은 신규 프로젝트를 수주할 때 수익성과 리스크를 다각적으로 검토해야 한다. 그러나 검토 과정 대부분이 내역 기반의 정형화되지 않은 자료와 개인의 경험에 의존하기에 프로젝트별 편차가 크며, 리스크 평가의 정확도 또한 일정 수준을 넘기 어렵다. 일반적으로 이런 불확실성은 건설업에서 필연적으로 수반되는 특성으로 간주됐으며, 근본적인 해결이 어렵다고 여겨졌다.

E사는 이런 한계를 넘어서기 위해 국내 건설사 중 최초로 BIM을 도입하여 3D 기반의 설계 정보를 축적하고, 이를 경영과 연계하는 체계를 준비해왔다. BIM은 도면을 3차원으로 구현하는 것을 넘어 설계부터 시공, 운영까지 전 주기에 걸쳐 정보를 일관되게 관리할 수 있도록 지원하는 기술이다. E사는 BIM 데이터를 기반으로 제조업의 BOM과 유사한 디지털 내역 관리 체계를 구축하고자 했다.

이는 곧 수주산업의 본질적인 리스크 요인을 디지털 자산을 통해 사전에 분석하고 시뮬레이션할 수 있는 기반을 확보함으로써 건설업의 고질적인 불확실성 문제를 체계적으로 줄이기 위한 혁신이라고 할 수 있다. E사는 BIM을 설계 혁신을 넘어 수주 전략과 원가 통제를 동시에 실현하는 전략적 수단으로 정의했다.

그러나 이런 도전이 몇 년째 큰 진전이 없자 경영진의 기대가 약화됐으며 이를 추진하던 조직은 큰 압박을 느끼게 됐다. PoC를 준비하는 과정에서 프로젝트팀은 건설업의 유일한 디지털 데이터인 BIM 정보를 활용하는 데 중점을 두고 그동안 정체됐던 BIM과 데이터 통합의 낮은 생산성을 해결하고자 했다. 그리고 마침내 PoC 중간발표에서 팔란티어 내 BIM 시스템 설치를 통해 실질적 성과를 도출하며, BIM의 낮은 생산성 문제를 극복할 가능성을 확실히 입증했다. 이를 통해 BIM 데이터를 기반으로 한 디지털 내역 관리 체계의 실현이 기술적으로 가능한 수준에 이르렀음을 보여주었고, 이 결과는 내부적으로도 상당한 반향을 불러일으켰다.

무엇보다 중요한 변화는 과거 수작업으로 20~30일 이상이 소요되던 내역 산출 작업을 BIM 시스템에서 3D 설계 모델링만 하면 단 하루 만에 자동화·정량화할 수 있게 됐다는 점이다. 이제는 아파트 설계를 BIM 시스템에서 3D 모델로 구현하면 해당 모델이 팔란티어 내에서 자동 시뮬레이션되어 정확한 물량 정보가 도출된다. 그 정밀도는 기존 내역서 작업을 능가할 정도로 향상됐고, 이는 곧 설계-견적-원가 관리까지 이어지는 건설 밸류체인 전반의 디지털화 가능성을 실증한 것이다.

이런 결과는 단기 성과를 뛰어넘어 'BIM 기반 디지털 내

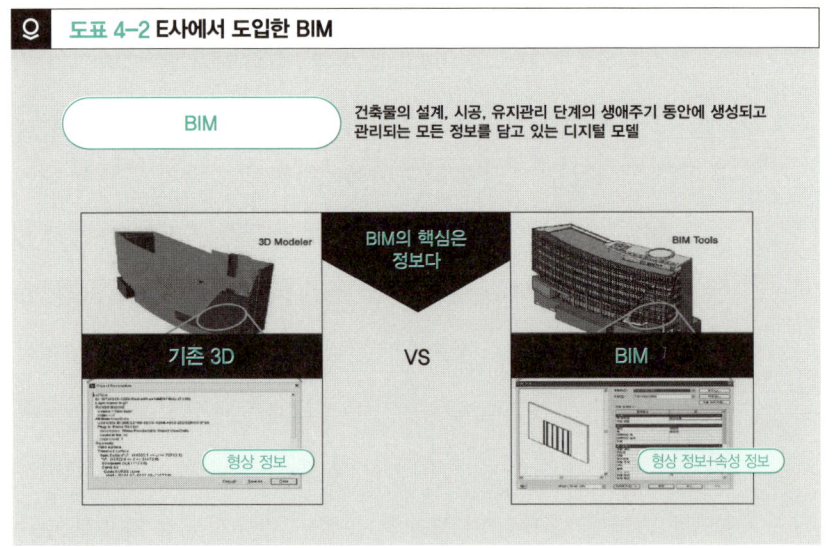

도표 4-2 E사에서 도입한 BIM

역 관리'라는 E사의 중장기적 목표가 더 이상 이상론이 아니라 실현 가능한 전략이라는 인식을 조직 전체에 확산시켰다. 이제 남은 과제는 이 성과를 확장성과 정합성을 갖춘 전사 표준 프로세스로 정립하고, 이를 중심으로 수주 전략, 원가 예측, 리스크 통제까지 가능하도록 디지털 관리 체계를 고도화하는 것이다. 현재는 모든 아파트를 BIM으로 설계하고, 팔란티어 BIM-BOM 기반으로 물량을 내역화하고 있다. 즉 수주 견적부터 착공 견적, 실행, 준공으로 이어지는 모든 과정의 물량 내역을 BIM-BOM을 통해 산출·관리하고 있다.

Deep Inside

팔란티어가 고객 응대 서비스를 혁신하는 방법

2022년 10월 미국에서 최초로 챗GPT^{ChatGPT}가 공개됐고, 국내에서는 이를 업무에 어떻게 활용할 수 있을지에 대한 관심이 2023년 초부터 본격적으로 일어났다. 우리 역시 챗GPT의 도입 가능성을 검토하며, 조직 내 업무 효율성을 어떻게 제고할 수 있을지 다각도로 분석했다. 이 과정에서 오랫동안 반복돼온 고객 응대 프로세스의 구조적 미흡이 주요 개선 과제로 부각됐고, 이에 대해 챗GPT의 활용 가능성과 팔란티어 중심 문제 해결 방안을 모색하게 됐다.

세 가지 질문 프레임워크를 출발점으로 하여 우리가 고객 상담 프로세스상의 문제를 어떻게 정의하고, 어떤 방식으로 해결의 실마리를 도출했는지를 지금부터 구체적으로 살펴보고자 한다.

당사는 월평균 4만 건 이상, 총 1,500시간이 넘는 방대한 상담 음성 데이터를 처리하고 있다. 이 방대한 데이터 속에서 고객의 불만, 관심, 요청 사항 등을 빠르고 정확하게 식별하고 대응하는 일은 경험이 풍부한 고연차 상담사들에게조차 결코 쉬운 과제가 아니다. 특히 최근에는 고객의 기대 수준이 높아지고 요구 사항이 복잡해져 기존의 매뉴얼만으로는 현장 상황에 즉각적으로 대응하기가 더욱 어려워졌다. 또한 상담이 집중되는 시간대에는 고객이 전화 연결을 위해 10분에서 길게는 30분 이상 대기하기도 하는데, 이처럼 장시간 대기를 거쳐 연결된 고객은 이미 불만이 고조된 상태이므로 효과적인 커뮤니케이션이 어려워질 가능성이 크다.

현장에서는 하루 평균 약 2,000건의 전화 상담이 이루어지고 있으며, 그중 어떤 문의에 우선적으로 대응해야 하는지는 상담사 개개인의 경험과 주관에 크게 의존하고 있다. 이 때문에 대응의 일관성이 떨어지고, 중요한 이슈가 적시에 처리되지 못하는 사례가 반복되고 있었다.

이런 문제는 고객 만족도 저하로 이어질 수 있으며 심각한 경우에는 민원, 언론 제보, 소셜미디어 확산 등으로 당사의 브랜드 신뢰도에 직접적인 타격을 줄 수 있다. 또한 충성 고객의 이탈 가능성까지 고려할 때, 상담 품질의 체계적이고 전략적인 개선이 반드시 필요한 시점이라고 판단했다. 이번에도 우리는 '세 가지 질문'으로 시작했다.

1. What decision?
   - 불만족 고객의 요구를 빠르게 충족하기 위해 2,000여 건의 상담 중 우선 처리 건 선정
2. How much impact?
   - 긍정적 영향(브랜드 파워 개선, 고객 만족 지수 개선) 강화
   - 부정적 영향(충성 고객 이탈, 대외 이미지 하락) 축소
3. Where data?
   - 콜센터 상담 고객 음성 데이터, 상담 내용에 따른 사내 업무 시스템 데이터(분양, 임대, 하자보수, 수금 기타 등)

이와 같이 문제를 정의하고 실제 데이터를 기반으로 프로젝트를 진행한 결과, 당시 상담사들이 고객 상담 이후 그 내용을 체계적으로 정리하는 데 상당한 시간과 노력이 추가로 소요된다는 사실이 확인됐다. 이 업무는 팔란티어 내 기존 플랫폼만으로는 완전히 자동화하거나 대체하기 어려운 영역으로 파악됐으며, 단순한 데이터 처리 이상의 자연어 이해와 문맥 해석이 요구되는 업무였다. 물론 현재는 팔란티어 플랫폼 내에 LMM 기반의 AIP 기능이 포함돼 있어서 이런 프로세스도 올인원 방식으로 해결할 수 있는 기술적 기반이 갖춰져 있다. 그러나 당시에는 이런 기술이 적용되기 전이었기 때문에 우리는 챗GPT를 외부 도구로 활용하여 이 문제를 해결해보기로 했다. 팔란티어와의 통합적 디지털 운영체계를 보완하는 차원에서 고객 응대 프로세스의 특정 영역에 AI 기반의 텍스트 요약 기술을 적용함으로써 상담사의 업무 효율성과 고객 만족도를 동시에 제고하고자 하는 시도였다.

우선 상담 음성 데이터를 텍스트로 전환하는 프로세스를 구축했다. 딥러닝 기반의 음성인식 기술을 활용했는데 건설업 특성상 전문 용어, 현장명, 지명 등 고유명사가 많아 초기에는 인식률이 기대치에 미치지 못했다. 그러나 지속적인 피드백과 학습 과정을 거친 결과, 인식률이 최대 98% 수준까지 도달했다. 이 정도면 전체적인 상담 흐름을 파악하는 데 무리가 없다는 판단하에 현업 상담사들과의 합의를 통해 실무 적용을 확정했다.

이후 착수한 단계는 챗GPT를 활용한 상담 내용 요약 프로세스의 설계 및 적용이었다. 실제로 챗GPT 모델이 업데이트될 때마다 요약 성능이 눈에 띄게 향상됐으며, 상담사들이 반복적으로 언급해왔던 핵심 애로 사항인 '과거 통화 내용을 일일이 다시 확인하기 어렵다'는 문제를 해소할 수 있는 유의미한 대안으로 떠올랐다. 상담사들이 상담 내용을 요약하는 것은 업무의 연속성을 확보하고, 특정 이슈 발생 시 빠르게 핵심 내용을 재확인할 수 있도록 하기 위해서였다. 이런 목적에 부합하는 AI 기반 요약 시스템은 실제 업무 적용 측면에서 즉각적인 효과성과 실효성을 입증했으며, 이는 향후 유사 프로세스로의 확산 가능성에 대한 중요한 시사점을 제공했다.

상담사들의 상담 품질에 가장 직접적인 영향을 미치는 요소는 고객 질문의 핵심을 얼마나 빠르고 정확하게 파악하여 대응할 수 있느냐다. 그러나 실무적으로 가장 큰 어려움은 고객이 실제로 무엇을 질문하고자 하는지를 사전에 명확히 파악하기 어렵다는 점이었다. 고객의 질문은 서비스 전반에 걸쳐 광범위하게 분산돼 있었으며, 과거의 관련 기록들 역시 각기 다른 업무 시스템에 흩어져 저장돼 있는 데다 앞서 언급했듯이 요약정리도 제대로 이루어지지 않아 실질적으로 참고하기 어려웠다. 그래서 상담사는 매 순간 방대한 정보 속에서 필요한 핵심 정보를 신속하게 탐색해야 하는 부담을 안고 있었으며, 이는 고객 응대의 일관성과 정확성 그리고 전반적인 상담 품질에 부정적인 영향을 미치는 요인이 됐다.

우리는 이 문제를 해결하기 위해 상담 시 필요한 핵심 데이터를 온톨로지 기반으로 재구성하기 시작했다. 고객과의 모든 상호작용을 정형화된 구조로 정의하고 의미 단위로 연결함으로써 데이터 간의 관계성과 맥락을 시스템 차원에서 해석할 수 있는 환경을 구축한 것이다. 이와 함께 기존의 통신 시스템과 연계하여 전화번호 기반으로 고객 데이터베이스를 실시간으로 조회할 수 있도록 구성했고, 이력이 존재하는 고객의 경우 상담사가 별도 조회 없이도 팔란티어 화면 내에서 과거 상담 히스토리가 자동으로 디스플레이되도록 설계했다. 그 덕에 전화 연결 전 빠르게 고객의 이름과 최근 요청 사항을 파악하여 먼저 인사를 전할 수 있게 됐다.

이제 상담사들은 상담 중에 여러 개의 시스템을 옮겨다니면서 과거 데이터를 찾는 불편을 겪지 않아도 되며, 업무 집중도와 상담 품질이 동시에 높아졌다. 데이터 기반 운영의 진정한 효용은 이렇게 현장의 복잡성을 실질적으로 해소하고 업무 효율을 체감할 수 있는 구조적 전환을 만들어낼 때 비로소 입증된다고 할 수 있다.

그러나 아직 우리는 고객의 요청 사항을 우선순위화함으로써 우선 집중할 고객을 선별할 명확한 로직을 마련하지 못한 상황이었다. 그래서 십수 년의 실무 경험을 보유한 베테랑 상담사들과 함께 머리를 맞대고 논의를 시작했다. 논의 과정에서 확인된 흥미로운 사실은 극도로 화를 내거나 감정이 격양된 고객에 대해서는 상담사마다 우선순위 판단에 큰 차이가 없었다는 점이다. 문제는 오히려 차분하게 상담이 진행됐음에도 이후 대외 민원이나 언론 제보 등으로 번지는 사례였다. 이런 경우에는 상담사별 판단 기준이 다소 달랐고, 체계적인 기준 없이 경험에 의존하다 보니 일관성 있게 대응하기가 어려웠다. 이 문제를 해결하기 위해서는 정량적인 스코어링 체계를 만들고 이를 기반으로 로직을 점진적으로 고도화해나가는 접근이 필요하다고 판단했다.

먼저 AI를 적용하여 상담 음성 내용을 텍스트로 전환한 후, 긍정적 어휘와 부정적 어휘를 구분해 자동 스코어링하는 방식을 도입했다. 또한 상담사들과 협의하여 특정 민감 어휘에는 가중 점수를 부여하는 방식으로 현업의 노하우를 시스템에 반영했다. 여기에 더해 상담 시간도 주요한 고려 요소로 반영했다. 일정 시간을 초과하는 장시간 상담은 고객의 불만 강도나 문제의 복잡성을 반영하는 지표로 간주하여, '고객 케어 종합 점수'에 가산 요소로 포함했다.

이런 전 과정을 팔란티어를 활용해서 약 2주 만에 MVP를 구축하여 현업에 선보였다. 그런 다음 사후 검토 방식으로 기존 데이터를 가지고 특정 시점에 빠르게 대응해야 하는 고객을 찾아낼 수 있는지 검증했다. 그 결과 기존 프로세스에서 놓쳤던 10명의 대상 고객을 정확히 찾아냈으며, 이를 근거로 약 2개월의 짧은 개발 기간에 실제 현업에서 적용할 수 있는 운영 모델을 만들어냈다.

이런 방식은 직관이나 경험에 의존하던 기존의 판단 구조에서 벗어나 데이터 기반의 일관된 기준을 통해 고객 응대의 품질과 리스크 대응력을 동시에 제고할 수 있는 실질적인 전환점이 됐다. 현재는 AIP를 적용하여 AI 에이전트로 개선시켜 일부 간단한 상담은 팔란티어에서 대응하는 방식을 연구 중이다. '24시간 고객의 목소리에 대응하는 건설사'를 데이터와 AI 기반으로 실현하고자 한다.

5장
온톨로지로 AI의 미래를 설계하다

01 Palantir
파운드리의 4계층 아키텍처

데이터 플랫폼을 설명할 때 자주 활용되는 비유 중 하나가 데이터 피라미드, 즉 DIKW data-information-knowledge-wisdom 구조다. 데이터를 통해 가치를 창출해나가는 과정을 심해 유전을 발견해 원유를 채굴하고, 이를 정제해 휘발유·항공유 등 고부가가치 제품으로 가공하는 일련의 과정에 비유한 것이다.

기업 내에 흩어져 있는 다양한 업무 시스템 속의 데이터는 마치 심해에 매장된 원유와 같다. 플랫폼을 통해 연결하고, 원시 데이터를 수집한 뒤, 통합·정제 과정을 거치면 비로소 의사결정이 가능해지는 정보라는 형태로 가공된다. 이 정보에 반복 가능한 알고리즘과 업무 로직을 적용하면, 문제 해결에 실질적인 통찰을 제공하는 지식 단계로 전환된다. 궁극적으로는 AI와 머신러닝 기술을 접목함으로써 데이터를 기반으로 한 판단과 예측이 가

도표 5-1 DIKW 피라미드와 팔란티어 파운드리의 계층 구조

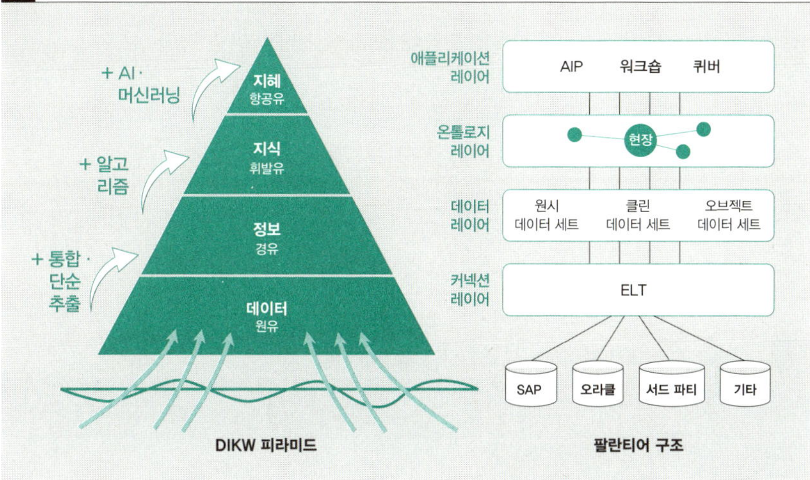

+ AI · 머신러닝 → 지혜 (항공유)
+ 알고리즘 → 지식 (휘발유)
+ 통합 · 단순 추출 → 정보 (경유)
데이터 (원유)

DIKW 피라미드

팔란티어 구조:
- 애플리케이션 레이어: AIP, 워크숍, 퀴버
- 온톨로지 레이어: 현장
- 데이터 레이어: 원시 데이터 세트, 클린 데이터 세트, 오브젝트 데이터 세트
- 커넥션 레이어: ELT → SAP, 오라클, 서드 파티, 기타

능해지고, 이는 조직의 의사결정 수준을 지혜 단계로 끌어올리는 핵심 기반이 된다.

팔란티어 파운드리의 구조를 이와 비교해보겠다. 크게 보면 〈도표 5-1〉의 오른쪽과 같이 4개의 계층 구조로 돼 있다. 각각의 계층이 어떤 역할을 하고 이것이 왜 팔란티어 솔루션을 특별하게 만드는 요소인지 분석해보자.

커넥션 레이어(데이터 수집 계층)

커넥션 레이어$^{connection\ layer}$는 기업 내부의 ERP, MES, CRM

등 다양한 업무 시스템뿐만 아니라 외부의 공공 데이터, 제3자 플랫폼 등의 정보 자원으로부터 데이터를 수집하는 계층이다. 데이터 플랫폼 전반의 출발점이자, 기술적 확장성과 실무 적용성의 기반이 된다. 특히 팔란티어 파운드리는 정형·반정형·비정형 데이터 모두를 수집할 수 있는 구조이며, 원시 데이터를 압축하여 파일 형태로 수집하기에 데이터 저장 비용의 효율성이 높다.

도표 5-2 커넥션 레이어에서 수집하는 데이터 유형

데이터 유형	예시
정형 데이터	ERP, CRM 등 구조화된 시스템 데이터
반정형 데이터	JSON, XML 형태로 수집되는 로그 데이터나 센서 정보
비정형 데이터	PDF, 이미지, 오디오 등 다양한 형식의 문서 및 멀티미디어 파일

또 다른 특징은 팔란티어 파운드리는 커넥션 레이어에서 전통적인 ETL(extract: 데이터를 원천 시스템에서 추출 → transform: 데이터를 목적에 맞게 정제 → load: 데이터를 타깃 시스템에 적재)방식이 아닌, ELT 방식을 채택함으로써 확연한 차별화를 이룬다. 이 구조적 전환은 기술 방식의 차이를 넘어 데이터 처리 속도와 유연성 그리고 실무자 중심의 실질적 활용성을 크게 향상시킨다.

기존 ETL 기반의 데이터 플랫폼은 데이터 변경이나 확장 시 추출과 정제 등의 변경이 필요하기에 IT 부서의 개입이 필수적이었고, 그래서 실시간성이나 실행 속도 측면에서 한계가 존재

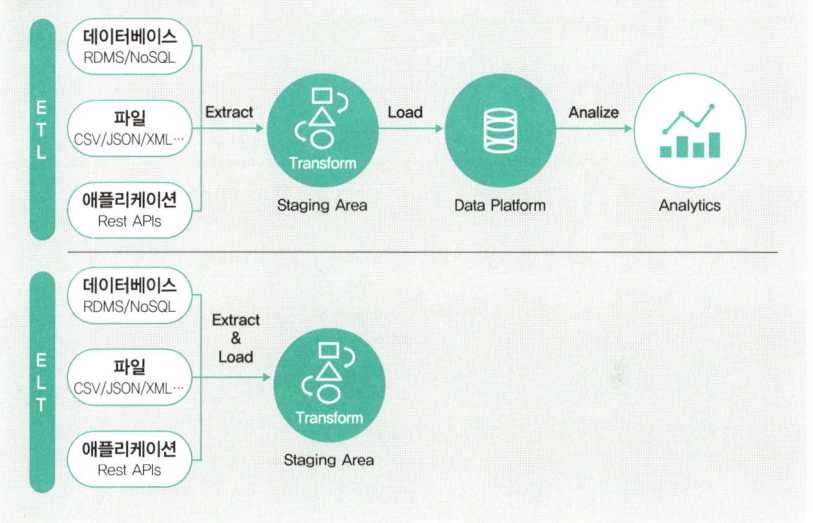

도표 5-3 ETL vs ELT

출처: http://rivery.io/blog/etl-vs-elt

했다. 그러나 팔란티어 파운드리의 ELT 구조에서는 데이터를 먼저 적재한 뒤, 실제 사용자가 파운드리상에서 직접 재구성하거나 확장할 수 있는 구조로 설계돼 있다.

이는 곧 도메인 지식과 업무 이해도가 가장 높은 현업 사용자가 데이터의 실질적 가치를 직접 발굴하고 활용할 수 있는 환경을 제공함을 의미한다. IT 인력에 대한 의존 없이도 현업이 주도적으로 데이터를 가공하고 활용함으로써 전체 조직의 데이터 기반 의사결정 속도와 정확성, 비용 효율성을 획기적으로 끌어올릴 수 있다. 이런 ELT 기반의 데이터 수집 방식은 두 번째 계층인 데이터 레이어 data layer에서 더 많은 장점을 가진다.

데이터 레이어(데이터 파이프라인 구축 계층)

팔란티어 파운드리에서는 ELT 방식에 따라 원천 시스템의 데이터를 그대로 적재하는 구조를 채택하고 있다. 예를 들어 SAP ERP의 고객 데이터를 원천 시스템으로 삼는 경우, 해당 시스템의 데이터가 그대로 파운드리 내에 원시 데이터 세트로 적재된다. 이는 곧 추출과 적재 단계가 완료된 상태를 의미하며, 팔란티어는 이 과정을 통해 SAP 데이터베이스와 동일한 수준의 데이터를 자체 플랫폼 내에 확보하게 된다.

그러나 이 원시 데이터 세트는 비즈니스 유저가 곧바로 활용하기 어려운 형태다. 칼럼명이 대부분 시스템 내 내부 코드 형태로 돼 있어 직관적으로 이해하기 어렵기 때문이다. 따라서 다음 단계로 진행되는 작업이 바로 '정제'다. 이 과정에서는 실제 사용자가 익숙하게 인식하고 활용하는 칼럼명과 데이터 구조로 변환하며, 이렇게 가공된 데이터는 클린 데이터 세트로 정의된다.

클린 데이터 세트는 단순히 가독성을 높인 데이터가 아니라 비즈니스 유저 관점에서 바로 활용 가능한 수준으로 구조화된 데이터를 의미한다. 이 과정을 통해 기술적 장벽 없이 실무자 중심의 데이터 활용이 가능해지고, 나아가 데이터 기반 의사결정을 할 수 있게 된다. 데이터의 실질적 가치는 바로 이 지점에서 창출되며, 이는 파운드리의 구조가 가진 전략적 강점 중 하나다.

가장 널리 사용되는 데이터 원천 중 하나인 SAP ERP의 경우, 특히 S/4 HANA 버전부터는 팔란티어 파운드리와 매우 효율적인 데이터 처리 구조를 갖추고 있다. 이 버전에서는 표준화된 데이터 커넥터를 통해 원천 데이터를 파운드리로 자동 적재할 수 있으며, 이 과정에서 메타데이터 기반의 정제가 자동으로 수행된다. 결과적으로 원시 데이터 세트에서 클린 데이터 세트까지 자동으로 연결되는 데이터 파이프라인이 작동하게 된다.

이 파이프라인은 데이터의 양과 구조에 따라 소요 시간이 달라지지만, 일반적으로 몇 분에서 몇 시간 이내에 모든 처리가 완료된다. 클린 데이터 세트가 생성되면, 비즈니스 유저는 더 이상 IT 부서나 데이터 담당자의 개입 없이도 자신에게 필요한 데이터를 직접 선택·가공·분석하여 실무에 즉시 반영할 수 있다.

이런 자동화된 흐름은 업무 편의성을 넘어 데이터 활용 속도와 품질을 동시에 확보할 수 있다는 점에서 전략적으로 매우 중요한 의미를 가진다. 즉, 기술적 복잡성을 제거하고 데이터 소비자의 자율성을 극대화하는 구조가 바로 팔란티어 파운드리의 핵심 경쟁력 중 하나다.

클린 데이터 세트가 확보되면, 비즈니스 유저는 팔란티어 파운드리 내에서 자신이 보유한 도메인 지식을 바탕으로 문제 해결을 위한 데이터 기반 접근을 빠르게 시작할 수 있다. 이 단계에서 유저는 추가로 필요한 데이터를 손쉽게 불러오고, 'Low Code'

또는 'No Code' 방식으로 직접 데이터를 가공하며 분석 흐름(파이프라인)을 설계할 수 있다.

최근에는 LMM 기반의 AIP 애플리케이션 서비스가 제공돼 이런 작업이 더욱 혁신적인 방식으로 진화하고 있다. 비즈니스 유저가 코드 없이 자연어로 "A 데이터 세트와 B 데이터 세트를 고객 전화번호 기준으로 병합해"라고 명령하는 것만으로 원하는 데이터 변환 작업을 스스로 진행할 수 있다. 이는 비즈니스 유저의 편의성과 권한을 높여주는 수준을 넘어 조직 전반의 데이터 활용 역량을 비약적으로 끌어올린다. 비유하자면, 일반 병사에게 아이언맨 슈트를 입혀 슈퍼 히어로의 역량을 부여하는 것과 같은 장면이 실제 기업의 데이터 환경에서 현실화된 것이다.

결과적으로 데이터 레이어에서는 기존에 개념적으로만 존재하던 CDS[citizen data scientist*], 즉 전문 데이터 과학자가 아니더라도 데이터 기반의 문제 해결이 가능한 실무 인재를 현실로 구현해내는 기반을 마련하게 된다. 이는 조직 전반의 분석 속도, 실행력 그리고 디지털 자율성을 동시에 제고하는 핵심 전력을 지지하는 중요한 계층이며, 팔란티어 파운드리에서 가장 비밀에 싸여 있는 온톨로지로 가는 출입구 역할을 한다.

> CDS: 전문 데이터 과학자는 아니지만 비즈니스 현업에서 데이터 분석 도구와 AI 솔루션을 활용해 의사결정을 지원하는 사람. 이들은 코딩 지식 없이도 셀프서비스 분석 플랫폼이나 시각화 툴 등을 사용해 데이터를 이해하고 인사이트를 도출한다. CDS의 등장은 데이터 기반 조직 문화 확산과 디지털 전환 가속화에 중요한 역할을 한다.

온톨로지 레이어 (데이터-로직-액션 계층)

팔란티어 파운드리의 아키텍처 중 온톨로지 레이어^{ontology layer}는 가장 핵심적인 동시에 가장 철학적인 위치를 차지하는 구성 요소다. 팔란티어 온톨로지를 설명하다 보면 "이것이 결국 그래프 DB^{graph database*}와 같은 구조가 아닌가요?"라는 질문을 종종 받게 된다. 실제로 개념적 유사성이 존재한다. 팔란티어 파운드리의 온톨로지는 객체와 링크를 중심으로 데이터를 구성하는데, 이는 그래프 DB에서의 노드^{node*}와 에지^{edge*} 개념과 구조적으로 매우 닮았다.

> **그래프 DB**: 데이터 간의 관계를 노드(node)와 에지(edge)로 표현하는 데이터베이스. 전통적인 관계형 DB보다 복잡한 연결 구조나 패턴 탐색에 강점을 가지며 추천 시스템, 소셜 네트워크 분석, 사기 탐지, 온톨로지 구성 등에 활용된다.
>
> **노드**: 그래프 DB에서 하나의 개체 또는 데이터 항목. 노드는 각각 고유한 속성(예: 이름, 나이 등)을 가질 수 있고, 다른 노드와 '링크'로 연결되어 관계를 형성한다. 이런 구조 덕분에 복잡한 데이터 관계를 직관적이고 빠르게 탐색할 수 있다.
>
> **에지**: 그래프 DB에서 두 노드 간의 관계를 나타내는 연결선. 각 에지는 방향성(단방향, 양방향)을 가질 수도 있고, 관계의 종류나 속성(예: 관계 시작일, 강도 등)을 포함할 수도 있다. 에지를 통해 데이터 간의 연결과 의미 있는 관계 분석이 가능해져서 복잡한 네트워크나 연관성 기반 분석에 매우 유용하다.

이런 구조는 전통적인 테이블 기반 데이터베이스와 달리 데이터 간의 관계와 맥락을 중심으로 구성되기 때문에 복잡한 연결 관계를 탐색하고 해석하는 데 탁월한 장점을 가진다. 예를 들어 하나의 부품 객체를 기준으로 그 부품을 사용하는 여러 제품 객체로 연결된 후, 다시 이 제품을 구매한 고객 객체까지 관계를 따라가며 탐색할 수 있다. 이는 그래프 DB의 대표적인 강점인 연결 중심 질의^{query traversal*} 개념과 유사하다.

결과적으로 팔란티어 온톨로지는 단순한 그래프 DB와는 다른 방식으로 구현됐지만, 그래프 구조의 핵심 개념을 비즈니스 현

> **연결 중심 질의**: 그래프 DB에서 노드와 노드를 잇는 에지를 따라가며 데이터를 탐색하는 방식. 예를 들어 'A의 친구의 친구는 누구인가?' 같은 질의는 단순한 필터링이 아니라 여러 단계를 거쳐 관계를 추적하는 과정이 필요하다. 전통적인 관계형 DB보다 훨씬 빠르고 유연하게 연속적인 관계를 탐색할 수 있어 추천 시스템, 소셜 네트워크 분석, 공급망 추적 등에 효과적으로 사용된다.

실에 맞게 재구성한 형태라고 정의할 수 있다. 이는 온톨로지가 그저 데이터를 저장하고 나열하는 체계가 아니라 기업 내 모든 데이터를 객체 중심으로 통합하고 그 관계를 역동적으로 활용할 수 있도록 지원하는 전사적 데이터 전략의 핵심 엔진으로 작동하게 하는 중요한 기반이다.

요약하면, 팔란티어 파운드리의 온톨로지는 그래프 DB 기술의 구조적 강점을 활용하면서도 이를 넘어서는 비즈니스 의미 모델business semantic model로 작동한다는 점이 핵심이다.

- **유사점**: 그래프 DB처럼 객체와 링크를 활용해 데이터 간의 관계를 구조화며, 연결 중심의 탐색이 용이하다. 이는 빠른 관계형 데이터 분석과 시각화를 가능케 한다.
- **차이점**: 온톨로지는 데이터 간의 연결에 그치지 않고, 각 객체에 도메인 지식, 비즈니스 로직, 워크플로 액션까지 내재시킨다는 점에서 훨씬 상위 개념이다. 그래프 DB가 '구조'라면, 온톨로지는 '의미와 기능'을 포함한 포괄적 운영체계다.

비유하자면 그래프 DB는 데이터 모델의 뼈대 역할을 하고, 온톨로지는 그 위에 살과 근육을 더해 실제 움직이는 생명체를 구현하는 구조다. 이 완전체는 결국 디지털 트윈digital twin*으로 연결되어 실시간 운영과 의사결정을 가능하게 하는 실용적 결과물을 만들어낸다. 기업은 온톨로지를 통해 그래프 DB의 속도와 유연성이라는 기술적 이점을 누리는 동시에, 비즈니스 맥락을 반영한 데이터 활용 체계를 구축함으로써 실질적인 디지털 경쟁력을 확보할 수 있다.

> **디지털 트윈**: 현실세계의 사물, 시스템, 공정 등을 디지털 공간에 그대로 복제한 가상 모델. 센서나 IoT를 통해 실시간 데이터를 수집하고, 이를 기반으로 디지털 환경에서 시뮬레이션하거나 성능을 예측할 수 있다. 제조, 건설, 에너지, 도시관리 등 다양한 분야에서 활용되며 운영 효율성 향상, 예방 정비, 비용 절감에 큰 도움이 된다. 현실과 가상을 연결해 실시간 의사결정을 가능하게 해주는 핵심 기술이다.

# Palantir
온톨로지를 구성하는
3대 기능적 요소

데이터: 비즈니스의 복잡한 현실을 표현

　온톨로지에 반영되는 데이터는 파운드리 내 데이터 레이어에서 구축된 오브젝트 데이터 세트와 연결되어 올라온다. 단, 오브젝트 데이터 세트의 모든 데이터를 온톨로지로 전송하는 것은 아니다. 비즈니스적으로 핵심이 되는 데이터만을 선별하여, 색인 처리를 거친 후 온톨로지로 올린다. 따라서 실무적으로 '그래프 DB 형태의 색인화 구조'라고 생각하면 이해하기 쉬울 것이다.
　팔란티어 파운드리의 온톨로지 레이어에서는 데이터가 '객체'라는 형태로 표현된다. 이는 단순한 기술적 포맷의 전환이 아니라 비즈니스 실체를 디지털상에 재현하는 구조적 전환을 의미한다. 예를 들어 제조업이라면 고객·제품·설비·생산 오더 등이

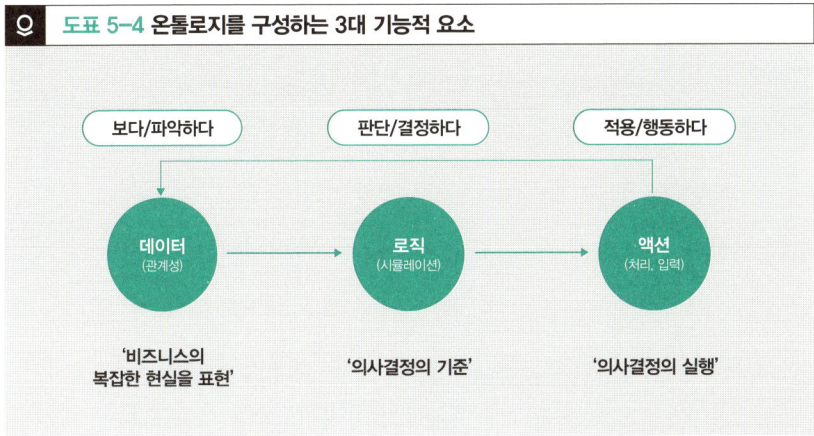

도표 5-4 온톨로지를 구성하는 3대 기능적 요소

객체로 정의되고, 건설업에서는 프로젝트·공정·도면·장비 등이 대표적인 객체가 된다. 즉 온톨로지 계층에서 데이터는 곧 '객체'이며, 이는 단일한 데이터 포인트가 아닌 의미론적 실체의 디지털화된 표현이다. 이런 객체 기반 구조는 단순한 테이블 또는 정보 정리가 아니다. 현실세계의 비즈니스 흐름을 디지털 공간에서 재현하고 연결하는 디지털 트윈의 실현 기반으로 기능한다. 바로 이 지점이 팔란티어 파운드리 내에서 온톨로지 레이어가 가장 중요한 계층으로 평가받는 이유이기도 하다.

하지만 많은 기업이 팔란티어 도입 과정에서 온톨로지 레이어를 구성하는 데 가장 큰 어려움을 겪는다. 이는 팔란티어의 솔루션 구조가 복잡해서가 아니다. 오히려 기업 내부에서 문제를 '데이터'로 정의해본 경험이 부족하기 때문이다. 대다수 조직은 그동안 감각적 판단이나 직관 기반의 문제 정의에 익숙했고, 정량적이고 구조화된 방식으로 문제를 언어화하고 객체화하는 경험이 축적되지 않았다.

결과적으로 제대로 된 온톨로지 레이어 설계란 단순히 데이터 모델링의 영역이 아니라 '문제 정의의 방식 자체를 디지털 언어로 재정의하는 작업'이다. 즉, 온톨로지의 객체(데이터) 설계를 제대로 하지 못했다면 문제 해결에 대한 설계가 잘못된 것이다. 기초가 잘못된 건물과도 같기에 애플리케이션 레이어에서 아무리 고도화한다고 해도 문제를 제대로 해결할 수 없다.

그래서 팔란티어 도입 초기부터 온톨로지 레이어 설계는 단순한 기술 구축이 아니라 전사 전략 차원의 과제로 접근해야 한다. 이는 데이터를 정리하고 시각화하는 작업을 넘어 조직 내 문제 정의 능력, 도메인 지식, 데이터 리터러시 그리고 무엇보다 현업의 실질적 참여 역량을 통합적으로 끌어올리는 협업 체계를 의미한다.

그러나 두 기업에서 실질적으로 이 작업을 이끌어본 경험을 토대로 말하자면, 온톨로지 레이어를 한 번에 완성도 높게 설계하는 것은 불가능에 가깝다. 현실적인 접근 방식은 처음부터 완전한 유니버스^{universe}(하나의 우주적 데이터 모델)를 만들려고 하지 말고, 핵심 비즈니스 영역을 중심으로 마이크로코스모스$^{micro\text{-}cosmos}$(소우주)를 먼저 정의한 뒤 해당 영역에서 온톨로지 기반 데이터 모델을 설계하고 운영해보는 것이다.

이 소우주는 반드시 다음의 조건을 충족해야 한다. 첫째 조직 내에서 업무 임팩트가 크고, 둘째 관련된 현업·TF 조직의 실행 역량이 충분하며, 셋째 초기 성과를 바탕으로 확장 가능성이 큰 영역이어야 한다.

온톨로지 설계의 실현 가능한 전략은 복수의 소우주를 먼저 구축한 후, 이를 운영 경험과 실질적 개선 과정을 거쳐 복수의 소우주를 통합하여 메소코스모스^{meso-cosmos}(중우주) 수준으로 점진적으로 확장해나가는 것이다. 이 접근 방식은 전사적 설계로 인한 과도한 시간 소요를 피하면서도 현실적인 진화 전략을 수립할 수 있다는 점에서 높은 성공률을 보장한다.

그러나 온톨로지 레이어의 객체를 프로젝트 단위로 쪼개 설계하는 방식은 특히 경계해야 한다. 단일 프로젝트 단위로 온톨로지를 구성하면 또 다른 데이터 사일로를 만드는 결과를 초래할 수 있기 때문이다. 온톨로지는 비록 소우주 개념으로 시작하더라도, 기본적으로 '우주'다. 즉, 데이터 객체와 관계를 정의하는 설계 단위는 최소한 사업본부 단위 또는 핵심 밸류체인 단위 이상이 되어야 전략적 의미가 있다. 단일 프로젝트 수준에서는 객체 간 관계가 충분히 형성되지 못하며, 이를 기반으로 한 데이터 통합이나 운영체계로의 전환도 한계에 부딪히게 된다.

지금까지의 내용을 요약하면 다음과 같다.

- 현실적 제안: 빠른 실행을 하되, 범위는 전략적으로 잡아야 한다.
- 전사 단위 우주관으로 온톨로지를 처음부터 설계하려는 접근은 대부분 실패한다. 시간이 과다하게 소모될 뿐 아니라 조직 내에 도메인과 파운드리에 정통한 전문가가 없기 때문이다.
- 빠르게 하려고 프로젝트 단위로 객체를 정의하면 기존의 데이터 사일로를 반복할 뿐이다. 객체 간 연결성이 부족하고 확장성이 저하되며 재사용 가능성이 작기 때문이다.
- 초기 온톨로지 설계는 소우주적 접근(사업본부 또는 기능 중심)을 택하되, 전사 확장을 염두에 둔 설계 철학과 공통 프레임을 반드시 내재화해야 한다.

온톨로지는 단순한 데이터 설계가 아니라 조직의 문제 정의 방식과 운영 철학이 내재화된 구조화 방식이다. 초기 설계의 범위와 깊이에 대한 균형 감각이 없으면, 디지털 전환의 핵심 도구가 '분절된 정보 시스템'으로 전락할 수 있다. 빠른 실행과 장기적 통합 가능성 간의 균형을 유지하는 것이 가장 어려운 전략 포인트다.

로직: 의사결정의 기준

온톨로지 레이어의 두 번째 핵심 구성 요소는 로직이다. 이는 단순한 알고리즘이나 스크립트가 아니라 데이터 객체와 유기적으로 연결되어 의사결정의 기준을 정의하는 핵심 구성 요소다. 여기에는 다음과 같은 다양한 분석 및 지능형 모델들이 포함된다.

- 예측 모델
- 최적화 알고리즘
- 클러스터링
- 분류 모델 등

이들 로직은 단독으로 존재하거나 독립적으로 실행되는 것이 아니다. 온톨로지의 객체(즉 데이터)와 긴밀하게 연계되어, 실시간 업무 프로세스 내에서 특정 조건을 만족하거나 특정 패턴이 감지됐을 때 자동으로 실행되고 반응하도록 구성된다.

이런 구조에서 로직은 단순 분석을 넘어 실행 가능한 판단 기준으로 작용한다. 즉, 객체에 저장된 데이터가 로직을 통해 분석·판단되며, 그 결과에 따라 특정 액션이 발생하거나 워크플로가 자동으로 조정된다. 이는 곧 팔란티어 파운드리가 데이터 플랫폼을 넘어 실행 플랫폼으로 확장될 수 있는 핵심 기반이 된다.

더 나아가 이렇게 생성된 의사결정 결과는 액션을 통해 다시 객체에 입력되어 저장된다. 이는 단순 기록의 차원이 아니라 객체와 로직 사이에 형성된 피드백 루프 feedback loop를 통해 데이터가 계속해서 진화하고 정교화되는 선순환 구조를 형성한다.

결론적으로, 로직은 객체와 분리된 분석 도구가 아니라 객체와 함께 호흡하며 조직의 데이터 기반 의사결정 수준을 구조적으로 끌어올리는 지능형 요소로 기능한다. 이처럼 로직과 객체의 통합적 운용은 팔란티어 파운드리의 온톨로지 레이어가 단순 저장소가 아니라 전략적 의사결정 엔진임을 보여주는 대표적 예라고 할 수 있다.

액션: 의사결정의 실행

팔란티어의 온톨로지 레이어에서 객체를 중심으로 비즈니스 문제를 이해하고, 로직을 통해 의사결정 기준을 정립했다면, 이제 마지막 단계는 그 의사결정을 액션으로 옮기는 일이다. 팔란티어 파운드리를 기존 데이터 플랫폼과 명확히 구분 짓는 핵심적인 차별점이며, 팔란티어를 '3세대 데이터 플랫폼'으로 정의하는 이유이기도 하다.

기존 1~2세대 데이터 플랫폼들은 대부분 다음과 같은 흐름에 머무른다.

- 데이터를 수집하고 통합한다(파이프라인 구축).
- 알고리즘을 적용해 인사이트를 도출한다(로직 반영).
- 문제가 있다는 사실을 사용자에게 전달한다(알림, 대시보드).

하지만 여기서 끝이다. 의사결정 실행, 즉 조직이 실제로 행동을 취하는 프로세스는 여전히 외부 시스템 또는 사람의 수작업(현실세계)에 의존한다. 문제는 여기서 시작된다. 의사결정과 실행 사이의 간극은 속도 저하, 오류, 실행 이탈, 피드백 부재 등 다양한 비효율을 발생시킨다. 데이터 플랫폼의 데이터를 통해 비즈니스의 문제를 인식하고 로직을 통해 의사결정의 기준을 삼아서 실행의 근거를 만들었으나, 정작 실행은 데이터 플랫폼(디지털 세계)이 아닌 업무 시스템(현실세계)에서 별도로 하는 것이다. 디지털 트윈이 이뤄지지 않는 구조다. 그에 비해 팔란티어 파운드리의 온톨로지 레이어는 액션이라는 기능을 통해 '실행'까지 책임진다. 이것이 디지털 세계에서 액션이라는 기능을 통해 현실세계로 업무를 완결 짓게 하여 실시간 디지털 트윈을 실현되게 하는 것이다.

실행은 어떻게 이뤄질까?

- 알림 : 특정 조건 충족 시 슬랙^{slack}, 이메일, 카카오톡 등으로 실시간 알림
- 입력 : 제안된 해결책을 ERP, MES 등 운영 시스템에 직접 반영
- 업무 처리 : 승인·반려·예외 처리 등의 행동을 파운드리 내부에서 즉시 처리 또는 기존 업무 시스템에 실행하도록 업무 지시

이런 구조 덕분에 팔란티어는 데이터를 분석하는 툴이 아니라 실질적인 업무를 설계하고 운영까지 가능하게 하는 플랫폼으로 진화한다. 핵심 포인트를 다시 정리하면 다음과 같다. '데이터 → 인사이트 → 실행 → 데이터'로 끊임없이 피드백되는 선순환 구조가 완성된다. 이 피드백 루프를 통해 시스템은 지속적으로 자기강제^{self-reinforcing}되고 더 스마트해진다. 결과적으로 팔란티어 파운드리는 데이터 플랫폼인 동시에 운영체제로 진화하는 것이다.

팔란티어의 진정한 경쟁력은 액션까지 연결된 통합 구조에 있으며, 이는 분석을 넘어 업무를 설계하고 실현하는 디지털 운영체계로의 도약을 의미한다. 팔란티어를 전통적인 데이터 플

랫폼과 본질적으로 구분 짓는 지점이 이것이다.

애플리케이션 레이어

최근 몇 년간 팔란티어의 급성장을 견인한 핵심 동력은 LLM을 기반으로 한 AIP의 등장이었다. AIP는 지금의 팔란티어 파운드리에서 애플리케이션 레이어application layer의 대표 주자로 자리매김하고 있으며, 실제 UI에서 가장 넓게 접하게 되는 지점이자 온톨로지를 가장 쉽고 직관적으로 활용할 수 있는 수단이 되고 있다. 과거의 데이터 플랫폼이 주로 전문가 중심의 설계와 운영을 요구했다면, AIP는 이를 비전문가인 일반 현업 사용자도 비즈니스에 손쉽게 활용할 수 있는 구조로 전환시킨 것이다. 이처럼 AIP는 질문-응답형 LLM 인터페이스를 넘어서 온톨로지와 결합된 실행형 인터페이스로 진화하고 있으며, 이는 곧 파운드리의 핵심 철학인 데이터-로직-액션의 순환 구조를 실현하는 최전방의 접점이다.

앞서 소개한 AIP가 애플리케이션 레이어에서 최근 가장 주목받는 인터페이스라면, 팔란티어를 3세대 데이터 플랫폼으로 진화시킨 핵심 동력은 바로 워크숍이라는 앱이다. 워크숍은 데이터 조회나 분석을 넘어 실제 업무 프로세스를 구동하는 환경을 제공한다. 구체적으로는 온톨로지에 정의된 객체(데이터)를 기반으로 워크플로를 구성하고, 여기에 비즈니스 로직을 반영해 의사결정 기준을 설정한 뒤, 액션을 통해 실질적인 실행까지 연결하는 전 과정을 지원한다.

쉽게 말하면, 워크숍은 SAP의 업무 처리 화면과 유사한 역할을 하는 팔란티어 파운드리 내 핵심 애플리케이션이다. 하지만 단순 입력·조회 기능을 넘어 데이터-로직-액션의 전 주기를 통합적으로 구성하고 운영할 수 있다는 점에서 차별성을 가진다.

이런 워크숍의 존재는 기존 데이터 플랫폼들이 분석과 시각화에 머물렀던 것과 달리, 데이터 기반 의사결정이 실제 업무

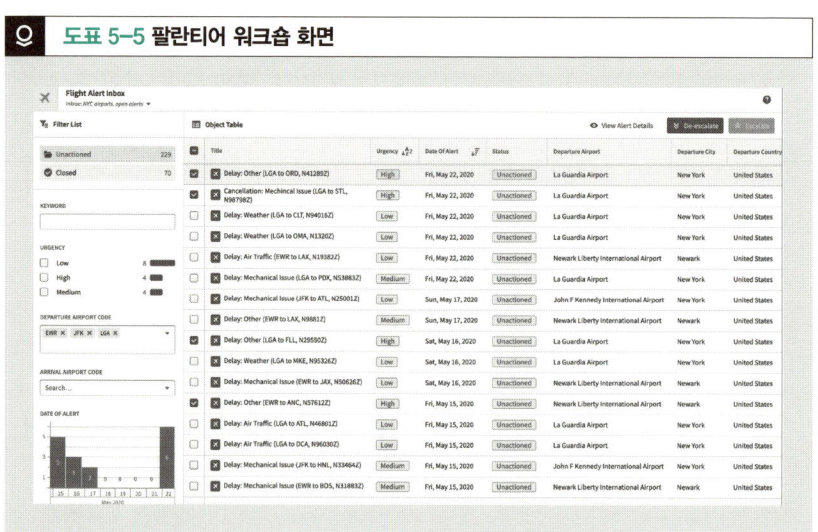

도표 5-5 팔란티어 워크숍 화면

출처: 팔란티어 공식 홈페이지

도표 5-6 고담 프로그램 화면

출처: 팔란티어 공식 홈페이지

실행으로 자연스럽게 이어지는 구조를 가능케 한다. 이것이 바로 팔란티어 파운드리가 단순 BI(business intelligence) 도구나 분석 툴이 아닌 실행형 디지털 플랫폼으로 자리 잡을 수 있었던 중요한 이유이기도 하다.

팔란티어 파운드리의 주요 특징 중 하나는 온톨로지상의 객체(데이터)가 조회용에 머무르지 않고 실시간으로 업무에 반영되며, 그 결과가 다시 데이터 세트로 입력되는 운영 시스템 구조로 돼 있다는 점이다.

팔란티어 파운드리의 실전 활용성을 가장 효과적으로 구현하는 핵심 기능 중 하나가 워크숍 앱이다. 이 앱을 통해 사용자는 기존에 정의된 온톨로지 객체를 기반으로 실제 업무 프로세스를 가설적으로 설계하고, 이를 파운드리 플랫폼 내에서 직접 시뮬레이션하며 운영 환경 수준에서 구현해볼 수 있다. 샘플 수준의 모델링을 넘어 실제 운영 가능한 MVP를 신속하게 구성하고, 이를 현업 피드백을 통해 지속적으로 수정·개선해나가는 애자일 방식의 전환이 가능하다. 이처럼 빠른 반복과 개선이 가능한 구조는 시스템 완성도를 비약적으로 끌어올린다.

기존 시스템 구축 방식에서는 업무 흐름을 우선 파워포인트나 프레임워크 도식으로 정리한 후, 이를 바탕으로 UI 화면을 설계하고 개발에 착수하는 순차적 접근이 일반적이었다. 하지만 이런 워터폴waterfall 방식*은 정확한 요구사항이 정리되기 전에도 상당한 자원을 투입하게 하기 때문에 사소한 기능을 개선하는 데도 많은 시간과 비용을 들여야 하는 비효율이 발생한다. 그런데 워크숍을 활용하면 업무 단위의 MVP를 몇 시간에서 1~2주일 이내에 완성할 수 있을 정도로 빠르게 구성할 수 있다. 물론 이런 MVP를 실제 운영으로 곧장 확대하는 것은 무리가 있다. 여기서 중요한 것은 실제 사용할 비즈니스 유저의 피드백을 받는 시점이 전통적인 SI 방식 대비 현격히 빨라진다는 점이다. 이런 빠른 실행력과 유연성이 파운드리가 지닌 애플리케이션 레이어의 실질적 경쟁력이다.

> 워터폴 방식: 프로젝트를 일련의 단계로 나누어 순차적으로 진행하고 관리하는 전통적인 프로그램 개발 방식.

결론적으로 워크숍은 데이터-로직-액션으로 이어지는 업

무 처리 체계를 현장 중심으로 구현할 수 있게 해주는 전략적 실행 플랫폼이다. 그리고 AIP는 워크숍뿐 아니라 파운드리의 전 계층에 걸쳐 자연어 기반 인터페이스를 제공함으로써 기존의 코드 기반 접근을 대체하거나 보완하며 사용자의 접근성과 생산성을 획기적으로 끌어올린다.

애플리케이션 레이어에는 다양한 앱이 존재하지만, 워크숍과 AIP라는 두 가지 요소만으로도 파운드리의 실전적 활용성과 차별성을 충분히 설명할 수 있다고 본다. 이는 기능 설명을 넘어 팔란티어가 지향하는 '현장 중심의 민첩한 데이터 운영' 철학을 실질적으로 구현하는 가장 핵심적인 축이기도 하다.

03 Palantir

온톨로지, 데이터 플랫폼을 넘어 '1'을 창조하다

팔란티어 창업자 피터 틸은 《제로 투 원》에서 "진정한 경쟁력은 0에서 1을 창조하는 기술에서 나온다"라고 했다. 1 이후의 2, 3, 4는 결국 모방의 연장선에 불과하다는 주장이다. 그는 '창조'와 '모방'을 구분하며, 시장에서의 독점은 근본적으로 '창조적 도약'에서 비롯된다고 강조한다.

이와 유사한 개념은 동양철학에서도 오래전부터 존재했다. KT의 김영섭 대표이사는 피터 틸의 이 개념을 인용하면서 노자의 《도덕경》 제42장의 구절, 즉 "도생일道生一, 일생이一生二, 이생삼二生三, 삼생만물三生萬物"을 함께 언급했다. 이 문장의 핵심은 '도道'라는 보이지 않는 질서가 '1'을 낳고 그 '1'로부터 만물이 생성된다는 것으로, 결국 '1'이 창조의 본질이며 이후는 모두 파생된 존재라는 철학적 통찰을 담고 있다. 시대와 문명을 넘어 '진정한 시작점'

에 대한 동서양의 해석이 동일한 방향을 가리킨다.

그렇다면, 팔란티어 솔루션에서 '1'은 무엇일까? 팔란티어 관계자들은 주저 없이 '온톨로지'라고 대답할 것이다. 이 답은 단순한 기술적 구성 요소의 선택이 아니라 팔란티어가 전통적인 데이터 플랫폼과 본질적으로 구별되는 지점이자 독점적 경쟁력을 형성하는 근거와도 연결된다.

온톨로지는 단순한 데이터 구조 설계나 데이터 모델링 도구가 아니다. 조직의 비즈니스 실체를 데이터로 구조화하고, 이를 중심으로 문제를 정의하고, 로직을 통해 해석하고, 액션을 통해 실행까지 연결하는 전체 경로를 디지털 자산화하는 구조다.

기존 시스템들은 대부분 데이터의 저장·분석·리포팅에 집중돼 있으며, 그 결과 업무는 여전히 운영 시스템과 데이터 시스템이 단절된 채 병렬로 존재한다. 그에 비해 팔란티어 온톨로지는 데이터·로직·액션이 한 축으로 연결된 유기적 구조로 설계돼 조직 내 실시간 의사결정의 기준을 일관된 데이터와 지식 기반으로 정립할 수 있게 한다. 이것이 결국은 데이터 플랫폼 내에 구축한 기술세계와 실질 업무 기반의 현실세계를 이어주는 디지털 트윈의 구현이라고 생각한다. 이는 단순한 기술이 아니라 기업이 '어떻게 문제를 정의하고 풀어갈 것인가'에 대한 사고방식의 전환이자 의사결정 체계의 구조 혁신이라고 할 수 있다. 바로 이 점이 온톨로지가 모방 불가능한 경쟁력을 갖는 이유다.

팔란티어가 제공하는 온톨로지는 데이터 플랫폼의 일부가 아니라 전사적 디지털 전환의 철학적 출발점이며, 조직 내부에서 '1'을 만들어내는 구조적 기반이다. 그렇기에 팔란티어 파운드리는 기술 솔루션을 넘어 '제로 투 원'을 구현하는 실질적 도구이며 새로운 업무 수행 방식, 의사결정 구조, 조직 운영체계를 창조하는 전략적 수단이라고 할 수 있다.

도표 5-7 온톨로지의 특장점

구분	내용
본질적 차별화 요소	대부분의 데이터 플랫폼은 데이터 통합·시각화·알림 수준에 머물지만, 팔란티어 온톨로지는 객체 중심의 의미론적 구조화를 통해 데이터를 비즈니스 실체로 변환한다. 이는 기존 플랫폼과 가장 큰 차별점으로 팔란티어만의 독자적인 구조다.
디지털 트윈의 기반	온톨로지는 단순한 데이터 모델이 아니라 현실세계의 복잡한 비즈니스 구조를 디지털상에서 실시간으로 반영할 수 있는 핵심 구조다. 이는 디지털 트윈 구현의 전제 조건이며, 타 플랫폼이 쉽게 모방할 수 없는 깊이와 정밀도를 갖는다.
문제 정의 능력 내재화	팔란티어는 문제 정의부터 시작한다. 온톨로지는 데이터를 객체로 추상화하고 관계를 모델링함으로써 문제를 스스로 정의하는 능력을 조직에 내재화하는 구조다. 일종의 사고 체계 전환이다.
운영 시스템으로의 확장성	온톨로지는 의사결정-실행-피드백까지 포괄하는 운영체계로의 확장을 가능하게 한다. 이는 데이터를 보는 것에서 그치지 않고 데이터를 기반으로 업무를 '움직이게' 하는 능력이다(디지털 트윈의 실행).
팔란티어 방식의 철학적 출발점	팔란티어의 철학은 단순히 데이터를 '분석'하는 것이 아니라 현실의 비즈니스를 데이터 위에 '재구성'하는 것이다. 온톨로지는 이 철학을 구체화하는 가장 전략적인 구현체이며, 팔란티어의 DNA라고 할 수 있다.

04 Palantir
팔란티어 vs 포인트 솔루션

앞서 언급한 '17대 1 화상회의 청문회' 사례에서도 드러났듯, 팔란티어 파운드리에 대한 질문의 상당수는 '우리 시스템엔 이 기능이 있는데, 왜 팔란티어 파운드리엔 없느냐'라는 식으로 시작된다. 팔란티어 파운드리를 포인트 솔루션 관점으로 바라보고 비교하기에 발생하는 전형적인 오류다. 앞서도 말했듯이, '포인트 솔루션'이란 특정 기능이나 단일 업무 목적에 맞춰 개발된 시스템을 말한다. 예를 들어 SCM 영역에는 오나인솔루션즈[O9 Solutions]나 SAP의 APO[advanced planning optimizer*] 같은 포인트 솔루션이 있고, CRM 영역에서는 세일즈포스나 마이크로소프트의 다이내믹 365[Dynamics 365] 같은 전문 시스템이 대표적인 포인트 솔루션이다.

> APO: SAP에서 제공하는 공급망 계획 솔루션. 수요 예측, 생산 계획, 배급 및 공급망 최적화를 통합적으로 지원한다. 제약 기반 계획 수립 기능을 통해 재고 최적화, 납기 준수율 향상, 운영 비용 절감 등의 효과를 제공한다.

포인트 솔루션은 각자의 도메인에서 정해진 목적에 맞춰 최적화된 기능을 제공하는 것이 특징이다. 그에 비해 팔란티어 파운드리는 특정 업무 목적을 위한 도구가 아니라 전사 데이터 통합과 분석, 실행까지 연결하는 '플랫폼'이다. 따라서 기능의 유무로 평가하는 접근은 팔란티어 파운드리의 본질을 간과한 것이다. 팔란티어 파운드리는 단일 기능의 유무로 평가할 수 있는 시스템이 아니다. 그 본질은 데이터 구조화, 관계 중심의 모델링, 도메인 기반의 확장성 그리고 온톨로지 기반의 실행 체계에 있다. 즉, 특정 도메인의 문제를 해결하기 위한 도구가 아니라 문제 정의부터 실행까지 전 과정을 포괄하는 통합형 플랫폼이다.

여러 외부 강의나 언론 매체를 통해 이런 팔란티어 파운드리의 특성을 '캔버스의 백지'에 비유한 적이 있다. 백지에는 화가의 목적과 상상력에 따라 유화, 수채화, 정밀화, 추상화 등 어떤 형태의 그림도 그릴 수 있다. 이와 마찬가지로 팔란티어 파운드리는 상황에 따라 그리고 고객의 문제에 따라서 완전한 맞춤형으로 제약 없이 구성할 수 있다는 점에서 단순한 시스템이 아닌 '고객 문제 해결 도구' 또는 '문제 해결 환경 자체'라고 할 수 있다. 그러나 대부분의 사용자가 본인에게 필요한 기능에 팔란티어를 대비하여 판단하기에 누군가는 데이터 플랫폼으로, 누군가는 AI 플랫폼으로, 누군가는 운영 시스템으로 인식하곤 한다.

팔란티어 파운드리를 특정 기능의 유무로 평가하거나, 기존 포인트 솔루션과 동일한 잣대를 대며 비교하는 것은 본질에서 벗어난 접근이다. 마치 드론과 헬리콥터를 같은 선상에 놓고 왜 드론은 사람을 태우지 못하느냐고 묻는 것과 다를 바 없다. 헬리콥터는 정해진 인원을 수송하는 임무를 수행하는 데 최적화된 시스템이다. 반면 드론은 수천 대를 동시에 운용할 수 있고, 특정 지역에 정밀하게 투입돼 정찰·타격·추적·감시, 심지어 전략적 표적 제거와 장거리 미사일 플랫폼 역할까지 수행할 수 있는 다기능 체계다. 본질적으로 작전의 접근 방식이 다르고, 단일 임무를 수행하는 도구가 아니라 복합적 목적에 따라 구성과 운용이 유연하게 변화할 수 있는 구조라는 점에서 큰 차이가 있다.

팔란티어 파운드리는 단일 기능이나 고정된 구조를 전제로 만들어진 시스템이 아니다. 문제의 정의, 데이터 통합, 관계 모델링, 알고리즘 적용 그리고 실행까지 전 과정을 하나의 플랫폼 내에서 유기적으로 연결하는 구조이기 때문에 기능 중심의 포인트 솔루션과 비교하는 것은 팔란티어 파운드리가 가진 전략적 유연성과 확장성을 간과하는 것이다.

팔란티어 파운드리의 진정한 경쟁력은 개별 기능이 아니라 전체를 연결하고 스스로 확장하며 최종적으로 '실행'에 도달할 수 있는 구조적 유연성에 있다. 지금 시대에는 정해진 기능을 가진 도구보다 변화에 따라 스스로 진화할 수 있는 플랫폼이 필요하다. 팔란티어 파운드리가 바로 그 요구를 충족할 수 있는 새로운 형태의 디지털 전환 인프라다.

따라서 팔란티어 파운드리를 평가할 때는 개별 기능보다 비즈니스 전반의 문제 정의, 데이터 기반 구조 설계, 실행과 연결된 의사결정 체계 구축과 이에 대한 실시간 실행이라는 관점에서 접근해야 한다. 그래야만 팔란티어의 진정한 가치가 드러나고, 조직에 필요한 전략적 활용 방안이 명확해진다.

팔란티어 파운드리를 고객의 관점에서 다양한 업무에 맞춰 유연하게 구성하고, 이를 실제 사용 환경에 맞춰 전개하는 모습을 〈도표 5-8〉과 같이 표현할 수 있다. 팔란티어와 기존 포인트 솔루션 연합을 TCO 관점에서 비교한 것이다.

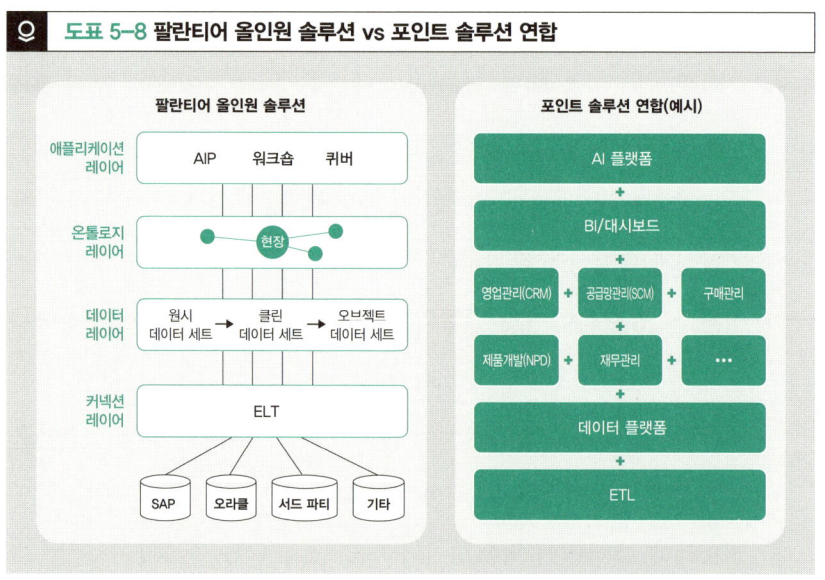

도표 5-8 팔란티어 올인원 솔루션 vs 포인트 솔루션 연합

고객이 여러 개의 포인트 솔루션을 각각 도입해 통합 운영하고자 할 경우 초기 비용 외에도 시스템 간 연동, 중복 개발, 유지보수, 사용자 교육 등에서 숨은 비용이 누적되며 복잡성과 리스크가 증가하게 된다. 반면 파운드리는 단일 플랫폼에서 다양한 도메인 문제를 통합적이고 유기적으로 처리할 수 있기 때문에 장기적으로 비용 효율성, 운영 일관성, 내재화 확장성 측면에서 탁월한 장점이 있다. 그리고 이런 구조야말로 팔란티어가 '엔터프라이즈 계약'을 고수하는 이유다. 단일 사용자 단위 과금이 아니라 전사적 활용을 전제로 하는 계약 구조를 통해 고객이 비용을 '사용량'이 아니라 '활용률' 중심으로 전략화할 수 있도록 설계한 것이다. 즉 팔란티어는 고객이 단편적인 도구로 쓰는 것이 아니라 비즈니스 전체를 아우르는 '디지털 운영체계'로 활용할 수 있도록 기반을 제공하는 플랫폼이다.

그림에서 볼 수 있듯이, 팔란티어 파운드리는 클라우드 기반의 통합 플랫폼으로 설계돼 있어 시스템 운영에서 별도의 복잡한 기술 스택skill stack이 요구되지 않는다. 이는 도입하는 기업의 기술적 운영 부담을 크게 줄여주는 구조이며, 결과적으로 빠르고 안정적인 확산을 가능하게 한다.

반면 여러 포인트 솔루션을 조합하여 유사한 아키텍처를 구성하려는 시도는 본질적인 한계를 안고 있다. 솔루션마다 SaaS, 온프레미스, 하이브리드 등 다양한 형태로 제공될 뿐 아니라 사용하는 기술 스택 역시 천차만별이다. 그 때문에 전체 시스템을 일관되게 통합하고 안정적으로 운영하기 위해선 상당한 시간과 전문적인 인력이 필요하며, 각 솔루션에 대한 지속적인 기술 내재화도 요구된다. 하지만 현실적으로 각기 다른 솔루션의 기술을 완벽하게 내재화하는 것은 불가능에 가깝다. 운영 인력의 기술 습득 한계, 솔루션 간 연동의 복잡성, 유지보수 및 업그레이드 시 발생하는 버전 충돌 등이 현장의 지속 가능한 운영을 저해하기 때문이다. 이런 구조는 초기 기획과는 달리 운영 현장에서 병목과 기술 의존성을 심화하는 결과를 가져올 가능성이 크다.

파운드리의 장점은 바로 이런 복잡성과 기술 분산 문제를 구조적으로 제거해주는 데 있다. 파운드리는 내부 역량을 기반으로 점진적인 내재화를 추진할 수 있는 구조이기 때문에 시간이 지날수록 추가 비용 없이도 안정적으로 확장하고 발전시킬 수 있는 장점이 있다. 반면 포인트 솔루션의 연합 구조는 근본적으로 외부 의존도가 높을 수밖에 없다. 각각의 포인트 솔루션은 고유의 시스템 아키텍처와 개발 방법론 그리고 최적화된 운영을 위한 별도의 기술 스택을 요구하기 때문에 기업 내부 인력만으로 일관된 운영을 하기는 현실적으로 어렵다. 결국 솔루션별로 SI 프로젝트가 발생할 때마다 외부 인력을 투입해야 하고, 그때마다 개발 및 유지보수 비용이 반복적으로 발생하게 된다.

예를 들어 하나의 기업이 10개의 포인트 솔루션을 운용한다고 가정하면, 최소 5~7가지 이상의 서로 다른 기술 역량이 필요해진다. 한 명의 운영자가 이 모든 기술을 숙련된 수준으로 갖출 수 있다면 이상적이지만, 현실적으로는 불가능에 가깝다. 결국 여러 명의 전문 인력을 확보하거나 외부 전문 조직에 의존할 수밖에 없으며, 그러면 당연히 IT 고정비가 증가하게 된다.

이런 문제는 시스템이 개발된 이후에도 반복된다. 다양한 포인트 솔루션의 운영 및 장애에 대응하기 위해서는 솔루션마다 별도로 구성된 운영체계와 인력이 필요하고, 이 역시 운영 복잡도와 비용 부담을 가중시킨다. 반면 팔란티어 파운드리는 통합 플랫폼 기반의 구조를 통해 개발과 운영 측면 모두에서 단일화된 역량 체계를 구축할 수 있으므로 지속 가능한 디지털 운영 환경을 만들어가는 데 훨씬 효율적인 전략적 대안이다.

05 Palantir
AI 혁명,
팔란티어의 대응 전략

21세기 인류의 위대한 발명품 중 하나는 단연 인공지능, 그중에서도 대형 언어 모델^{LLM}이다. 이제 AI는 더 이상 기술자들만의 영역이 아니라 비즈니스와 일상의 중심으로 빠르게 스며들고 있다. 'GPT', 'Claude', 'LLaMA' 같은 이름들도 더 이상 일부 전문가만 아는 고유명사가 아니며, 많은 기업이 이런 AI를 통해 혁신을 지속하고 전례 없는 성장을 이루고자 한다.

하지만 장밋빛 전망의 이면에는 혼란과 회의가 공존한다. 수많은 기업이 막대한 비용과 시간을 들여 AI를 도입하지만 현실은 그럴싸한 보고서나 단순 질의응답 수준의 챗봇을 넘어서지 못하는 경우가 대부분이다. CEO의 질문에 화려한 대시보드를 보여주는 '과학 실험'은 성공했을 수 있지만, 실제로 생산라인의 불량률을 줄이고 고객의 클레임을 해결하며 복잡한 공급망을 최적화

왜 이런 차이가 생기는 걸까? 왜 어떤 AI는 시를 쓰는 데 그치고, 어떤 AI는 공장의 가동을 멈추는 결정을 내릴 수 있는 걸까?

이 질문에 대한 해답이 팔란티어의 AI 전략에 담겨 있다. 팔란티어는 왜 LLM을 직접 개발하지 않는 길을 선택했는지 그리고 어떻게 AI를 단순한 '조언자'가 아닌 기업의 심장부에서 문제 해결을 위해 함께 뛰는 '행동대원'으로 만들고 있는지를 살펴보면 그 차이가 명확해진다. LLM 성능의 우열 문제가 아니라 AI를 바라보는 철학과 그동안 축적돼온 문제 해결을 위한 실행 DNA의 차이라고 본다.

팔란티어가 LLM을 만들지 않는 이유

팔란티어는 자체적으로 LLM을 만들지 않는다. 기술력이 부족해서가 아니라 시장의 본질을 꿰뚫어 본 명확한 전략적 선택이다. 현재 AI 시장은 GPT, Claude, LLaMA, Mistral 등 수많은 고성능 모델이 치열하게 경쟁하는 레드오션이다. 팔란티어는 이 모델 경쟁에 뛰어들기보다는 이들을 가장 잘 활용할 수 있는 '경기장'과 '룰'을 만드는 데 집중하고 있다.

현재 LLM은 시간이 흐를수록 점점 상품화되고 있다. 모델의 성능은 지속적으로 빠르게 향상되지만, 그와 동시에 모델 간의 차별성은 점차 줄어들고 있다. 오픈소스와 상용 모델 모두 상

의 차별성은 점차 줄어들고 있다. 오픈소스와 상용 모델 모두 상향 평준화되고 서로 닮아가고 있으며, 추론^{inference} 비용은 빠르게 떨어지고 있다.

팔란티어의 CTO(최고기술책임자) 샤얌 상카르$^{Shyam\ Sankar}$는 팔란티어의 2024 회계연도 3분기 실적발표에서 이 점을 명확히 짚었다.

"모델들은 점점 더 좋아지고 있지만, 동시에 폐쇄형과 오픈소스 모델이 점점 유사해지고 있다. 모델들이 전체적으로 개선되면서 서로 수렴하고 있으며, 추론 비용은 급격히 하락하고 있다. 이런 상황에서 모델 회사들은 가치를 창출하기 위해 모델 주변에 애플리케이션을 구축해야 한다. 바로 이 지점에서 우리는 적어도 경쟁사보다 10년은 앞서 있다."

2024년 스탠퍼드 HAI$^{human\text{-}centered\ artificial\ intelligence}$*에서 발표한 AI 인덱스 보고서를 보면, 챗봇 아레나 순위에서 1위와 10위 모델 간 Elo 점수* 차이는 11.9%였지만, 불과 1년이 채 지나지 않은 2025년 초에는 이 격차가 5.4%로 줄어들었다. 그리고 상위 두 모델 간 차이는 2023년에는 4.9%였던 반면, 2024년에는 0.7% 수준으로 급격히 줄어들었다. 점점 더 많은 기업이 고품질 모델을 제공하면서 경쟁이 더욱 치열해지고 있다.

> **HAI**: 스탠퍼드 인간 중심 인공지능 연구소. 인공지능 기술이 인간 중심의 방식으로 개발·적용되도록 연구, 정책, 교육, 윤리 분야에서 학제적으로 접근하는 것을 목표로 하는 기관이다.
>
> **Elo 점수**: 본래 체스 선수의 상대적 실력을 측정하기 위해 고안된 엘로 평점 시스템에서 유래한 점수 체계로, 최근에는 AI 모델 간 성능 비교 지표로 활용된다.

도표 5-9 챗봇 아레나 순위

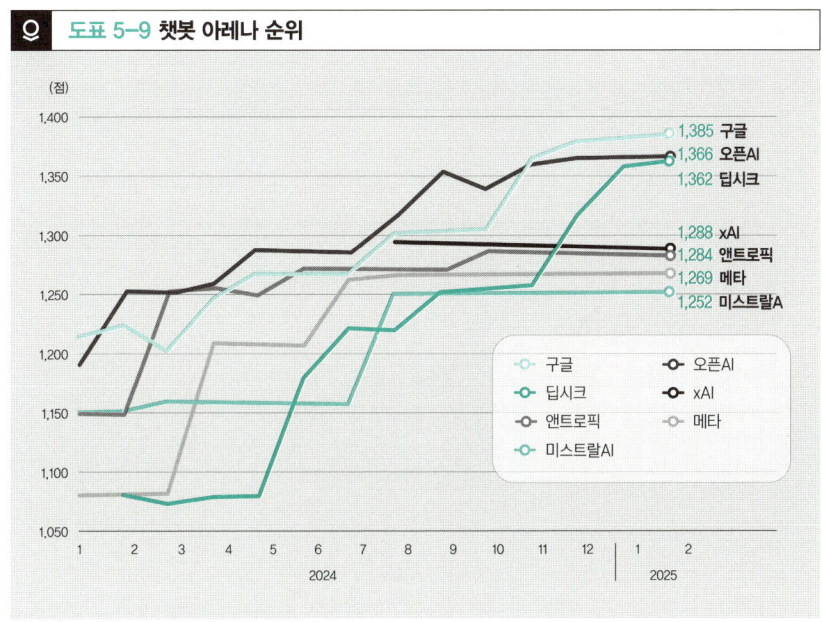

출처: LMSYS, 2025 | Chart: 2025 AI index report

또한 〈2025년 AI 인덱스 보고서〉에 따르면 점점 더 강력해지는 소형 모델의 발전으로 GPT-3.5 수준의 성능을 제공하는 시스템의 추론 비용이 2022년 11월부터 2024년 10월 사이에 280배 이상 감소했다. 이런 추세는 AI에 대한 접근 장벽을 빠르게 낮출 것으로 보인다.

결국 LLM은 시간이 갈수록 누구나 쉽게 구할 수 있는 '상품'이 될 것이다. 이는 마치 과거 석유 시장의 패권이 이동한 과정과 유사하다. 오랫동안 중동의 산유국들은 원유 공급을 조절하며 세계 유가를 좌우하는 절대적인 힘을 가졌지만, 미국에서 셰일

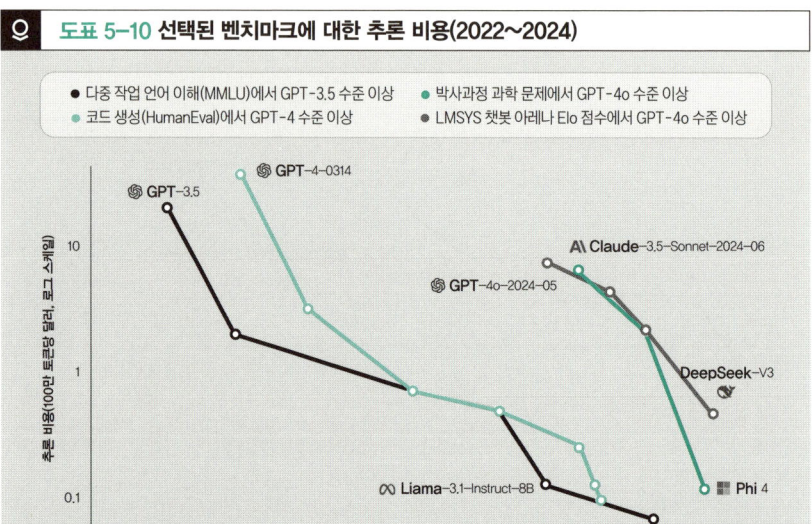

출처: Epoch AI, 2025: Artificial Analysis, 2025 | Chart: 2025 AI index report

의 가격 결정권은 약해지고 국제 유가의 변동성 또한 이전보다 줄어들었다. LLM 시장도 마찬가지의 흐름을 보인다. 특정 기업이 독

셰일가스: 셰일층(이암층) 깊숙이 매장된 천연가스로, 일반 천연가스보다 채굴이 어려웠으나 수압파쇄와 수평시추 기술의 발달로 대량 생산이 가능해졌다. 미국이 이를 활용해 에너지 수출국으로 떠오르며 세계 에너지 지형에 큰 변화를 일으켰고, 에너지 자립도와 국제 유가에 영향을 미치고 있다.

점하던 모델의 시대는 빠르게 저물고, 수많은 고성능 모델이 경쟁적으로 등장하면서 모델 자체의 희소성이 사라지고 있다. 기업의 진정한 경쟁력은 특정 LLM을 소유하는 것이 아니라 어떤 모델이든 비즈니스 상황에 맞춰 유연하게 교체하고 활용할 수 있는 '구조'에서 나온다. 팔란티어는 바로 이 '구조'의 중요성을 일찌감

는 '구조'에서 나온다. 팔란티어는 바로 이 '구조'의 중요성을 일찌감치 간파한 것이다.

AI의 진짜 가치는 '실행'에서 나온다. 대부분의 기업이 LLM을 도입하면서 겪는 가장 큰 좌절은 AI가 내놓은 '답변'을 실제 업무에 '연결'하지 못한다는 점이다. '지난 분기 대비 실적이 저조한 제품군은 무엇인가?'라는 질문에 AI가 명쾌한 분석을 내놓는다고 해도, 그 원인을 파악하고 재고를 조정하며 마케팅 전략을 수정하고 새로운 생산 계획을 수립하는 일련의 '실행'은 여전히 사람의 몫으로 남는다.

이것이 팔란티어가 LLM 개발 경쟁 대신 '적용 및 워크플로(애플리케이션 레이어)'에 집중하는 이유다. 팔란티어의 전략은 LLM이 제시하는 분석 결과를 실제 기업 운영의 가치로 전환하는 데 초점을 맞춘다. '챗(질의에 대한 답변 생성)' 기능을 넘어 고객의 이메일 요청을 실제 재고 할당으로 전환하고, 건강보험 청구 거절에 대한 근거 문서를 자동으로 생성하는 것처럼 비정형 데이터를 구조화된 행동과 출력으로 전환하여 실제 비즈니스에서 경제적 가치를 창출하는 것을 목표로 한다.

이런 관점은 팔란티어가 지난 20년간 규제가 많은 산업, 민감 데이터 처리, 복잡한 조직 환경에서 '어려운 문제'를 해결해온 경험에서 비롯된 것이다. 그 경험의 결과로 팔란티어는 모델 개발 경쟁보다는 '실행'을 위한 플랫폼 구축에 모든 역량을 집중하고 있다.

팔란티어 AIP의 차별적 경쟁우위: 왜 아무나 만들 수 없는가?

팔란티어의 AIP가 제시하는 '실행형 AI'의 비전은 매우 강력하며, 그 초점은 분석이 아닌 즉각적인 실행력에 맞춰져 있다. 하지만 이 지점에서 반드시 짚고 넘어가야 할 근본적인 질문이 하나 있다. 마이크로소프트, 구글, AWS 같은 하이퍼스케일러 hyperscaler*나 데이터브릭스, 스노우플레이크 같은 데이터 플랫폼 기업들이 막대한 자본과 인력을 투입한다면 팔란티어의 온톨로지와 AIP를 단기간에 따라잡을 수 있는 것 아닐까?

> 하이퍼스케일러: 세계적으로 초대형 데이터센터를 운영하며 대량의 데이터를 효율적으로 처리할 수 있는 IT 기업.

결론부터 말하자면, 이론적으로는 가능하지만 실질적으로는 매우 어렵다. 그 격차를 좁히기까지는 상당한 시간이 소요될 수밖에 없다. 팔란티어의 경쟁우위가 단일 기술이나 제품에 기반한 것이 아니라 다음의 세 가지 요소가 유기적으로 통합된 고도화된 구조에 있기 때문이다.

- 20년에 걸쳐 축적된 복잡한 문제 해결 경험
- 데이터-프로세스-의사결정이 일체화된 온톨로지 프레임워크
- 파운드리, 아폴로, AIP를 잇는 통합 소프트웨어 스택

이런 구조는 '기능'의 복제만으로는 구현될 수 없으며, 오랜 시간에 걸쳐 축적된 도메인 통찰, 실행 경험, 문화적 적합성이 결합되어야만 완성될 수 있다. 바로 이것이 팔란티어가 '단기간 모방은 가능하지만 본질적 추월은 어렵다'는 평가를 받는 이유다. AIP와 온톨로지를 중심으로 구축된 팔란티어의 실행형 AI 전략은 기술 경쟁을 넘어 시간과 경험이 축적된 복합적 실행 역량의 총합이며, 모방으로는 재현될 수 없는 구조적 차별화 포인트라고 할 수 있다. 이 중에서 특히 온톨로지의 역할은 절대적으로 모방이 힘들다.

팔란티어는 이 온톨로지를 구축하기 위해 무려 15~20년이라는 시간을 들였다. 단순한 기술 개발이 아니라 수많은 시행착오와 문제 해결의 경험이 축적된 결과다. 최근 경쟁사들도 온톨로지의 필요성을 인식하기 시작했지만, 그 개념을 진짜 이해하고 제대로 작동하는 제품으로 구현하기까지는 상당한 기술적·경험적 장벽이 존재한다. 그 간격은 쉽게 따라잡을 수 있는 것이 아니다.

실행의 메커니즘:
온톨로지는 AIP를 어떻게 행동하게 하는가

그렇다면 온톨로지는 AIP와 결합하여 어떻게 사용자의 질문을 구체적인 비즈니스 행동으로 변환시킬까? 그 과정은 다음과 같은 완전한 순환 구조를 통해 이루어진다.

지시: "이번 주 생산라인별 불량률 추이와 원인을 분석하고, 가장 불량률이 높은 공정에 대한 조치 계획을 수립해줘."

1. 질문 이해 및 데이터 탐색(온톨로지)

사용자가 자연어로 위와 같이 질문하면, AIP는 먼저 온톨로지를 탐색한다. 범위를 설정해놓은 오브젝트 데이터(생산라인, 설비, 부품, 작업자 등)와 그것들 간의 관계가 비즈니스 로직으로 구현돼 있기에 이를 즉시 해석한다(예: 작업자 '철수'는 설비 'B'를 이용해 부품 'C'로 제품을 만듦). 이 과정을 통해 질문의 맥락을 정확히 이해하고 관련 데이터를 모두 확보한다. 이는 '팔란티어 소개 온톨로지'와 같이 누가 팔란티어라는 이름을 지었고, 이름은 어디서 유래한 것인지 답을 찾아가는 과정과 유사하다.

2. 분석 및 판단(AIP)

AIP는 확보된 데이터를 바탕으로 LLM과 내부 분석 도구를 활용해 불량률 추이의 근본 원인을 분석한다. 예를 들어 '특정 시간대에 작업자 D가 설비 B를 사용할 때 불량률이 급증함' 같은 인사이트를 도출한다. 원인을 나열하는 데 그치지 않고 이 문제가 지속될 경우 예상되는 손실, 연관된 다른 생산라인에 미칠 영향 등을 시뮬레이션하여 가장 시급하고 위험도가 높은 공정이 어디인지 '판단'한다.

3. 실행 및 자동화(AIP + 온톨로지)

AIP는 판단으로 끝내지 않고 실제 '행동'을 제안하고 실행한다. 불량 공정의 관리자에게 위험 경고 알림을 보낸다. 설비 B에 대한 긴급 점검 작업지시를 유지보수 시스템에 자동으로 생성한다. 그리고 인사 시스템과 연동하여 작업자 D에게 추가 교육 세션을 예약하도록 제안한다.

4. 피드백 루프

이런 조치 이후, 개선된 불량률 데이터를 다시 온톨로지에 반영한다. 이 결과는 AIP의 다음 판단을 위한 중요한 학습 데이터가 되며, 시스템은 시간이 지날수록 더욱 정교하고 정확한 의사결정을 내리게 된다.

이처럼 분석 → 판단 → 실행 → 학습으로 이어지는 완전한 자동화 루프를 구축하는 것이 팔란티어 '실행형 AI'의 핵심이며, 온톨로지 없이는 불가능한 영역이다. 이런 실행 메커니즘을 처음 접하면 단순히 온톨로지 '데이터'를 자연어로 찾거나 요약하는 수준으로 그 가능성을 한정하기 쉽다. 초기 대화형 AI가 주었던 '신기하긴 하지만, 그래서 이걸로 무엇을 할 수 있다는 거지?'라는 의구심과 비슷하다. 하지만 시장이 2023년 RAG나 LangChain*과 같은 기술로 LLM의 한계를 보완하려는 시도를 넘어 2024년 에이전트의 개념으로 나아갈 때, 팔란티어 아키텍처의 선구안이 드러났다.

AI 에이전트의 핵심은 '스스로 계획하고 판단하는 추론 능력'

LangChain: 대형 언어 모델을 다양한 외부 도구, 데이터 소스, 애플리케이션과 연결해 복잡한 작업을 수행할 수 있도록 돕는 오픈소스 프레임워크. 단순한 질의응답을 넘어 검색·계산·메모리·체인 등을 구성할 수 있으며, RAG 구현에 효과적이다. 파이썬과 자바스크립트를 지원하며, LLM 기반 애플리케이션을 빠르게 개발하고 확장할 수 있도록 설계되어 있다. AI 에이전트 구축의 핵심 도구로 주목받고 있다.

과 '외부 도구를 활용하는 능력'이다. 놀랍게도 AIP는 '에이전틱 AI'라는 개념이 일반화되기 훨씬 이전부터 이 구조를 갖추고 있었다. 팔란티어 온톨로지의 핵심 요소인 로직과 액션은 그 자체로 LLM이 호출할 수 있는 강력한 '도구'다. AIP는 LLM이 온톨로지 내부에 이미 모델이나 함수로 구현된 로직을 호출해 복잡한 분석을 수행하게 하고, 액션을 호출해 실제 시스템을 변경하게 할 수 있다.

이는 LLM의 추론 능력이 향상될수록 더욱 강력한 에이전트가 작동할 적합한 기반을 팔란티어가 이미 마련해두었음을 의미한다. 더 나아가 이렇게 구현된 에이전트를 모듈화해서 레고 블록처럼 다른 유사한 사례에 즉시 적용하고 빠른 속도로 확산시킬 수 있다는 점은 AIP가 진정한 의미의 'AI 운영체제'임을 증명한다.

06 Palantir

캐즘을 돌파하는 힘: AIP와 온톨로지의 실행력

많은 기업이 AI 프로토타입을 만드는 데는 성공하지만, 이를 실제 운영에 적용해서 의미 있는 가치를 창출하는 프로덕션 단계, 즉 제품화 과정에서는 거대한 병목현상을 마주하게 된다. 이른바 '죽음의 계곡chasm(캐즘)'이다. 샤얌 상카르는 팔란티어 2023 회계연도 2분기 실적발표에서 이 점을 명확히 지적했다.

"생성형 AI는 프로토타입 제작을 믿을 수 없을 만큼 쉽고 매력적으로 만들었지만, 그 유용성은 파워포인트 슬라이드와 같다. 시장이 이제야 발견하고 있듯이, 프로덕션 단계로 가는 여정은 험난하며 우리가 독점적으로 투자해온 핵심적인 기술들이 필요할 것이다."

팔란티어의 AIP가 이 죽음의 계곡을 건널 수 있는 이유는 플랫폼 자체가 군용 등급 보안, 안전장치, 안전한 핸드오프 기능

등을 DNA로 내장하고 있기 때문이다. 이런 특성은 국방, 의료, 금융처럼 고도로 규제되고 실패가 용납되지 않는 산업에서 AI를 신뢰하고 운영할 수 있게 하는 필수 조건이다.

이런 역량은 하루아침에 만들어진 게 아니다. 팔란티어는 지난 20년간 정부의 가장 민감한 데이터를 다루고, 전장의 가장 긴박한 상황에서 의사결정을 지원하면서 기술 기반을 다져왔다. 경쟁사들이 주로 상업용 시장에서 '쉽고 편리한' 소프트웨어를 만드는 데 집중해온 반면, 팔란티어는 언제나 가장 '어려운 문제'를 푸는 데 집중해왔다. 이 근본적인 경험의 차이가 제품화 단계에서 극복할 수 없는 격차를 만들어낸 것이다.

이론적인 설명을 넘어 AIP가 실제 비즈니스 현장에서 어떻게 구체적인 가치를 창출하는지 살펴보는 건 매우 중요하다. 팔란티어의 AIP는 특정 부서를 위한 분석 도구가 아니라 기업 운영의 모든 측면을 혁신하는 운영체제로 기능하며, 이는 실제 고객 사례와 정량적인 성과를 통해 이미 증명되고 있다.

사례 1: 금융 – 2주 걸리던 보험 심사를 3시간으로 압축

글로벌 선두 보험사 중 한 곳은 AIP를 도입해서 핵심적인 언더라이팅(보험 인수 심사) 업무를 자동화했다. 이를 통해 평균 2주 이상 소요되던 심사 시간을 단 3시간으로 단축하는 데 성공했다. 또한 노동 시간을 줄이는 데 그치지 않고 경쟁사가 아직 심사를 시작도 하지 못했을 때 우량 계약을 먼저 확보할 수 있게 되면서 시장에서 비대칭적인 우위를 점하는 파괴적인 혁신을 만들어냈다.

사례 2: 식품 및 제조 – 수백만 달러의 즉각적인 가치 창출

타이슨 푸드Tyson Foods는 파운드리를 도입해서 20개 이상의 사례를 운영했고, 24개월 만에 연간 2억 달러(약 2,700억 원)의 비용을 절감했다. 재고관리, 물류 최적화 등 복잡한 공급망 문제를 데이터 기반으로 해결한 결과다.

트리니티 레일Trinity Rail은 북미 최대의 철도 차량 임대 및 제조 업체로, 단 3개월 만에 실제 작동하는 워크플로를 구축해서 3,000만 달러(약 410억 원)의 재무적 효과를 거뒀다.

스위스 리Swiss Re는 세계 최대 재보험사 중 하나로, 파운드리 도입 첫해에만 1억 달러(약 1,350억 원) 이상의 비용을 절감했으며, 전체 직원의 35% 이상이 정기적으로 플랫폼을 활용하면서 전사적으로 디지털 혁신을 진행하고 있다.

사례 3: 물류 및 유통 – 운영 효율성의 극적인 향상

어소시에이티드 머티리얼즈Associated Materials는 북미 주요 건축 자재 제조 업체로, 단 9개월 만에 10개 이상의 사례를 실현해서 정시·정량 배송률을 40%에서 90%로 끌어올렸다. 고객 만족도와 직결되는 핵심 운영 지표의 획기적인 개선이다.

로우스Lowe's는 미국의 대표적인 소매 체인 업체인 홈디포Home Depot의 경쟁사로, AIP를 도입해 1,000명 이상의 고객서비스 상담원이 하는 연체 업무를 기존 대비 75% 줄이는 성과를 냈다. 이 모든 결과는 AI 도입 후 단 4개월 만에 나타난 성과이며, 특히 3주라는 짧은 시간에 실제 사용자 1,000명을 안착시켰다는 점에서 더욱 주목할 만하다.

사례 4: 국방 – 전장의 패러다임을 바꾸다

국방 분야는 팔란티어 기술력이 가장 극적으로 발휘되는 영역이다. 미 국방부DOD의 AI 프로젝트인 '메이븐Maven'에 적용된 기술은 전장의 패러다임 자체를 바꿨다. 조지타운대학교의 연구에 따르면, 메이븐 시스템을 통해 과거 2,000명이 필요했던 전체 타기팅 및 화력 지원 프로세스를 단 20명이 수행할 수 있게 됐다.

실제로 AIP의 로직, 액션 기능을 활용하여 한 명의 사용자가 타기팅 프로세스를 6시간에서 10초로 단축한 DOD 해커톤 사례도 공개된 바 있다.

AIP가 가져오는 또 하나의 혁신은 AI 활용의 문턱을 극적으로 낮춘다는 점이다. 과거에는 데이터 과학자나 개발자만이 AI 모델을 다루고 애플리케이션을 만들 수 있었지만 AIP 환경에서는 기획자, 현장 관리자, 마케터 등 모든 사용자가 자신의 업무에 필요한 AI 도구를 직접 만드는 '빌더'가 될 수 있다. 자연어 몇 마디로 필요한 데이터를 조합해 새로운 분석 앱을 만들고, 반복적인 업무를 자동화하는 AI 에이전트를 생성하며, 동료와 협업하는 코파일럿을 배포할 수 있다. 이는 기업 전체의 문제 해결 속도를 비약적으로 향상시키고, IT 부서의 병목현상을 해결하며, 현장의 창의적인 아이디어가 즉시 현실화되는 문화를 만들어낸다.

세계적인 투자 사상가 모건 하우절Morgan Housel은 앞으로 무엇이 변할 것 같냐는 질문에 진짜 중요한 것은 변하는 것이 아니라 '절대 변하지 않는 것'이 무엇인지 아는 거라고 강조했다. AI 혁명의 한복판에서 이 통찰은 팔란티어의 전략을 이해하는 핵심 열쇠다. 끊임없이 변화하는 건 LLM 자체다. 새로운 파운데이션 모델은 매일같이 쏟아지고, 성능 경쟁은 치열하고, 기술은 빠르게 상향 평준화되며 가격은 하락한다. 모두가 뛰어드는 경쟁 시장, 즉 레드오션이다. 하지만 절대 변하지 않는 것이 있다. 바로 LLM이 등장하기 전이나 후나, 기업이 마주한 근본적인 비즈니스 문제들이다.

'어떻게 하면 공급망을 최적화하고, 불량률을 줄이며, 고객을 만족시키고, 숨겨진 리스크를 찾아낼 것인가?'

이런 문제들은 바뀌지 않았다. 그리고 이 문제들을 해결하기 위한 핵심 열쇠가 바로 '온톨로지'라는 사실 또한 변하지 않았다. 팔란티어의 위대함은 이 '변하지 않는 것'에 모든 역량을 집중했다는 데 있다. 이들은 변화무쌍한 LLM 경쟁에 뛰어드는 대신 기업의 근본적인 문제를 해결하는 불변의 핵심, 온톨로지를 20년간 갈고닦아왔다. 이런 집중의 결과물이 바로 팔란티어의 진짜 경쟁력이다. 수많은 산업에서 온톨로지를 기반으로 비즈니스 문제를 해결한 깊은 경험 그리고 온톨로지 기반 위에서 필요한 애플리케이션을 빠르게 만들고, 배포하고, 유지보수할 수 있는 엔드투엔드 운영 환경을 제품화 수준으로 갖춘 유일한 기업이라는 점. 이 막강한 실행력이 팔란티어의 AI 전략을 실제 매출과 고객 가치로 변환시키는 힘이 된다.

이는 피터 틸이 말한 '제로 투 원' 개념과도 정확히 맞아떨어진다. 팔란티어는 더 나은 LLM을 만드는 '1에서 n'의 경쟁이 아니라 LLM을 실제로 작동시키는 운영체제라는, 아무도 만들지 못했던 '0에서 1'의 시장을 창조했다. LLM 경쟁이라는 레드오션에 뛰어들지 않았기에 오히려 누구도 넘볼 수 없는 독점적인 가치를 만들어내고 있다.

AI 시대의 진정한 승자는 가장 똑똑한 AI 모델을 가진 자가 아닐 것이다. 어떤 AI 모델이든 가져와 즉시 행동하게 하고, 실질적인 가치를 창출해내는 '불변의 구조'를 가진 자가 이길 것이다. 그리고 지금 그 길을 걷고 있는 게 바로 팔란티어다.

07 Palantir
분석을 넘어 운영으로:
CCTV 안전관제 프로젝트

건설업의 본질은 리스크와의 끊임없는 싸움이다. 금융 시장의 변동성, 글로벌 환경 변화로 인한 원자재 가격 급등, 복잡한 계약 관계 등 수많은 리스크가 수익에 직접적인 영향을 미친다. 하지만 그중에서도 안전 리스크는 차원이 다른 문제다. 수익을 넘어 기업의 생존까지 위협하기 때문이다.

우리는 바로 이 지점에서 출발했다. 팔란티어 파운드리를 통해 궁극적으로 하고자 했던 것은 데이터와 AI를 활용하여 복잡하게 얽힌 안전 리스크를 최소화하는 것이었다. 그래서 '가장 안전한 건설 회사'를 만드는 것을 비전으로 설정했다. 이 목표를 달성하기 위해 가장 근본적인 질문부터 던졌다.

'안전관리, 과연 현장에만 맡겨둬도 잘될까?'

시스템을 도입해 무언가를 개선하려는 관행적 시도를 넘

어 문제의 본질을 해결하려는 의지였다. 그리고 그 해답을 찾는 과정에서 팔란티어 파운드리를 활용하여 빠르게 MVP를 만들어 정말 현장에서 지속성과 실효성을 확보할 수 있는지를 검증하고자 했다. 팔란티어를 활용하여 어떻게 건설 현장의 안전 문제를 해결하고 '분석'을 넘어 '운영'의 영역으로 나아갔는지 그 과정을 살펴보고자 한다.

'이해관계 제로'에서 시작된 2주간의 혁신: CCTV 관제 시스템

우리의 시도는 모든 현장에 이미 설치돼 있는 CCTV라는 흔한 소재에서 출발했다. CCTV는 잠재적 위험을 실시간으로 포착할 수 있는 유용한 수단이지만, 실제 현장에서는 본래의 역할을 충분히 수행하지 못하고 있었다. 이유는 명확하다. 공사 일정이라는 절대적인 목표가 우선시되는 구조 속에서 위험 요소를 포착하더라도 즉각적인 공사 중단이나 시정 조치를 내리기 어려운 '이해관계의 상충'이 존재하기 때문이다. 이런 구조적 모순하에서는 아무리 정교한 제도와 시스템을 도입하더라도 의도한 대로 운영되기 어렵다.

이 문제를 해결하기 위해 기술 도입보다 먼저 '프로세스의 재설계'에 집중했다. 구체적으로는 다음 세 가지 원칙을 중심으로 접근했다.

1. 독립적 관제 시스템의 구축

현장의 공정률이나 일정 압박에 얽매이지 않는 제3의 관제 구조가 필요했다. 이를 위해 본사 소속의 안전 전문가가 컨트롤타워 역할을 맡고, 현장과 이해관계가 없는 별도 인력을 CCTV 관제 전담자로 배치했다. 이를 통해 객관적인 판단이 가능하고, 견제와 균형이 작동하는 구조를 만들었다.

2. 완결형 워크플로 설계

위험 상황이 접수되면, 조치가 끝나고 육안으로 그 결과를 확인하기 전까지는 해당 이슈가 '종결'되지 않도록 설계했다. 중간 상태인 '처리 중'이나 '확인 중'이라는 모호한 단계를 없애고, 모든 이슈는 반드시 '완료' 상태로 귀결되도록 했다. 이는 책임소재를 명확히 하고 프로세스의 실행력을 담보하는 핵심 설계 요소다.

3. 전 과정의 디지털화 및 학습 체계 구축

이상의 모든 단계는 디지털화하여 기록과 추적이 가능하도록 했다. 특히 위험 상황의 사진, 그에 대한 판단, 대응 조치, 최종 결과까지의 전 과정을 디지털 자산으로 저장했다. 이는 단순한 사고 이력의 축적이 아니라 기업 내에서만 축적 가능한 독보적인 '학습 자원'이 된다. 향후 유사 상황의 사전 탐지 및 대응력 강화를 위한 AI 학습 데이터로도 활용할 수 있는 고유한 경쟁 자산이다. 보통 AI 스타트업에서 이런 양질의 데이터를 확보하지 못해 AI 모델의 성능을 개선하는 데 어려움을 겪는 것을 보았기에 시작하기 전부터 비전 정보에 대한 양질의 데이터 확보에 공을 들였다.

이 과제는 경영진의 하향식 지시로 시작된 것이 아니라 현장의 문제를 직접 목격한 우리 팀의 아이디어에서 출발한 상향식 성격의 과제였다. 변화의 방향을 우리가 먼저 제안했는데, 이를 실행하기 위해서는 내부 현업 조직의 빠른 공감과 협력이 절대적으로 필요했다. 따라서 무엇보다 중요한 것은 이론적 타당성이 아니라 눈으로 확인할 수 있는 실체였다. '될 것 같다'가 아니라 '지금 당장 이게 된다'는 확신을 현장에 심어주어야 했다. 현업의 관심과 협조를 끌어내기 위해서는 속도와 실현 가능성을 동시에 보여주어야 했다. 이미 현장에서는 CCTV 안전관제라는 말만 들어도 과거부터 해오던 관행에 따라 잘 관리하고 있다고 밝히며, 현장의 자율성을 명분으로 들면서 상당한 거부감을 드러냈다.

이에 내부 개발팀을 즉각 소집했고, 팔란티어 플랫폼을 활용해 단 2주 만에 MVP를 완성했다. 원래 현업을 설득하기 위한 목업mock-up이었지만, 이를 통해 가능성을 직관적으로 확인한 경영진은 즉시 실제 운영에 적용할 것을 결정했다.

이렇게 탄생한 CCTV 기반 안전관리 시스템의 워크플로는 단순하면서도 명확했고, 무엇보다 현장의 실제 요구를 충실히 반영한 구조였다. '빠른 실행'과 '현장 중심'이라는 두 가지 요소가 결합된 결과물이었고, 이 경험은 이후 유사한 과제를 추진할 때도 하나의 기준점이 됐다. 이 시스템의 워크플로는 다음과 같다.

1. 포착 및 전송(capture & send)

관제사가 수십 개의 CCTV 화면을 모니터링하다가 추락

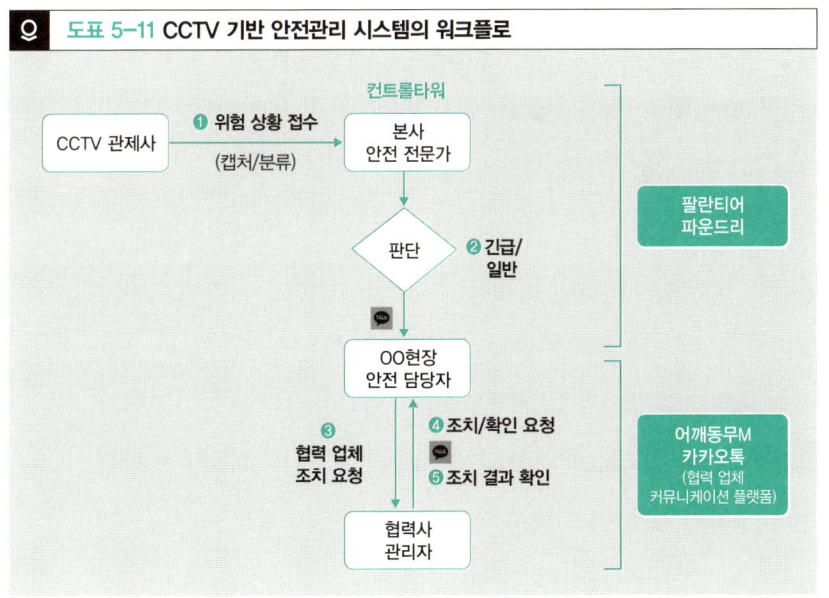

도표 5-11 CCTV 기반 안전관리 시스템의 워크플로

위험이나 안전고리 미체결 같은 위험 상황을 발견하면, 클릭 한 번으로 해당 화면을 캡처할 수 있다. 그 화면은 실시간으로 팔란티어 파운드리로 전송되고 다음 프로세스가 진행된다.

2. 판단 및 지시(triage & assign)

캡처된 이미지는 즉시 본사 안전 전문가의 팔란티어 파운드리 화면에 나타난다. 전문가는 사진과 관련 정보를 보고 사안의 긴급성과 중요도를 판단해 즉시 현장으로 조치 지시를 내린다.

3. 조치 및 보고(action & report)

현장 담당자는 스마트폰의 모바일 메신저로 경고 알림과 사진을 받는다. 그는 직접 처리하거나, 즉시 해당 구역의 협력 업체 책임자에게 같은 내용을 전달하여 조치를 요청한다. 현장의 협력 업체는 문제를 해결한 뒤, 완료된 상황을 사진으로 찍어 업로드한다.

4. 확인 및 종결(verify & close)

조치가 완벽히 이루어졌음을 최종적으로 현장 담당자가 사진으로 확인하고 '승인' 버튼을 눌러야만 비로소 하나의 사건이 종결된다.

이런 흐름 속에 중요한 변화의 시작점이 있었다. 이전에는 구두 경고나 서류 보고로 흩어지던 모든 과정이, 이제는 시간과 책임자가 명확히 기록되는 디지털 데이터 기반의 트랜잭션으로 바뀌었다. 한 현장에서 하루 평균 6~7건 정도의 지적 사항이 나오는데, 총 60개 현장을 합치면 연간 10만 건에서 12만 건에 달한다. 단순한 사진이 아니라 '맥락을 가진 유의미한 데이터'가 쌓이는 것이다. 이 데이터들은 과거의 기록을 넘어 미래의 사고를 예측하고 예방하는 기반이 됐다. 이 데이터 덕분에 '어떤 유형의 위험이, 어떤 공정 단계에서, 어떤 협력 업체에서, 심지어 어떤 시간대에 자주 발생하는지'와 같은, 과거에는 어림짐작으로 추정하던 현장의 위험 장소와 위험 패턴을 명확히 파악할 수 있게 됐다.

08 Palantir

온톨로지 기반
'현장홈' 프로젝트

◯

현장 데이터를 모으기 시작한 우리가 궁극적으로 그리고자 한 그림은 개별 사례들의 합을 넘어 현장의 핵심 정보를 연결하는 것이었다. 2021년 팔란티어 도입 초기부터 구상했던 이 비전은 2024년 말 '현장홈Site Home'이라는 이름으로 구체화됐다.

    현장홈은 건설 현장을 하나의 독립적인 회사로 보고 현장의 주요 문제와 현황을 꼬리에 꼬리를 물어가며 파악하고 해결하고 싶다는 생각에서 출발했다. 이를 가능하게 한 것이 바로 '현장 온톨로지'였다. 온톨로지는 현장이라는 유기체를 위한 '디지털 신경망'을 구축하는 것과 같았고, 서로 다른 언어를 쓰던 재무팀(숫자)과 현장(사진)과 설계팀(도면)이 비로소 '현장'이라는 공통의 언어로 대화하게 하는 번역기 역할을 했다. 품질, 안전, 원가, 공정, 인력, 계약 등 각기 다른 부서에 흩어져 있던 데이터를 '현장'

이라는 핵심 객체를 중심에 두고, 그 관계를 정의하여 서로 소통하고 반응하게 한 것이다.

'현장 하자가 발생한 그 자재는 어디서 왔지? 그 하자를 어느 협력사에서 시공했지? 그 시공 업체가 그 자재로 시공한 현장은 모두 몇 개지? 보수 비용은 총 얼마나 들어갔지? 이런 식으로 영역을 넘나들면서 모든 데이터를 확인하고 싶다.'

현장홈은 이런 구상을 구체화한 것이다. 안전 문제로 지적된 협력사 'OO건설'을 예로 들어보겠다. 과거에는 안전팀은 안전 문제만, 계약팀은 계약 문제만 봤다. 하지만 현장홈에서는 이 모든 것이 연결된다. 현업 사용자는 'OO건설'의 안전 지적 사항을 확인한 뒤 클릭 한 번으로 이 업체의 계약 정보로 넘어가 공사비가 제대로 지급되는지, 공사가 지연되고 있지는 않은지를 확인한다(리스크 식별). 공사가 지연되어 돌관공사*를 하게 되는 경우, 현장 소장 입장에서는 안전관리보다 공사 기간 준수가 더 우선시되기 마련이다. 이제 또 한 번의 클릭으로 과거 다른 현장에서 이

> **돌관공사**: 공사 일정이 지연되었거나 긴급하게 완료해야 할 경우, 야간이나 주말을 포함해 인력과 장비를 집중 투입하여 단기간에 공정을 밀어붙이는 방식. 일반적으로 높은 인건비와 자재 낭비, 품질 저하 등의 리스크가 존재하지만 납기 준수나 대외 신뢰 확보를 위해 불가피하게 선택하기도 한다.

업체가 어떤 안전 관련 제재를 받았는지 이력을 확인한다(패턴 분석). 이 협력 업체는 일회성으로 안전 지적이 급증한 것이 아니라 지속적으로 안전관리에 문제가 있었다는 점이 확인되면, 마지막으로 현재 'OO건설'이 공사를 수행하고 있는 다른 모든 현장 목

록을 즉시 찾아내 해당 현장 관리자들에게 선제적으로 위험 경고를 보내는(선제적 행동) 연속적인 업무 프로세스가 가능하다.

AI 적용의 '틈'을 발견하고 '레시피'를 만들다

워크플로를 디지털화하고 현장홈을 통해 데이터를 탐색하자, 예기치 못한 인사이트가 하나둘씩 드러났다. 가장 인상 깊었던 점은 AI를 어디에 적용해야 하는지가 명확하게 보이기 시작했다는 것이다. AI 기술이 급속도로 발전하면서 도입이 늦어질 경우 경쟁에서 뒤처질 수 있다는 조급함에 많은 기업의 경영진이 기획 부서 또는 전 부서에 다음과 같은 요청을 하곤 한다.

"AI를 도입할 수 있는 과제를 리스트업하고 바로 적용하십시오."

그러나 이 접근은 순서가 잘못됐다. AI 도입이 먼저이고, 해결할 문제가 그다음이라는 식의 접근은 오히려 AI에 적합한 문제를 억지로 찾게 하며, 결과적으로 본질적인 가치를 놓치게 된다. 나는 이와 반대의 접근이 되어야 한다고 본다.

앞서 AIP에 대해 설명하면서 AI를 위한 문제를 찾는 것이 아니라 문제를 해결하기 위한 도구로서 AI를 적용해야 한다고 강조했다. 막연히 AI를 도입하는 것이 목적이 되어서는 안 되며, 현실의 운영 과정에서 가장 절실하고 실질적인 지점을 정확히 찾아낸 후 그 '틈'에 AI를 투입하는 것이 진정한 성공 전략이다.

앞서 설명한 CCTV 활용 사례가 이를 설명하는 데 아주 적합하다.

첫째, 본사 안전 전문가가 매번 수작업으로 하던 '긴급/일반' 판단 작업이다. 연간 10만 건 이상의 '판단이 완료된 데이터'가 쌓이면, 이를 AI에 학습시켜 긴급 상황을 자동으로 분류하고 즉시 조치하게 할 수 있다. 그럼으로써 사람의 개입을 최소화하고 대응 속도를 극적으로 높일 수 있다.

둘째, 현장에 경각심을 주는 방식의 진화다. '고치시오'라는 건조한 지시 대신, AI가 해당 위험 사진과 가장 유사한 과거의

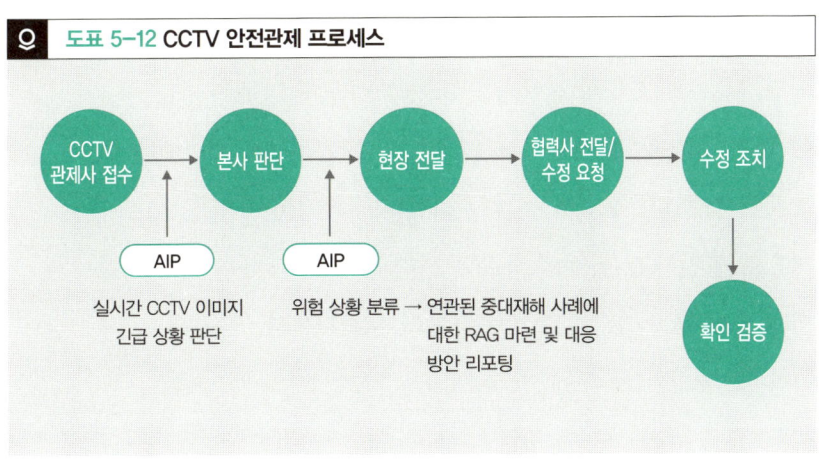

도표 5-12 CCTV 안전관제 프로세스

실제 중대재해 사례를 찾아 함께 전달해주는 것이다. '이런 위험을 방치했을 때 과거에 이런 끔찍한 사고가 발생했다'라는 구체적인 정보는 현장의 작업자들이 안전 문제를 훨씬 더 심각하게 받아들이게 한다.

더 나아가, 현장홈에서의 문제 해결 과정은 그 자체로 새로운 가치를 만들어냈다. 앞서 'OO건설'의 리스크를 파악하기 위해 '안전 지적 사항 확인 → 계약 및 공정률 확인 → 과거 제재 이력 확인 → 타 현장 전파'로 이어지는 일련의 과정을 거쳤다. 이것이 바로 특정 문제를 해결하기 위한 일종의 '레시피'다. 초기에는 이렇게 넘나드는 과정을 담당자의 암묵지에 의존했다. 현장에서 그 순서대로 실제로 클릭, 클릭하며 확인해가는 것이다. 나는 이 암묵지의 경로를 문제 해결 레시피라고 부르고 싶다.

이런 문제 해결 레시피가 반복적으로 효과를 발휘해 검증되면, 더 이상 소수의 전문가만 아는 노하우에 머무르지 않는다. 이 레시피 자체를 하나의 표준화된 '워크플로'로서 시스템에 내장시킬 수 있다. 즉 개별 문제를 해결하던 과정이 새로운 운영 규칙으로 발전하고, 이렇게 강화된 운영 환경이 또 다른 문제 해결의 기반이 되는 선순환 구조가 만들어지는 것이다.

관점의 전환: '사이버네틱 기업'이 온다

지금까지 살펴본 사례는 흥미롭지만, 이것이 왜 다른 기업들의 수많은 디지털 전환 시도와 다른 길을 가고 있는지 이해하기 위해서는 잠시 관점을 바꿀 필요가 있다. 팔란티어의 아키텍처 총괄Chief Architect 악샤이 크리슈나스와미Akshay Krishnaswamy는 블로그 글 〈사이버네틱 기업The Cybernetic Enterprise〉을 통해 그 차이를 설명한다(https://blog.palantir.com/the-cybernetic-enterprise-62f2072c-39fa). 그러면서 데이터 중심data-centric에서 프로세스 중심process-centric으로의 전환을 강조한다.

- 데이터 중심 접근(기존 방식): 이는 마치 자동차의 '계기판'을 만드는 것과 같다. 매출이 얼마나 나왔는지, 재고가 얼마나 남았는지 보여주는 화려한 대시보드를 만드는 데 집중한다. 유용한 정보를 주지만, 본질적으로는 이미 일어난 일에 대한 '보고서'다. 왜 이런 결과가 나왔는지, 그래서 앞으로 무엇을 해야 하는지에 대한 판단과 행동은 전적으로 관리자의 몫으로 남는다.
예를 들어 '지난달 안전사고 발생 현황' 대시보드는 훌륭한 사후 보고서는 될 수 있지만, '다음 주에 사고 위험이 가장 높은 공정은 어디인가?'라는 미래 예측 질문에는 답하기 어렵다. 문제는 이미 벌어진 뒤에야 보이기 때문이다.

- 프로세스 중심 접근(팔란티어 방식): 이는 자동차의 '내비게이션'이나 '자율주행 시스템'을 만드는 것과 같다. 단순히 현재 위치(데이터)만 보여주는 게 아니라 목적지까지 가는 최적의 경로(프로세스)를 제시하고, 실시간 교통 상황에 따라 경로를 수정하며(피드백), 심지어 직접 운전까지(액션) 한다. 즉, 실제 운영 프로세스 자체를 소프트웨어 안에 심는 것을 목표로 한다.

AI 시대의 진정한 혁신은 보기 좋은 분석 보고서를 만드는 것을 넘어 기업의 핵심적인 업무 프로세스를 자동화하고 지능화하는 데서 온다는 것이 크리슈나스와미 블로그 글의 핵심 메시지다.

연결고리: 이 사례가 보여주는 것

이런 배경을 이해하면, CCTV 안전관제와 현장홈의 사례가 가지는 의미가 명확해진다. 크리슈나스와미가 제시하는 프로세스 중심 접근법이 실제 비즈니스 현장에서 어떻게 힘을 발휘하는지를 잘 보여주는 사례이기 때문이다.

CCTV 안전관리 시스템은 단순히 위험 발생 현황 대시보드를 만드는 '데이터 중심' 프로젝트가 아니었다. '위험 포착 → 판단 → 지시 → 조치 → 확인'으로 이어지는 문제 해결 프로세스 전체를 디지털 세상으로 옮겨온 '프로세스 중심' 프로젝트였다.

> **사이버네틱 기업**: 스스로 데이터를 수집 및 분석하고, 피드백을 통해 자율적으로 의사결정 및 운영을 최적화하는 지능형 시스템을 갖춘 기업. 생물학적 자율 조절 메커니즘에서 착안된 개념으로, 데이터 기반의 실시간 감지·판단·행동이 가능하며 AI, IoT, 디지털 트윈 등이 핵심 기술로 활용된다.

이 시스템의 각 단계는 사이버네틱The Cybernetic Enterprise* 기업의 핵심 구성 요소와 일치한다.

- 관제사가 찍은 사진은 현실세계의 사건을 디지털 '데이터'로 변환하여 시스템에 입력하는 행위였다.
- 본사 전문가의 위험도 판단은 시스템이 따라야 할 규칙, 즉 '로직'을 적용하는 단계였다.
- 현장으로의 지시와 조치는 시스템이 ERP나 모바일 앱에 명령을 내려 실제 세상에 영향을 미치는 '액션'이었다.

이렇게 데이터, 로직, 액션이 하나의 피드백 루프를 이루며 끊임없이 작동하자, 시스템은 스스로 학습하고 개선할 기반을 갖추게 됐다. 이것이 바로 외부 환경과 상호작용하며 목표를 향해 스스로를 제어하는 시스템을 의미하는 '사이버네틱스cybernetics'의 기본 원리다.

그리고 현장홈은 여기서 한 걸음 더 나아갔다. 안전관리,

5장. 온톨로지로 AI의 미래를 설계하다

계약, 공정 등 파편화돼 있던 여러 업무 흐름을 '현장'이라는 온톨로지를 중심으로 통합했다. 여러 개의 앱이 하나의 운영체제에서 돌아가듯, 다양한 프로세스가 서로 데이터를 주고받으며 더 복잡하고 고차원적인 문제를 해결하는 진정한 의미의 운영체제로 기능하기 시작한 것이다.

결론적으로 우리의 접근 방식은 첨단 기술의 도입 자체에 있지 않았다. 기업이 마주한 '땅바닥의 현실적인 문제'를 해결하기 위해 문제 해결 '과정(프로세스)'에 집중했다. 그리고 그 과정을 디지털로 캡처(인코딩)함으로써 데이터를 실제 운영을 위한 살아 있는 자산으로 탈바꿈시켰다. 이것이 바로 분석을 넘어 운영으로, 보고를 넘어 행동으로 나아가는 팔란티어가 지향하는 해법의 본질이다.

현장 클레임 분석 시간 단축 프로젝트

Deep Inside

건설장비는 개인용 자동차와는 본질적으로 다른 성격의 자산이다. 가동을 통해 직접적으로 수익을 창출하는 생산설비에 가깝기 때문이다. 장비가 멈추면 현장 운영에 차질이 발생하고 고객은 직접적인 매출 손실을 본다. 즉, 장비를 운영하는 고객 입장에서는 가동 중단이 곧 수익 손실이며, 건설 현장 전체로 보자면 공정 지연과 프로젝트 일정 차질이라는 심각한 리스크로 확대된다.

그런데 굴삭기는 2만여 개의 부품과 2,000여 개에 달하는 어셈블리 단위로 구성된 고복잡도 제품이다. 이처럼 복잡한 구조 탓에 현장에서 고장의 원인을 명확히 식별하고 대응하는 데 상당한 시간과 비용이 소요된다. 그 시간 동안 고객의 수익은 멈추고, 공사 기간은 지연된다. 그러면 고객이 다시는 이런 장비를 선택하지 않을 것이기에 현장의 클레임 처리 소요 시간은 브랜드 및 평판에 큰 영향을 미친다.

실제로 현장에서 발생한 고장에 대한 분석 및 처리 시간은 결코 짧지 않다. 부품의 수명 초과인지, 설계 구조상의 결함인지, 고객의 사용 행태가 작동 한계를 초과했기 때문인지 등을 판단하려면 정밀한 원인 분석이 필요하다. 특히 제품 보증 기간 내에 발생한 고장이라면 제조사의 귀책이냐 고객의 과실이냐에 따라 보상 책임이 갈리며, 이는 직접적인 비용 부담을 발생시킬 뿐 아니라 고객 신뢰도에 영향을 준다. 이런 상황은 단순한 부품 교체나 사후 수리의 문제가 아니다. A/S 비용, 고객 만족도, 내부 협업 효율성, 브랜드 평판 등 기업 경영의 여러 축에 동시에 영향을 미치는 복합적이고 심각한 문제다.

따라서 빠르고 정밀한 고장 원인 추적 능력이 필요하며, 이를 가능하게 하는 것은 데이터 기반의 분석 체계와 실시간 대응력이다. 복잡도가 높은 제품일수록 시스템 중심의 고장 분석 및 대응 구조를 갖추는 일은 선택이 아닌 생존 전략이라는 인식 전환이 필요하다. 우리가 프로젝트 기획 초기 단계에 가장 중요하게 설정한 방향성은 기존처럼 사람이 중심이 되어 6~7개 시스템에서 흩어진 데이터를 수작업으로 수집 및 통합하는 방식에서 벗어나, 시스템 기반의 데이터 흐름과 프로세스를 중심으로 분석 자동화를 실현하는 것이었다. 이를 통해 반복적 수작업은 최소화하고, 사람은 '판단'이라는 고부가가치 활동에 집중할 수 있는 구조로 전환하고자 했다.

당시에는 아직 머신러닝이나 AI 기반의 자동화 기술이 기업 현장에 보편화되지 않았기에, 현실적으로 실행 가능한 수준에서 접근했다. 현장 클레임 1건당 약 8시간이 소요되던 분석 리드타임을 1시간 이내로 단축하는 것을 1차 목표로 설정했고, 이에 대한 검토를 시작으로 첫 번째 실무 미팅이 본격화됐다. 데이터 기반의 분석 자동화는 단기적인 효율성 개선을 넘어 장기적으로는 고장 원인 분석의 구조화 및 표준화 기반을 마련하려는 전략적 시도였다. 이를 다시 설계에 반영하게 함으로써 더 완벽한 제품을 생산할 수 있게 하려는 계획이었다. 당시 현장의 클레임을 처리하던 방식과 프로세스는 다음과 같았다.

1. 클레임 접수
   - 딜러사로부터 클레임 ID 접수 및 해당 차대번호(vehicle identification number, VIN) 기반으로 분석 시작

2. 시스템 간 데이터 수집 및 추적
   - SAP 시스템에서 차대번호를 기준으로 해당 굴삭기에 장착된 버킷(bucket) (굴삭기 바가지)의 정확한 부품 사양 확인
   - MES에서 해당 버킷의 제조사 및 생산 이력 확인
   - ECO(engineering change order) (설계 변경 요청서) 기록 확인을 위해 설계 시스템 접속 및 조회, 설계 변경 여부 및 적용 시점 파악
   - 만약 여분용 부품 구매 이력이 있다면, 별도 부품 발주 시스템을 통해 추가 확인

3. 과거 이력 비교 분석
   - 제품 지원 시스템(product support system)에 접속해 동일 버킷에 대한 이전 하자 발생 이력 및 처리 결과 조회
   - 유사 시점의 동일 모델에 대한 차대번호 또는 부품 로트(lot)에서 유사 문제가 있었는지 크로스체크

이상의 전체 과정은 하나의 현장 클레임을 처리하기 위해 여러 개의 시스템을 넘나들며 정보의 단편을 수작업으로 통합해야 한다는 비효율성을 내포한다. 이로 인해 다음과 같은 문제가 발생한다.

- 시간 소모: 단일 클레임 분석에도 수 시간 소요(1건 8시간 소요)

- 전문 인력 의존: 시스템별 이해도가 높은 인력 필요(개인별 편차 발생)
- 데이터 단절: 시스템 간 연계가 부족해 분석 정확도가 낮아질 가능성 있음
- 트렌드 파악 어려움: 개별 클레임 중심 대응으로는 동시다발적으로 발생하는 문제에 대한 패턴 탐지 및 조기 대응 불가

이런 구조적인 문제를 해결하기 위해 우선 6~7개에 달하는 유관 시스템의 데이터를 통합하는 작업을 진행했다. 핵심은 차량의 고유 식별자인 '차대번호'를 기준으로 개별 장비의 집합체인 '머신' 객체를 온톨로지 내에 생성하는 것이었다. 이후 이 장비 객체를 SAP 시스템의 '판매 오더' 객체와 연결함으로써 클레임 ID가 생성되는 즉시 해당 판매 오더를 통해 '생산 오더'까지 자동으로 연계되게 했다.

생산 오더가 연동되면서 MES 시스템에서 관리되는 실제 생산 정보까지 이어지게 됐고, 이를 통해 해당 굴삭기에 장착된 버킷의 제조 일자, 공급사 정보까지 실시간으로 추적할 수 있도록 설계했다. 그러나 여기서 멈추지 않았다. 버킷 자체를 온톨로지의 독립된 객체로 구성하고, 과거의 품질 대응 이력까지 통합 조회할 수 있도록 확장했다.

클레임 판정의 속도와 정확도를 높이기 위해 관련된 모든 데이터를 온톨로지에 통합하고, 워크숍상에서 프로세스 자동화를 구현했다. 여기에 통계 기반의 이상치 탐지 프로세스를 도입했다. 기존에는 모든 클레임을 사람이 일일이 판정했지만, 이제는 사전에 정의된 통계 분포에서 벗어나는 이상값만 사람이 직접 확인하도록 구조를 바꿨다. 이로써 대부분의 정상 범위 데이터는 자동 처리되고, 판단이 필요한 고위험 사례만 사람이 집중적으로 검토할 수 있게 됐다.

더불어 품질 이력을 지역 정보와 연계함으로써 특정 제조사의 버킷이 특정 지역에서 반복적으로 고장을 일으키는지를 식별할 수 있는 분석 체계를 마련

했다. 이는 이력 조회 기능을 넘어 트렌드 기반의 이상 탐지와 선제적 대응이 가능한 실행형 프로세스로의 진화를 의미하며, 품질 리스크관리에서 전략적 전환의 계기가 됐다.

이런 구조 개선의 결과, 기존에 한 건당 평균 8시간이 소요되던 클레임 판정이 30분 이내로 단축됐다. 더불어 정형화된 데이터 기반의 판정 프로세스로 전환되면서, 과거에는 시간과 자원의 부족으로 놓쳤던 품질 흐름이 새롭게 드러났다. 예를 들어 특정 제조사의 버킷이 특정 국가로 납품된 경우, 해당 지역에서의 평균 고장률이 다른 국가보다 3~4배 이상 높게 나타나는 패턴이 식별됐다. 단일 품목의 일시적 이슈가 아니라 반복적으로 누적된 정량 데이터에서 명확하게 드러난 이상치였다.

흥미로운 점은 이런 고장률 증가가 버킷에만 국한되지 않았다는 것이다. 엔진 그리고 버킷과 연결된 주요 작동 부위인 붐boom(사람의 팔 관절과 같은 긴 부위)과 암arm(짧은 부위)에서도 유사한 고장 트렌드가 나타났으며, 특히 '미세 파손crack' 유형의 반복적인 이상 현상이 다수 확인됐다.

해당 이슈의 근본 원인을 규명하기 위해 팔란티어 시스템 내 지역 오브젝트를 특정 국가로 설정한 후, 과거 고장 리포트에 포함된 수백 장의 현장 사진 데이터를 한데 모아 분석을 진행했다. 기존에는 개별 사례 단위로만 사진을 검토했기 때문에 놓치기 쉬웠던 시각적 패턴이 집합 분석을 통해 뚜렷하게 드러났다. 분석 후, 해당 국가의 지질 특성과 장비 운용자의 사용 습관 그리고 작업 환경에서의 유지보수 불균형이 복합적으로 작용한 결과라는 결론에 도달했다. 특히 이 지역은 작업자 교체 주기가 잦고, 장비 유지관리 이력이 단절되는 특성이 있어 설계와 제조 단계에서는 예측하기 어려운 '현장 요인'이 반복적인 고장의 주요 원인이 된 것으로 분석됐다.

특정 지역의 지질 환경은 인위적으로 바꿀 수 없으며, 딜러를 통한 사용자 교육 역시 단기간 내 작업 환경 전반을 개선하기에는 분명한 한계가 있었다. 특히 반복적으로 발생하는 장비 손상은 사용자의 숙련도, 유지보수 이력, 장비 교체 주기 등 다양한 비정형 요소와 얽혀 있기 때문에 근본적인 설계 차원의 대응이 필요하다고 판단했다.

이에 따라 해당 지역에 납품되는 버킷의 스펙을 일부 강화하는 방향으로 설계를 변경했다. 보다 높은 강성을 갖춘 버킷을 해당 지역의 기본 사양으로 지정하고, 붐과 암 역시 강화 사양을 선택 옵션으로 제공하는 구조로 전환했다. 이 과정에서 딜러 네트워크와 긴밀히 협의했으며, 사용자 교육과 병행하여 새로운 부품이 빠르게 적용될 수 있도록 실행 프로세스를 단순화했다.

이후 일정 기간이 지나면서 해당 지역에서의 고장률이 점차 안정화됐고, 초기 문제로 지적되던 반복적인 부품 파손 이슈 역시 완전히 해소됐다. 데이터 기반 문제 탐지에서 멈추지 않고 설계-생산-딜러 협업을 통해 실질적 실행 조치까지 취한, 데이터 기반 운영의 좋은 사례라고 생각한다.

Palantir

에필로그

팔란티어와 함께하는
도전은 계속된다

내 인생에서 책을 쓰게 되리라고는 상상도 해본 적이 없다. 그런데 출판사로부터 집필 제안을 받았을 때, 어디서 그런 용기가 났는지 그 자리에서 바로 승낙했다. 하지만 막상 책상 앞에 앉아서는 한 글자도 못 쓰고 그저 구형 노트북 탓만 하며 2주를 흘려보냈다. 뭐라도 해야겠다는 생각에 노트북 탓을 그만하려고 신형 노트북을 샀지만, 상황은 그대로였다. 한 문단을 쓰고 지우기를 반복하던 어느 날, 문득 예전에 했던 인터뷰가 떠올라 2021년 〈동아 비즈니스 리뷰〉 인터뷰 원본을 찾아 읽기 시작했다. 10여 페이지를 다 읽고 나서는 2023년 〈CIO Korea〉의 인터뷰 원고도 꺼내 읽었다.

그날 밤, 왜 이렇게 한 글자도 못 쓰고 있는지 답을 찾게 되었다. '너무 잘 쓰려고 머리에 힘이 잔뜩 들어갔던 것'이다. 예전 인터뷰 원고는 업무를 하면서 느낀 생각을 가감 없이, 투박하지만 진솔하게 정리한 내용이었다. 하지만 지금은 멋진 책을 쓰겠다는 욕심에 그저 멋진 어휘만 늘어놓고 지우기를 반복한 것이다.

예전 일을 차분히 떠올리며 불필요한 겉멋을 내려놓기로 마음먹었더니 머릿속이 가벼워졌다. 그날 저녁부터 새벽까지 예정한 원고량의 20%를 한 번에 써 내려가는 기적 같은 일이 벌어졌다. 시작이 힘들었을 뿐, 예전에 고민했던 내용으로 진솔하게 써 내려가자고 다짐하고 시동이 걸리니 어느새 집필의 마지막 단계인 에필로그에 이르렀다.

집필을 하는 동안, 팔란티어와 함께했던 지난 7년간의 추억과 영광이 파노라마처럼 눈앞에 펼쳐졌다. 팔란티어 엔지니어와 온종일 부족한 영어로 싸우고 서로 안 볼 것처럼 돌아서서는, 그날 저녁 치킨과 맥주를 마시며 언제 그랬냐는 듯 내일 뭘 할지를 토론하던 그때의 열정이 지금도 너무나 그립다. 임원이 되어 새로운 회사에서 정신없이 일하다가 자정이 가까워 퇴근하면서도 내일이 기다려지던 순간들 역시 생생히 기억난다.

책에는 정말 큰 매력이 있는 것 같다. 지난날을 돌아보며 반성하게 하고, 지금의 나를 만들어준 고마운 분들을 떠올리게 한다. 특히 내 주변에는 나를 아껴주고 좋게 봐주신 분들이 많았고, 그들의 도움으로 복에 겨운 큰 성장을 할 수 있었다.

집필 내내 최대한 쉽게 쓰려고 노력했지만, 아마도 일부 독자에게는 여전히 이해하기 어려운 부분이 있을 듯하다. 그러나 첫 페이지를 쓸 때 생각했던, 팔란티어를 제대로 알리자는 목표에는 어느 정도 다가간 듯싶다. 적어도 이 책을 읽고 누군가는 팔란티어에 투자하는 데 좀 더 흔들림 없는 기준을 가지게 될 것이고, 팔란티어 도입을 망설이던 누군가에게는 다시 한번 제대로 검토하게 되는 계기가 될 것이고, 누군가는 AI 시대에 뒤처질까 두려워 쉼 없이 고민하다가 새로운 돌파구를 찾게 되지 않을까 상상해본다.

거창한 목표를 가지고 시작한 것은 아니지만, 책을 쓰는 동안 독자들에게 더 좋은 내용과 더 정확한 내용을 전달하고자 하는 마음이 커지면서 욕심 하나가 생겼다. 이 책에서는 복잡한 기술적 내용보다 실제 비즈니스상의 혁신과 조직의 변화관리에 좀 더 중점을 두었는데, 기회가 된다면 팔란티어 온톨로지의 기술적인 부분을 깊이 있게 다루는 후속편을 써볼 생각이다. 앞으로도 팔란티어와 함께 새로운 도전을 지속해나갈 것이며, 더 많은 이들이 참여해줄 세상을 기원하며 글을 마친다.

감사의 말

끝없는 여정처럼 느껴졌던 집필이 마침내 결실을 맺었다. 이 과정을 통해 수많은 이들의 사랑과 지원, 그리고 함께 성과를 만들어 낸 즐거운 순간들이 얼마나 큰 행운이었는지 깨달았다. 책을 쓰는 일은 단순한 작업이 아니라, 자신의 인생을 되돌아보며 새로운 관점을 발견하는 여정이었다. 이 기회를 빌어서 소중한 동료들의 이름을 하나하나 정성껏 기록하고 싶다.

'3장. 특명, 팔란티어 시스템을 도입하라'에서 D사의 혁신을 함께 이끌었던 조재연, 양태동 선배님과 김정욱, 채나래, 오석현, 이진욱, 강승원 동료 및 후배님들께 감사하다는 말을 전하고 싶다.

'4장. 파운드리, 디지털 전환의 패러다임을 바꾸다'에서 E사의 혁신을 함께 이끌었던 정양희, 고범찬, 한만진, 곽지현, 최근영, 임상준, 박정훈, 박광현, 한건희, 김민규, 최소윤, 이나경, 박숙경, 김두환, 천지은, 우태원, 오원진, 이정은, 변유진, 이수빈, 이예원 동료 및 후배님들께 감사하다는 말을 전하고 싶다.

이 책을 완성할 수 있었던 원동력 중 하나는 가족의 변함없는 지지와 사랑이었다. 특히 폐암 투병 중에도 여전히 다 큰 아들을 걱정하며 올바른 길로 이끌어준 어머니 정문자 여사님께 깊은 사랑과 감사를 전한다. 반복되는 일상 속에서 묵묵히 남편을 지지하고 존경해주는 현명하고 아름다운 아내 손정현에게 진심으로 사랑한다고 말하고 싶다. 지금은 고등학생이 되어 학업을 수행하고, 나 자신을 알아가며 고군분투 중인 큰딸 변가은에게 무한한 신뢰와 애정을 보낸다. 중학교 입학을 앞두고 학원 일정에 투덜대면서도 귀여운 매력을 뽐내는 둘째 딸 변가영에게도 깊은 사랑을 전한다.

    마지막으로, 이 책을 끝까지 읽어준 독자 여러분께 진심 어린 감사를 드린다. 여러분의 관심과 응원이 이 책을 완성하는 데 큰 힘이 되었다.

참고 자료

1. 《The Technological Republic》, Palantir CEO Alex Karp(2025)
2. 《Introduction to Materials Management(Global Edition)》, Stephen N. Champman, J.R. Tony Amold, Ann K. Gatewood, Lloyd M. Clive(2016)
3. 《Manufacturing Planning and Control for Supply Chain Management》, Jacobs, F. Robert(2010)
4. 《THE GOAL》, Jeff Cox, Eliyahu M. Goldratt(2002)
5. 《BIM 건축 혁명》, 야마나시 토모히코 지음, 김명근 옮김, 기문당(2011)
6. 《BIM 기본과 활용》, 이애아리 료타 지음, 황승현 옮김, 씨아이알(2014)
7. 《차세대 빅데이터 플랫폼 Data Lake》, 윤선웅 지음, 좋은땅(2021)
8. 《Data Catalog 만들기: Data Lake 플랫폼의 핵심 서비스 구현》, 윤선웅 지음, 좋은땅(2021)
9. 《Data Lake 플랫폼 아키텍처》, 윤선웅 지음, 좋은땅(2021)
10. 《팔란티어에 주목하라》, 안유석 지음, 처음북스(2025)
11. 《CCTV 시스템 구축》, 지창환 지음, 인포더북스(2010)
12. 《안전관리론》, 정진우 지음, 청문각(2020)
13. 《산업안전관리》, 방기준 지음, 동화기술(2020)
14. 《SAP 시스템의 이해(S/4 HANA)》, 정희철 지음, 좋은땅(2015)

엔비디아·테슬라를 뛰어넘는 AI 패권 전쟁의 승자
팔란티어 시대가 온다

제1판 1쇄 발행 | 2025년 9월 5일
제1판 6쇄 발행 | 2025년 11월 27일

지은이 | 변우철
펴낸이 | 하영춘
펴낸곳 | 한국경제신문 한경BP
출판본부장 | 이선정
편집주간 | 김동욱
책임편집 | 남궁훈
교정교열 | 공순례
저작권 | 백상아
홍보마케팅 | 김규형·서은실·이여진·박도현
디자인 | 이승욱·권석중
본문 디자인 | 박명규·송영·표자영·김지은·남소현·정다운

주   소 | 서울특별시 중구 청파로 463
기획편집부 | 02-360-4556, 4584
홍보마케팅부 | 02-360-4595, 4562   FAX | 02-360-4837
H | http://bp.hankyung.com   E | bp@hankyung.com
F | www.facebook.com/hankyungbp
등   록 | 제 2-315(1967. 5. 15)

ISBN 978-89-475-0187-3(03320)

책값은 뒤표지에 있습니다.
잘못 만들어진 책은 구입처에서 바꿔드립니다.